北大案例课堂

“北大案例课堂”是由北大案例中心与北大商学网合作开发制作的远程培训课程。课程以中国最新商业案例为主题，结合北大财经讲座，综合运用电视、卫星及互联网等多种传播媒介，使远程培训学员通过案例和讲座学习管理理论，开拓视野，增进对中国市场的理解。

- 全案例式管理培训
- E-Learning 全程体验
- 百年北大，厚积薄发
- 观点争鸣，思想交锋
- 前车之鉴，后事之师

北大案例课堂（全年 50 期）

- 中国商战案例（25）
  - 战略管理案例（8）
  - 市场营销案例（6）
  - 人力资源案例（6）
  - 其他专题案例（5）
- 风云财经讲座（25）
  - 华商名人访（16）
  - 其他财经讲座（9）

《北大案例课堂》五大特色：

北大案例课堂

极管理思想文库

北大案例课堂

极管理思想

北大案例课堂

中国营销实战

BEIDA CASE STUDY

北大案例课堂

极管理思想文库

北大案例课堂

极管理思想文库

何志毅/著

MBA

The Ultimate Business Library

终极管理思想文库

陕西师范大学出版社

目　录

目录 CONTENTS

前　言

何志毅

案例教学是工商管理教育最主要的方法之一，这已经得到了全球工商管理教育界的共识。联合国教科文组织对全球管理教育专家的一份调查表明，案例教学是管理教学九种方法中在六种评价指标方面总体排名第一的方法。美国《商业周刊》对全美排名前25所商学院的调查结果表明，理论讲授在教学中所占的比重只在10%~50%之间。在哈佛商学院的MBA教育中，案例教学的比重占到了85%。一个MBA学生两年里要分析600~800多个案例。哈佛大学商学院出版社的案例销售额一年可以达到2000多万美元。

在中国，工商管理教育是个新事物，案例教学更是新事物。随着市场经济的不断完善，MBA教育和各种在职管理教育方兴未艾，因此各种版本的MBA教材和案例也就理所当然地成了热销书。但纵观这些案例，基本上以情景再现和作者的分析为主，很少是适合教学用的；这样的案例，主要着眼点在于经验的借鉴，我们称之为商业案例或经验案例。教学案例与经验案例的差别是，教学案例的着眼点在于通过案例学习知识、学习方法，因此，它不注重经验，不注重对错，而注重学习知识、注重培养能力、注重思考过程。

为了了解MBA学生对案例教学的认识和需求，我们对北京大学、清华大学、人民大学、复旦大学、上海交大、厦门大学六所学校的学生做了问卷调查，在890份有效问卷中，97.2%的学生认为案例教学很重要，其中70.6%的学生认为案例教学非常重要；只有20%的学生对目前的案例教学效果表示满意，64%的学生认为效果一般，16%的学生表示不满意；44.2%的学生希望案例教学的比重占到30%~50%，43.1%的学生希望案例教学的比重占到50%~70%。这个调查结果表明中国MBA学生对案例教学重要性的认识程度很高，对目前的案例教学效果不满意，对案例教学比重的期望值也是很高的。

由于在中国国内的MBA教育开展时间不长，可供运用的教学案例还不多。这里面有各种条件限制，涉及到教授、企业等方面：企业是否有好的问题可以印证管理理论或运用管理理论进行分析讨论，企业是否愿意披露相关信息，教授是否对案例对象企业有深入的研究，教授或案例写作人员是否有写作企业案例的丰富经验等等；最后，案例完成后还要在课堂上试用两三次以上，经过不断地磨合与修改才能最后定稿。案例教学涉及的因素固然很多，但最基本的是要有好的案例。本书中我收录了四个经常在课堂上应用的案例，以及以案例为主题的视频拍摄现场嘉宾的点评和对话，再加上相关知识点和教学用途与分析，试图让读者对案例教学有个直观的认识。这四个案例都经过多次的课堂使用，无论在本科班、硕士班、MBA班、总裁班上使用，都得到了很好的效果。

中国的MBA培养或者说是新企业家的培养，需要一大批中国企业的案例。中国的案例已经受到了世界各著名商学院的重视，哈佛案例库中的中国企业（主要是外企）案例数量已经排在了美国以外国家的第三位。由我们自己来编写的案例更适合中国的工商管理教育，随着中国加入WTO，中国在世界经济的舞台上扮演越来越重要的角色，本土管理案例库的建设已成为一个重要的使命。我从1997年加入北京大学光华管理学院起，就配合厉以宁教授、曹凤岐教授承担国家教委“九五”重大社科项目“中国企业管理案例库组建工程”和北京大学“九八五”（争创世界一流大学计划的代号）的重要项目“北京大学企业管理案例库”，2001年正式担任北京大学管理案例研究中心主任。在教育部、北京大学、光华管理学院的领导们的重视下，在案例中心全体成员的努力工作下，经过长达四年的积累，北大案例库已成为中国最具规模和最有影响力的案例库，其案例被中国大陆高校广泛使用，并传播到香港、台湾、新加坡、日本等国家和地区。由我们编写、北京大学出版社出版的第一套教学案例已经多次再版，发行超过了4万册，并被国家教育部评为优秀教材一等奖。为了向国际水平看齐，北大管理案例研究中心正在与哈佛、毅伟（IVEY）、欧洲案例交流中心(ECCH)、联合国全球协议组织等建立了密切联系。

教学案例是试图模拟一种实际的管理情境，让学习者身临其境地进行分析决策。这种学习是互动的，学员不仅是向教师学，也向同学们学，甚至教师也能从学员中学到东西。在案例教学中，教师更像是导演或指挥，学员的基本素质、对案例的熟悉程度和学员的参与度与教师的作用一起构成了教学质量的要素，而不是传统的教师单向地“传道、授业、解惑”。在我国，优秀的商学院的数量还远远不能满足广大管理学习者的需求。大部分学习者既没有机会享受在一流商学院听教授的课堂讲授，也没有氛围参与同学们和企业嘉宾的讨论互动。为了弥补这一缺憾，我们为每个案例配上了现场实录，呈现了一个完整的案例课堂，讨论者包括了教授和学生、案例对象的企业高层决策者，行业内的其他的企业嘉宾和咨询公司资深管理顾问。

在如今竞争日益激烈的市场经济中，市场营销成为企业的生命线。本书的四个案例，基本上以营销为主题，即使最后一个“彩虹天地的企业文化变革”，也是由销售业绩平平引发的，只不过它背后深层次的原因涉及到企业文化的问题。每个案例虽然各有主题，但企业的运作是一个有机体，销售、营销、品牌、战略、企业文化和公司治理结构等往往互为相关。本书试图提供一个立体化的案例，尽可能从多侧面来展示企业的实际问题，并通过教授、MBA学生、企业家等不同身份来碰撞并揭示不同的观点。尽管书中提供了案例分析，但实际上，每个案例的分析结论并不重要，重要的在于每个案例的分析过程中应用一些管理知识，体会一种思考的方法，锻炼一种解决问题的能力。

本书所采写的四个案例，都得到了案例对象企业的大力支持，这些企业对于我们的支持是建立在为中国工商管理教育服务之信念基础上的；联想集团董事局主席柳传志、TCL移动通讯有限公司总裁万明坚、李宁体育用品有限公司董事长李宁、盖洛普中国咨询有限公司副总裁刘启明、赛特购物中心总经理池洋、北大纵横管理咨询公司总经理王璞、上海蜂星国际贸易有限公司副总经理李艳的到场和讨论发言为案例和本书增添了精彩内容；参加案例讨论的学生和其他嘉宾也为"北大案例课堂"做出了贡献，我在此一并表示衷心的感谢！

另外感谢杜烨、孙梦、杨军、张险峰等四位我的学生和案例中心的工作人员，他们为本书的案例素材的收集及全书的整理出版做出了很大贡献。

北京大学企业管理案例研究中心一直以服务于中国工商管理教育、推动中国企业管理进步为己任，目标是把北大管理案例库建成中国第一、国际知名的一流案例库。

我们任重道远。

2002年11月于燕园

第1篇

品牌困惑

——从李宁品牌的重塑看品牌管理决策

每一个公司都梦想着拥有一个强大的品牌。

拥有一个强大的品牌，就等于拥有一座金山。

凡善于经营品牌者，必充分挖掘其品牌的核心价值，塑造其品牌的独特个性，给自己的品牌一个明确的定位，从而向消费者传达出清晰连续的品牌形象，以提高消费者的忠诚度。

本章选取“李宁”品牌作为案例，分析了李宁公司在品牌及市场定位上所面临的问题，结合品牌经营相关知识，提出了管理对策。

本案例使用了《营销管理》课程中的相关知识点，适合于目标市场营销与市场细分、品牌定位和战略品牌管理等问题的实战运用。

核心知识要点

品牌是一种名称、术语标记、符号或设计，或是它们的综合运用，其目的是借以辨认某个销售者或者某群消费者的产品和服务，并使之与其竞争对手的产品或服务区别开来。

品牌最持久的含义应该是它的价值、文化和个性，它们确定了品牌的基础。

一个成功的品牌能表达出以下六层意思：

属性：一个品牌首先给人带来特定的属性。

利益：一个品牌不仅仅限于一组属性。这些属性最终必须转化为特定的功能和情感利益。

价值：品牌体现了该制造商的某些价值感。

文化：品牌通常附加和象征了一定的文化。

个性：品牌代表了一定的个性。

使用者：品牌还体现了购买或使用这种产品的消费者类别。

品牌的管理决策，主要由五个方面组成：

品牌化决策：是否应该为该产品制定一个品牌。

品牌使用者决策：企业决定使用本企业（制造商）的品牌，还是使用经销商的品牌，或两种品牌同时兼用。

品牌名称决策：企业决定所有的产品使用一个或几个品牌，还是不同产品分别使用不同的品牌。

品牌战略决策：包括产品线扩展策略、品牌延伸策略、多品牌策略、新品牌策略、合作品牌策略。

品牌更新决策：包括对目标市场重新定位和品牌形象更新。

案例正文

2001年岁末的一个下午，北京，大雪纷飞。

李宁体育用品有限公司的大会议室里，公司总监级以上人员及市场部主要负责人都围坐在会议桌旁，就公司明年的市场营销策略展开讨论。

按照惯例，下一年度的营销工作会议一般在10月中旬召开，而12月份正是圣诞节和新年的销售高潮，该是在全国范围布置新的POP和展品的时候了。

而为什么这次营销战略会议要在此时召开呢?

据权威机构调查，李宁公司经营的单一品牌“李宁牌”已经牢牢地坐上中国第一体育品牌的交椅，其品牌知名度和美誉度也居全国体育品牌之首。但近几年公司经营中出现的一些问题，却让公司管理高层不得不重新审视苦心经营了11年的“李宁牌”:

在今年10月召开的2002年春夏季产品发布会和订货会上，又有经销商反映产品设计风格不够清晰和统一。

公司以往的营销策略在计划和执行中也遇到了不够连续和一致的问题。

委托一家知名调研公司所做的一项品牌综合调查结果显示，李宁牌的核心价值在消费者心中并不十分清晰，且现有消费群体对李宁牌的品牌认知与李宁公司努力塑造的品牌定位并不十分吻合，消费者认知的某些品牌属性正是李宁公司为实现其品牌提升而希望弱化的……

因此，制定明年的整合营销方案必须慎重，既要考虑到公司长期的发展战略，又要以目前体育用品消费市场大众化的需求为基础。

大雪还在纷纷扬扬，京城已是万家灯火，会议室的温度却在不断升高。

中国体育用品行业

中国体育用品①行业从20世纪50年代开始进入逐步发展的阶段。通过每年的计划订货会，以需定产，实行封闭式管理，逐步形成了一个由京、津、沪、穗、黑等五大生产基地和北京、天津、上海、广州四

①广义上的体育用品包括器材、服装、仪器、设备以及运动食品、运动饮料等，而就此次项目的研究内容而言，以下“体育用品”仅指运动服装、运动鞋以及运动配件产品。

大商业供应站构成的产销格局。

体育用品行业自20世纪80年代开始逐渐形成品牌概念，十佳、回力等国营品牌独领风骚。

20世纪90年代以后，体育用品行业进入高速发展阶段，体育用品企业结构出现了国营、集体、个体、外资等多元化投资经营的新局面，在流通领域也开始出现了产、供、销一体化的新的营销模式。

1993~1996年是全行业飞速发展的时期，成长起一大批国内知名企业，如李宁、康威、格威特，等等。同一时期，Nike、Adidas等国际知名品牌通过在中国设厂的方式纷纷涌入中国。

1997年东南亚金融危机影响到我国消费市场，整个体育用品市场出现了滑坡，相比1996年下降了8%。1998年开始逐渐回升，体育用品行业重新洗牌，李宁等企业及时进行经营策略的调整和品牌的转型，稳居市场零售额第一把交椅。

1999年，我国体育用品市场总容量达50亿元，中国体育用品市场逐渐成熟，消费者在体育品牌方面有了更多的选择。以Nike为首的国际知名品牌与李宁等国内品牌形成二分天下的局面。

2000年，体育用品市场容量实现了20%的增长率，达到了60亿元人民币。

2001年，随着中国加入WTO，北京申办2008年奥运成功，中国政府发展体育产业的宏观政策出台，中国体育用品市场竞争加剧，并开始呈现出国际化趋势。

发展到今天的中国体育用品行业生产企业众多，产品门类齐全，生产加工能力较强，但还处在品牌众多的“战国时期”，没有形成明显的优势企业和大型企业。1999年以来，以安踏牌运动鞋为代表的一批福建鞋业品牌生产制造企业大量崛起，据不完全统计，仅2001年1~7月，全国就有47个新品牌诞生。从中央电视台的运动鞋品牌广告即可见竞争之激烈，仅福建省晋江就有近20个运动鞋品牌在不同频道亮过相。目前，安踏每年运动鞋的销售量是300多万双。

针对体育产业，国际奥委会奥林匹克项目委员会的一位官员认为，中国体育产业增长势头很快，到2010年体育产业的产值至少可以达到281.2亿元人民币，占GDP比重可望从1998年的0.2%增至0.3%。而发达国家这一比例已达到1%到3%之间。

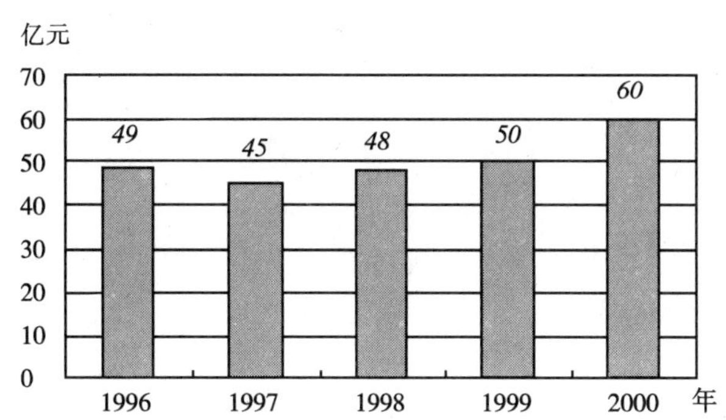

图 1-1　中国体育用品历年市场容量（1996~2000 年）

资料来源：中国体育用品联合会，专家估计和企业调查资料编辑

主要竞争品牌

在中国体育用品市场，市场份额和销售额较为领先的是国外品牌Nike、Adidas、Reebok和国内的李宁、康威等品牌。

价格范围 \ 消费倾向	不喜欢运动	中性态度	关心健康	爱好运动	专业
高			Nike Adidas	Nike Adidas	Nike Adidas
中		Li Ning	Reebok Li Ning	Reebok Li Ning	Li Ning
低	国产品牌	康威 国产品牌	康威 国产品牌	康威	

图 1-2　中国体育用品消费市场主要竞争品牌定位

资料来源：根据消费者和企业调研资料编辑

1964年，菲利浦·耐特和比尔·鲍尔曼各自投资500美元成立了蓝带体育公司；1972年，蓝带公司在奥运会比赛上推出了“Nike”这个品牌；1978年，Nike国际公司正式成立。

1. 耐克 Nike：

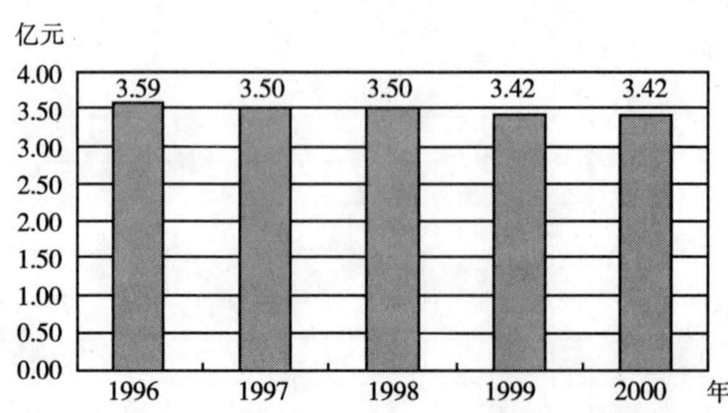

图 1–3 Nike 品牌在中国的销售业绩（1996~2000 年）

资料来源：中国体育用品联合会，专家估计与企业调研资料编辑

20世纪70年代，借助席卷美国乃至全球的跑步健身运动，Nike的销售以年递增2~3倍的数额增长。1976年1400万美元，1978年7100万美元，1980年2.7亿美元，1983年超过9亿美元。由于冒险扩张到时装业和忽视新的消费需求等原因，1983年Nike陷入了危机。之后，创始人菲利浦·耐特重新定义了耐克的品牌识别，与乔丹签订代言人合约，同时增大广告投入，1988年发布"Just do it"的广告。1991年，Nike成为全世界第一家资产超过30亿美元的体育公司；1992年，Nike的海外资产超过10亿，占整个Nike公司资产额的33%。作为全球最大的体育用品公司，耐克在2001年的全球销售额达到90亿美元。

1996年3月，Nike在中国成立了耐克（苏州）体育用品有限公司，以之作为生产基地，并在上海、北京、广州成立销售分公司。苏州"耐克"产品90%在国内销售，另10%销往国外，主要的销售省份为北京、上海、浙江、广东、重庆。其中，40%产品通过自营专卖店和店中店销售，其余60%通过经销商销售。

Nike在刚刚进入中国时，品牌策略基本还是传统路线：针对专业运动员，强调高水平的赛场发挥和技术优势，产品在中国体育用品市场属于高档产品。经过几年的实践，Nike意识到中国市场消费实际与其品牌定位之间的差距，开始尝试推出街头篮球比赛等更为贴近消费者的推广活动和相应的产品系列。1999年初，Nike曾尝试推出100~400元低价位体育服装和运动鞋，但以失败告终。

2. 阿迪达斯 Adidas:

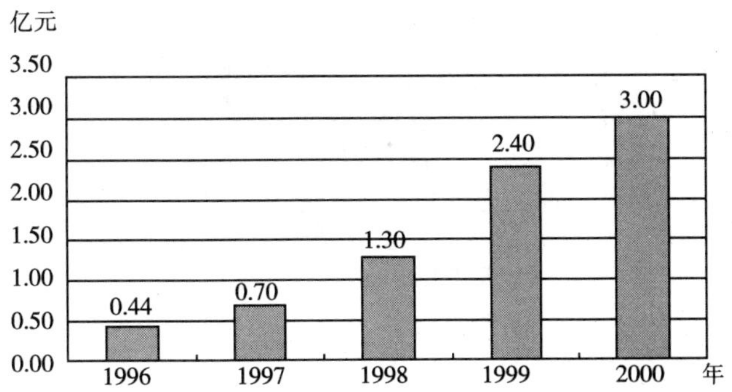

图 1-4　Adidas 品牌在中国的销售业绩（1996~2000 年）

资料来源：中国体育用品联合会，专家估计与企业调研资料编辑

Adidas 在20世纪20年代由一对德国兄弟创立；1949年，哥哥阿道夫正式设立了Adidas 公司。作为一个老品牌，Adidas 几经沉浮，曾经辉煌也曾经跌至崩溃边缘。

Adidas 在60年代和70年代可谓一枝独秀，70年代末期销售额达到10亿美元。其采用的金字塔型的品牌创建模式，使Adidas 市场规模的优势比其他小的竞争者更能得到有效的实施。进入80年代后，Adidas 错过了运动产业的盛会，品牌模式开始失效。1988~1992年间，Adidas 的销售额从20亿元降到17亿元，同期的Nike销售额从12亿猛增到34亿美元。1995年，Adidas 更换了新主人，以顶级专业产品为路线。1997年，“Feet you wear（天足概念）”风靡一时；1999年，Adidas 全球营业额首次超过100亿马克大关，达到了105亿马克，比前年增长 6%。

1995年，Adidas品牌进入中国，并于1997年12月，在苏州成立了Adidas有限公司作为生产基地，在上海、北京、广州成立销售分公司。苏州“Adidas”产品90%在国内销售，另10%销往国外，主要的销售省份为上海、北京、广东、黑龙江、辽宁。产品全部通过经销商销售。2001年开始，Adidas将其三叶草型品牌标识改为更具动感的三条线，广告宣传和形象代言人都开始走时尚路线，赢得了一大批青少年消费者。

3. 锐步 Reebok:

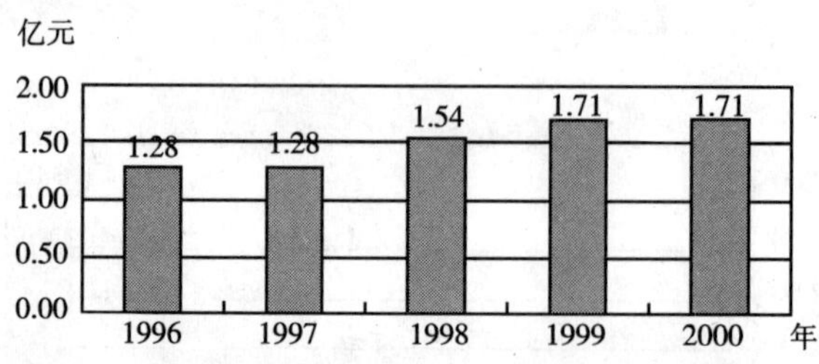

图 1–5 锐步品牌在中国的销售业绩（1996~2000 年）

资料来源：中国体育用品联合会，专家估计与企业调研资料编辑

1895年，Reebok公司由英国短跑爱好者约瑟夫·威廉姆·福斯特在欧洲创建，并且在欧洲成功经营了80余年。1979年，美国人保罗·佛尔曼获得Reebok在北美的经营权，并逐渐将Reebok经营成为家喻户晓的国际品牌。

1996年4月，锐步在北京成立了体育用品中心，负责在中国的产品销售，并成立了上海、广州销售分公司。锐步产品主要销售在北京、上海、广东、福建、重庆。其中，50%的产品通过自营专卖店和店中店销售，其余50%通过经销商销售。

4. 康威：

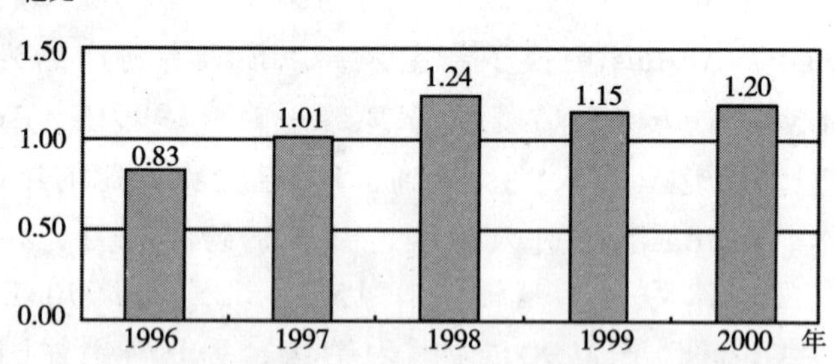

图 1–6 康威品牌的销售业绩（1996~2000 年）

资料来源：中国体育用品联合会，专家估计与企业调研资料编辑

“康威”公司创建于1986年，经过十多年的历程，已发展成为一家具有实力的集团公司。“康威”在北京、上海设立了两家分公司，并且在全国大部分大中城市拥有400多家专卖店、店中店，形成了一个庞大的销售网络。“康威”产品97%在国内销售，另3%销往国外，主要的销售省份为广东、北京、上海、江苏、辽宁。其中，30%的产品通过自营专卖店和店中店销售，其余70%通过经销商销售。在康威的产品类别中，服装类产品销路明显好于运动鞋和运动配件产品。

主要竞争品牌销售额及市场占有率

表1-1　中国体育用品市场主要品牌销售额（1996～2000年）　单位：亿元

主要品牌	1996	1997	1998	1999	2000
李　宁	6.70	6.09	5.13	5.23	6.00
康　威	0.83	1.01	1.24	1.15	1.20
锐　步	1.28	1.28	1.54	1.71	1.71
耐　克	3.59	3.50	3.50	3.42	3.42
阿迪达斯	0.44	0.70	1.30	2.40	3.00

资料来源：中国体育用品联合会，专家估计与企业调研资料编辑

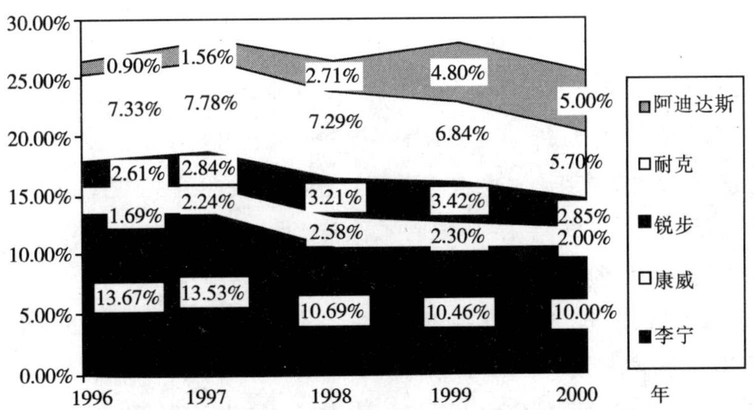

图1-7　中国体育用品市场各主要品牌市场占有率（1996~2000年）

资料来源：中国体育用品联合会，专家估计与企业调研资料编辑

李宁公司

1988年，被世人誉为“体操王子”的李宁，在经历了汉城奥运会的失败之后，并没有停止挑战自我的奋斗。退役后的李宁没有走运动员继而教练员的常规发展之路，而是选择了加盟广东健力宝集团公司，任总经理特别助理，从此闯荡商海，拉开了李宁公司创业之路的序幕。

1989年，李宁开始筹备李宁公司的业务。1990年4月，注册“李宁牌”商标；5月，李宁公司宣布成立。

10年来，李宁公司的发展是迅速的，又是稳健的，可以说，李宁公司的创业史、成长史就是中国体育用品市场的发展史。

一、1990~1992 年　创业阶段

在这一阶段，团队管理是情感型的，团队由李宁的队友、亲属和朋友组成。在经营上以体育赞助、特许经营为主。

创业初期，公司曾把李宁牌产品定位为“国内高档品牌”，但推出的第一件产品，因为价格比国内一般产品高出1倍，根本无法得到市场、商家的认可和接受。由于当年首先要解决生存问题，所以只好回调成适合大众价位的产品，以中低档产品的定位进入市场，开始了“农村包围城市的道路”。

这一时期，李宁公司主要品牌经营手段为体育赞助和特许经营。1990年，刚刚成立的李宁公司斥资300万元，说服亚运会组委会回绝了韩国某公司3000万元的赞助，成功地赞助了在北京举行的亚运会，从而让全国消费者认识了李宁牌。此后，体育赞助成为李宁公司主要的市场推广手段。而说到特许经营，也算是歪打

正着，当年李宁公司由于不是国有企业而进不了国营大商场的门，只好另辟蹊径，一方面联络李宁的队友、亲友和朋友；另一方面联系全国个体户经销李宁牌产品。1990年，李宁公司在北京开设了第一家“李宁牌”专卖店。

二、1993~1995 年　高速增长阶段

这一阶段的管理团队是经验型的团队，来自当时国内名牌“十佳”、“梅花”等厂家的专业技术人员和销售管理人员的加盟，为李宁公司的长足发展奠定了坚实的基础。现在李宁公司总监以上的高层管理者几乎都是在这一时期加入的。

从这一阶段开始，职业经理人开始驾驭企业经营发展，特许经营体制逐步完善，经销商队伍不断扩大，李宁公司的营销网络成为其有力的竞争砝码。公司每年保持着100%的增长速度。李宁产品的三大主项：体育服装、运动鞋、便装雄踞市场头把交椅。1995年8月，在天津召开的体育用品订货会上，李宁公司设立巨型独立展位，成交额达4.5亿元人民币，占整个订货会交易量的1/2。

顺应市场需要，李宁公司以中档产品定位，以团体定货为主渠道，以农村包围城市为主要经营道路，迅速建立了品牌知名度。由于其大众化的产品定位，李宁公司成功地实现了生存目标，进入高速发展时期。公司许多员工还记得当年“全民穿李宁”的壮观场面：李宁公司的一款夹克（JD001）销量达20万件，有的地区上至政府官员、下至工薪阶层，甚至拉平板车的，几乎人手一件！

三、1996~1999 年　调整期

这一时期李宁公司的经营是稳健、偏于保守的。

1996年开始，我国进行宏观经济政策调整，对国企施行兼并破产，东南亚金融风暴波及中国国内市场，使团体消费骤然下降，使李宁公司顿时失去了主攻方向。在李宁公司内部，前几年的高速发展使公司陷入品牌多元化陷阱，公司不仅生产体育服装和运动鞋帽，也生产西

服、衬衫，甚至健身器械、文具、化妆品和皮衣。公司经营成本加大，内耗严重。经销网络出现跨地区经营、窜货和经销商资质下降、经销商由于利润空间缩小而转向其他经营等现象。

李宁公司管理层果断地进行了“大手术”，对庞大臃肿的组织机构进行分拆，淘汰经营不善的子公司，余下的重新进行整合。最重要的整合是以鞋业公司为主，收编运动服装、便装公司，成立北京李宁体育用品有限公司，专门负责生产和经营李宁牌运动服装、运动鞋和配件。

同一时期，李宁公司改革企业经营机制，将有亲属关系的人员请出公司，对外公开招聘人员，并开始对公司高层实行股份制，极大地调动了经理人员的积极性。

为加强零售终端，1997年，刚刚成立的北京李宁体育用品有限公司在经济形势十分严峻的情况下，毅然在全国成立了12家全资子公司，以经销商经营不力的省会城市为主战场，辐射周边地区。在经销手段上，一改过去以团体订货，批发为主的方式，以提高单店销售额为主攻目标。第二年，这12家子公司的销售额就占到整个公司的50%，为经受市场大幅下滑的李宁公司注入了稳定剂。这一方面让经销商看到经营李宁专卖店有利可图，由此吸引经销商；另一方面直接树立了李宁牌的品牌形象，并且锻炼了一支管理队伍。

另一个大手笔是注资800万元在广东佛山建立了一个当时亚洲最大的服装设计开发中心，并相继引进台湾设计师和韩国MD (Merchandiser)，开始进行品牌的重新规划。

1999年末，经过慎重决策，李宁公司选择德国SAP公司为其施行ERP系统，对公司整个业务流程进行整合。

四、2000 年开始　二次创业

李宁公司在1999年既提出“品牌国际化”的战略，2000年着眼于未来发展又提出了“二次创业”的口号。

这一时期，李宁公司管理团队逐渐从经验型向学院型过渡，更加重视制度和规律，经营决策从依靠主要管理层的直觉判断转变为“用数字说话”——委托著名调研公司或者自行进行市场分析和调研，积累基础数据。

从2000年开始，李宁公司员工队伍迅速扩大，外资、合资企业的“空降兵”不断进入公司，来自意大利和法国等地的海外设计师、设计工作室先后加盟，体育赞助走出国门，并开始在全国乃至海外（西班牙等国）建设大型旗舰店、形象店。

2000年，李宁公司赞助法国体操队，开中国企业赞助国外运动队之先河。

2001年，李宁公司相继成立高尔夫事业部和青少年事业部，推出李宁高尔夫产品和面向18岁以下消费群的体育用品。

2001年下半年，李宁公司开始实行产品经理制，重新审视品牌现状，着手确立准确的品牌定位。

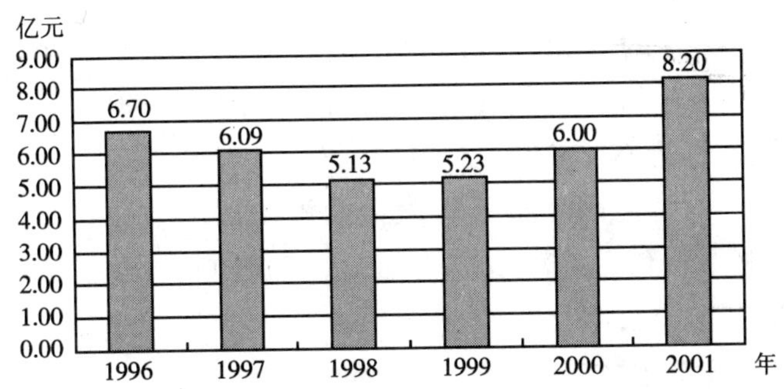

图 1–8　李宁牌产品销售额（1996~2001 年）

资料来源：北京李宁体育用品有限公司

李宁品牌

李宁牌随着李宁公司的诞生而诞生。在10年的品牌发展历程中，李宁牌在不同时期被李宁公司赋予了不同的品牌内涵，呈现了不同的品牌主张，从李宁公司各个发展阶段推出的广告语中可见一斑。

一、广告语与形象代言人

创业初始，年轻的李宁和他的伙伴们坚信，“中国人创造了优异的运动成绩，为什么不能创造出优秀的运动品牌？”这一时期，李宁公司的广告语是“中国新一代的希望”。开始“农村包围城市”调整产品定位之后，李宁公司推出更为“务实”的广告语：“步步为赢”。

从1997年开始，李宁公司根据对中国体育用品市场需求的分析，认识到在青少年中蕴藏的巨大消费潜力，目前体育产品消费主力是15~25岁的消费群体，从而决心将品牌设计风格从单一的大众化塑造成“时尚年轻、具有个性的城市品牌”。这一时期的李宁公司认为“开发决定市场”，在加大产品设计开发投入的同时，放弃了价位较低的市场。一方面，依托佛山设计开发中心进行产品设计、开发上的调整，在设计上寻求突破，提高产品的技术含量；另一方面，一改以往农村包围城市的做法，转而走城市化的道路，投入相当比例的资金，在全国主要城市建品牌专卖店，并启用瞿颖、邵兵等作为其形象代言人，体现其时尚、年轻的内涵，以此推广品牌的新形象。在这一时期的广告中，李宁公司相继使用“把精彩留给自己”、“我运动我存在”和“季风新运动”作为其广告语。

2000年，李宁公司在悉尼奥运会前推出的广告以世界冠军、体操运动员李小鹏为主角，并配以广告语：“出色源自本色”。

2001年，李宁公司推出李宁高尔夫系列产品，希望由此塑造高端市场的品牌形象。同年，李宁公司协同广告公司赴巴黎拍摄广告片，画面是身穿李宁体操服的法国少女体操运动员，广告语为“运动之美世界共享”。

二、李宁牌与李宁

对许多与李宁同时代的消费者来说，李宁牌给人的第一个联想就是这位民族英雄、体操王子李宁。但是纵观李宁公司的品牌发展，李宁本人从来不为李宁品牌做广告，据说主要原因是李宁本人希望在公司经营上按市场规律来运作，主动弱化个人对公司和产品形象的影响。

有一个关于李宁与李宁牌的故事是这样的：2001年，在李宁公司上海一家专卖店，店员开玩笑问购买李宁牌运动鞋的几个中学生，是不是因为喜欢体操王子李宁才买李宁牌的，中学生很奇怪地答曰根本不知道李宁这个人，不过一直都是喜欢李宁牌产品的，买李宁鞋的原因就是因为这款鞋设计新颖、很时尚，价格又适中。

李宁以自己的名字作为公司和产品的名称，在中国首开以名人命名品牌的先河。从20世纪90年代中期开始，李宁牌连续多年占据中国第一体育品牌的位置。反观今天许多以名人命名的品牌，仅体育用品品牌就有邓亚萍、李小双、郝海东等等，但是都没有取得李宁这样的成功。

三、困惑

困惑之一：来自调研公司的报告

2001年6月，李宁公司委托一家知名调研公司对其品牌各个方面的指标进行一次全面的调查，10月份，出来的定性的调研结果让李宁公司喜忧参半。调查结果显示：

1. 李宁公司实际消费群的特征是：在15~45岁等距分布的基础上，以24~35岁为主，二级城市，中等收入，大众化而非专业运动消费。而李宁公司目标消费群的特征是：14~28岁，学生为主，大中城市，喜爱运动，崇尚新潮时尚和国际流行趋势。

2. 消费者对李宁牌品牌属性的认知是：亲和的、民族的、体育

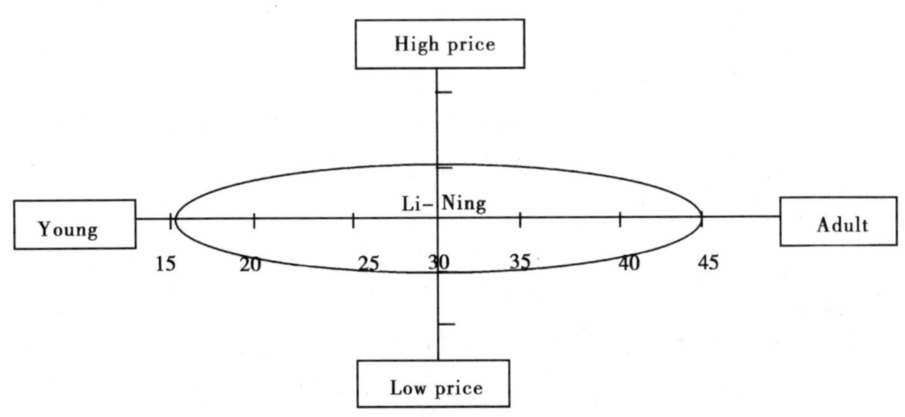

图 1-9　李宁牌产品现有价格及年龄定位

资料来源：根据消费者和企业调研资料编辑

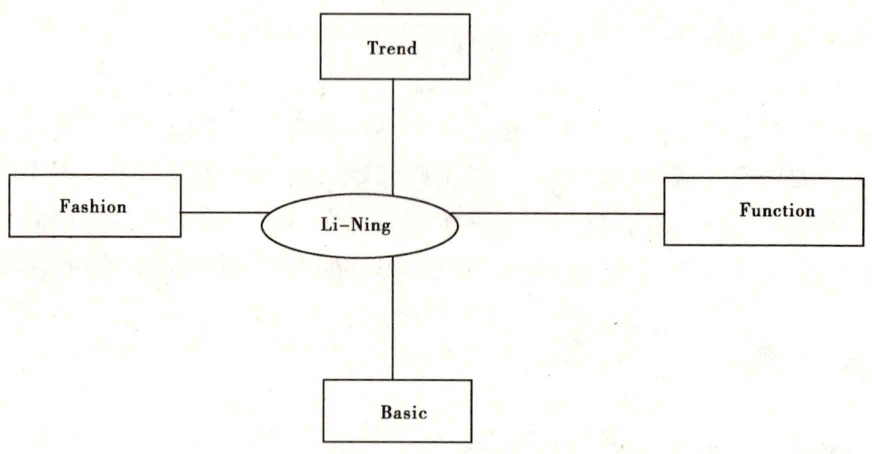

图 1-10 李宁牌产品现有专业性功能性定位

资料来源：根据消费者和企业调研资料编辑

的、荣誉的，并非李宁公司自1997年以来所努力塑造的年轻的、时尚的。调查还显示：大多数消费者认为李宁是第一代言人，可见李宁本人对李宁牌产品的影响还十分深厚。

3. 对比Nike等品牌的品牌知名度和品牌忠诚度，可以看到，李宁品牌忠诚度很高（56%，高于Nike的36.8%），但人群年龄偏大，收入偏低,且很大一部分现有消费群体理想品牌却为Nike。

困惑之二：来自李宁公司内部的反映

李宁公司新任市场部经理来自某著名外资企业，在广泛听取前市场部工作人员和公司其他员工意见的基础上，他召集市场部工作人员对上述情况进行了深入的分析，总结出李宁公司在品牌管理上的问题，综合来说反映在以下几个方面：

1. 对李宁牌核心价值的认识，不仅消费者非常模糊，李宁公司内部员工也没有明确而统一的印象。

2. 在品牌整合传播方面也存在着问题。由于品牌定位不清，李宁公司在产品设计、赞助活动、形象及产品广告、开店风格、乃至形象代言人的选择上都存在传达信息不统一、不连续的问题，使消费者对李宁牌的印象凌乱，品牌形象不一致。

3. 李宁牌虽然号称运动品牌，但产品更像有运动感觉的大众休闲产品，没有真正吸引到那些视运动为消费的“重度体育消费人群”。

4. 产品线过宽，且未按国际惯例将产品按运动特性细分、针对细分市场设计产品。

困惑之三：来自李宁牌产品消费者的反馈

李宁公司从消费者中得到的反馈信息主要是李宁牌无法像Nike、Adidas那样给人带来鲜明的联想，在许多消费者心中Nike像一个百岁老人，品牌个性却是时尚、是直面挑战和富有进攻性的，让人联想到竞争的快感、一流运动员和体育爱好者；Adidas像一个成熟敬业的中年人，具有诚实、严肃、团队合作的品牌个性，带给人的感觉是追求卓越表现、积极参与和情感投入；李宁则像一个10岁的孩子，像一个好朋友，是具有民族荣誉感的中国体育品牌，但品牌个性却十分模糊；而其他国产体育品牌则尚无品牌特性，人格尚未形成。

李宁公司面临的选择

随着中国加入WTO，2008年奥运会即将在中国举行，中国政府发展体育产业宏观政策的出台，未来中国体育用品市场必将出现国际化趋势。国际品牌进入，产业属性明晰化，体育用品市场不断细分。据考察，国际体育用品市场近些年发生了重大变化，其中有两个非常明显的趋势：体育用品休闲化和休闲产品运动化。

另一个必须看到的客观事实是，中国体育用品消费依然远未成熟，大多数人购买体育用品并不仅仅是为了运动的需要，超过40%的中国人的购买行为还将是功利性购买行为。

尽管国际和国内市场环境的不确定因素很多，李宁公司目前的品牌定位是不能适应其未来发展的需要的。李宁公司应该如何选择其品牌发展战略？是根据现有消费群体的需求，从产品的设计开发、广告等各方面来调整公司的品牌战略，继而营销战略、经营战略，还是通过设计开发出优秀的产品、塑造强势的品牌文化来引导市场的需求？是调整自己的经营战略继续着眼于国内的市场，还是往国际化方向发展，实行品牌国际化战略？

课堂讨论

主 持 人：**何志毅** 北京大学管理案例研究中心主任
企业嘉宾：**李 宁** 李宁体育用品公司董事长
徐伟军 李宁体育用品公司市场部经理
其他嘉宾：**池 洋** 赛特购物中心总经理
参与学员：**白 桦** 瑞德投资顾问总经理，北大 MBA 毕业
郭 伟 中澳商学院 MBA 学员，博瑞琪集团市场经理
赵庆义 北京大学光华管理学院 MBA 学员
张丽君 北京大学光华管理学院 MBA 学员
吴培源 中澳商学院 MBA 学员，韩国 SK 公司润滑油部经理
薛海龙 中澳商学院 MBA 学员，轩辕集团业务副总经理
梁子恒 北京大学光华管理学院 MBA 学员
昝昌浩 中澳商学院 MBA 学员，美国畅达铁路器材北京代表处首席代表
张海园 北京大学管理案例研究中心高级研究助理
许玉道 中澳商学院 MBA 学员，国研中心咨询顾问
黄丽丽 中澳商学院 MBA 学员，中软集团企管部经理
敖慈悦 北京大学光华管理学院 EMBA 学员，贸嘉管理咨询公司董事总经理，贸嘉广告公司总裁
朱 叶 中澳商学院 MBA 学员，双安商场有限公司经理
宋 华 北京大学光华管理学院 MBA 学员
黎炎芳 北京大学光华管理学院 MBA 学员
毕 岩 北京大学光华管理学院 MBA 学员
王莹禁 中澳商学院 MBA 学员，IBM 市场部市场经理
兰津乐 中澳商学院 MBA 学员，兰翔医疗系统公司经理
李劲松 中澳商学院 MBA 学员，MOTOROLA 渠道经理

品牌认知

何志毅： 各位来宾，各位同学，欢迎大家光临我们的案例课堂。今天我们要探讨的主题是品牌战略问题。在激烈的市场竞争中，

品牌已经成为一个企业能力和实力的象征，甚至在国际市场上，已经是对一个民族能力和民族智力检验的一种标准。今天我举这个品牌，首先测验一下大家的了解度。这是什么品牌？（出示李宁标志）

众　人： 李宁。

何志毅： 我先问大家一个问题，每个人用一句话表达一下你对这个品牌的感知和认识。

许玉道： 不是特别清晰，但是有一个概念就是“运动”。

吴培源： 我好几年前就开始接触李宁牌，也看到过这个标识。我当初第一印象就是在中国品牌中，它应该算是当时比较高档的品牌，让我眼睛为之一亮，我觉得这是我们中国人的骄傲。

何志毅： 眼睛一亮？

吴培源： 对，眼睛为之一亮。

郭　伟： 我看到这个品牌，感觉这是我可以买的东西，我读大学的时候开始买李宁牌，基本上两年一件。

何志毅： 总共买过几件？

郭　伟： 两年一件，总共有五件左右。

何志毅： 从十岁开始买，买到二十岁。

郭　伟： 我想表达的意思是李宁是一个大众品牌，是一个老百姓能消费得起的品牌。

何志毅： 除了你自己用之外，还买这个品牌送人吗？

郭　伟： 基本上以自己用为主。

梁子恒： 我第一次看到李宁牌，就觉得很有民族性，我的企业买过李宁品牌的鞋、裤子什么的。但是我有一些爱国情绪在里边，我不太喜欢Adidas、耐克，我是希望在体育这种本来很有强国思想的产业里，能用民族的一些东西。

何志毅： 所以你的第一概念是民族的？

梁子恒： 对。

赵庆义： 我感觉在中国当时的环境下，李宁这个牌子的出现形象非常鲜明，给我的感觉是非常专业化，在体育用品市场，这是我的整体感受。

何志毅： 专业化。

观　众： 李宁牌给我的感觉，我觉得有点革命性。因为它本身像一面旗帜，像一面很飘扬的旗帜。另外我感觉好像是一个体操运动员在做一个非常优美的跨越动作，这给我比较优雅的感觉。

何志毅： 革命加优雅，优雅的革命。

宋　华： 这个牌子我觉得动感比较强。还有我觉得比较中档，因为我以前买衣服没钱，不考虑牌子。后来慢慢才消费中档产品，我用的足球服是李宁牌的。

何志毅： 有钱之后才开始买李宁。

黎炎芳： 我第一次接触李宁品牌是我们公司要求买运动鞋。我觉得这个品牌设计得很动感，很鲜明。

何志毅： 动感、鲜明。

毕　岩： 我觉得李宁品牌有伴我成长，使我强大的意味。

何志毅： 你第一个李宁产品是什么时候买的？

毕　岩： 应该是在李宁产品刚刚出来的时候。在1990年左右，我上大学一年级。我认为它是中国体育的第一品牌，穿上李宁的服装，当时我感觉中国强大了。

于　洋： 我最关注李宁品牌的还是它的民族性。因为我们平时买服装的时候，如果觉得价格差不多，或者价格更高一点，就倾向于买品牌。我周围的朋友就是这样，包括我父亲买的休闲的小棉袄他都非常喜欢，我觉得款式设计、品质都非常好。

何志毅： 现场我们做个调查，买过李宁牌产品的请举牌。哇，比例很高。在现场调查只有3个人不是李宁的用户。谢谢大家。

在这么短的时间内，我们很难把李宁公司的背景完全跟大家交代清楚，为了使大家能够从案例中得到学习，我们已经把有关资料登在相关的报纸和网站上，那里已经有对整个李宁公司背景的介绍、目前竞争环境的介绍和各种各样的数据。从数据上显示李宁牌已经是中国第一大运动品牌，我想这是每一个中国人都觉得很骄傲的事情。我们今天也非常荣幸地请来了李宁本人作为我们现场的嘉宾，也请来了赛特购物中心的总经理池洋先生作为我们的嘉宾，还请来李宁公司的市场部经理徐伟军作为现场嘉宾，大家欢迎。

在我们讨论开始之前，我们先放一段有关李宁公司的短片。

(放短片：背景介绍，参见案例正文部分)

品牌成功之路

何志毅： 每一个公司都梦想有一个强大的品牌。然而品牌之路却充满了艰辛，李宁品牌到现在已经是一个十年的品牌，已经成为中国第一品牌，但是目前要想成为一个国际知名的品牌，要牢牢巩固自己的国内第一的位置，仍然还有很多问题有待于解决。我们也看过太多的品牌，曾经红极一时，最后归于沉寂。我们也非常衷心地希望李宁品牌伴随整个民族走向世界，走向强大。在品牌里面有非常多的问题，比如说品牌的知名度、美誉度、品牌的深度、品牌的延伸、单品牌还是多品牌、品牌的产品线的扩展问题、品牌的定位问题和重新定位问题。今天我们用一个问题来开展：十年以来，毫无疑问，李宁品牌经历了一个非常成功的阶段，至今为止，仍然是全国第一品牌，它一定有很多成功的要素，我们先想请同学们分析一下李宁品牌成功的要素是什么。我们把在座的学员分成蓝黄两队，先请我们这边的蓝队发言。

郭　伟： 李宁品牌成功的要素，第一点在于李宁先生本人的成功。因为李宁先生本人作为一名很杰出的运动员，作为多枚世界金牌的获得者，有非常高的国际知名度和国内影响力，在这一点李宁公司完成了很成功的转换，把李宁这个人转移到品牌，转移到公司。

第二点，我认为李宁公司在一开始自觉不自觉地采取了很高的社会营销的理念，不是局限于把自己的营销定位于自己的产品和自己的公司品牌，而是赞助社会体育运动，赞助大型运动会，赞助各种青少年体育运动，站在这个高度上去赢得自己的市场影响力，赢得自己的回报。

第三点，我认为李宁的成功在于很好的细分市场，契合的市场是一种大众的、运动的、休闲的市场，这和李宁运动的、健康的形象相契合。另外，在价格定位上，我认为李宁牌是一种面对消费者的价格定位，让老百姓买得起，我想这对李宁公司在中国市场上开拓和抢占市场份额起着至关重要的作用。

何志毅： 其他同学有什么补充吗?

王莹禁： 我想做一个补充，我认为李宁公司成功的重要因素是李宁公司能够根据市场的变化，以及公司在不同的发展阶段对公司的策略进行调整。在创业初期，他们的管理团队是一种情感型的团队，到了高速发展阶段，他们又转变成一种经验型团队，而到现在他们又由经验型逐渐向学院型过渡，这种变化是逐步使管理团队更加现代化，更加科学化，这是其成功原因中重要的一点。还有一点是适应目前形势的变化，产品的设计从本土化向国际化实现了转变。比如说请国外著名的设计师来设计产品，在西班牙开设海外的形象店等，我觉得都是非常适应目前形势的变化。当然还有其他的，比如他的经营方式，以及选用高科技的ERP管理。这一系列的举措，给李宁公司带来了目前的成就，同时，我也相信不断的变化也会给李宁公司带来今后更大的辉煌。

何志毅： 请这边黄队的同学。

白　桦： 李宁公司的成功，从我的理解来说，实际上来自于两个字，就是“李宁”这两个字。这两个字所包含的内涵，一个在于李宁个人具备的理想、能力和品质，这成为他成功的因素，这是他的内因。还有一种因素是李宁所代表的时代，所代表的时代特征，是李宁公司成功的外因。具体来讲，实际上这两个因素在李宁公司整个十年的发展历史当中，我们可以更清晰地看到这两个因素共同作用的一种结果。因为我们知道20世纪80年代的李宁，这个名字实际上和英雄的名字联系在一起，他是一个英雄，是一个体育英雄。李宁巧妙地把极具民族主义、英雄主义和亲和力的知名度，转移到了品牌当中，而且非常独具匠心地把自己产品定位在体育服装产业当中。这个产业当时竞争力非常弱，而且是极具发展潜力的一个产业。这种产业的定位也是非常具有匠心，而且是极具战略眼光的。

从外部原因来看，我认为李宁公司在十年的发展当中，获得了政府巨大的支持。这也是20世纪90年代初期中国经济发展非常深刻的一个特点。为什么这么讲呢？我们注意到1990年李宁公司获得亚运会的赞助权的时候，是打败一个出3000万人民币来提供赞助的一个韩国企业才获得的，而自己只出300万人民币就赞助了亚运会。这中间从我们直接的感觉上是觉得他获得了2700万市场价值，节省了2700万资金，也就意味着获得了2700万政府资源。这是我们仅仅得到的一个信息，而且刚才我们看短片的时候有一个深刻的提醒，李宁在1997年的销售大量是围绕团体销售为主的。在中国团体销售，其实很大的意义意味着是政府的消费行为，所以我认为在整个中国1990年到2000年之间，尤其是1996年、1997年李宁公司的发展历史当中，实际上政府资源为李宁公司的发展提供了巨大的背景和支持，政府资源当中还包括其他因素的支持，正是在内因和外因共同支持下，才导致了李宁公司在十年当中的成功。

何志毅：黄队同学还有其他补充吗？我们想听听赛特购物中心总经理池洋先生作为一个商家，对这个问题有什么评价？

池　洋：我觉得刚才很多同学把原因都讲到了。但是因为我们现在正在从计划经济向市场经济过渡，这里边很关键的一点就是市场的问题。李宁产品之所以成功，从资料来看，是他们改变了或者调整了他们的策略之后才成功的。从资料显示，李宁最初的定位是作为高档商品。在那个时候高档商品，可能因为价格的问题，很难被市场接受。之后在他们调整价格之后进入了市场。在20世纪90年代初期，当时如果讲档次高一点的品牌大概就是鳄鱼牌，当时我记得那个年代鳄鱼牌是非常流行的。在鳄鱼牌之下好像是一个空白，特别是又可以当做休闲便装来穿，也可以运动时穿的服装，没有一个特别好的品牌，因为有耐克和锐步，但档次比较高，价位比较贵。在这种情况下，除了李宁本身英雄或者民族这种特质是成功的因素之外，还有一个原因就是当时市场的空白点，李宁产品刚好适应这个空白的需求，这是他成功的一个原因。

何志毅：我们想听听李宁公司的两位嘉宾对这个问题有什么评价。

徐伟军：听了大家的发言，我总结一下，这边大概有七个总结，你们认为我们的关键成功因素有七个，这边有两个，是从内外因的角度去分析的。我想，做市场最大的原则是首先要了解消费者。其实李宁的成功，最重要的原因是因为中国的消费者喜欢它，它的十年是伴随着这个度过的，而这个过程里面，我们再去总结说我们哪些做对了，做得适合于消费者的需求。

在这里面我比较认同几个观点：第一个就是我们认为李宁本人作为公司创办人，他的名字在当时肯定是我们品牌的资产，今后也是，这是最大的品牌资产，也是消费者对这个品牌开始认同的一个基础。第二个，我认为蓝方人的总结有道理，就是我们在推广方面，就是四个P里面，最后一个我们比较聪明的，就是通过体育赞助和体育运动会这样一个方式来做。另外，在整个产品定位上是适合消费者的，适合中国消费者，也是刚才这边那位老总讲的，我们是定位在一个当时是空档的市场，或者是说没有其他品牌能够重视真正中国大众的消费者，主力的消费者。所以我觉得这三点是我们成功的地方。最后一点，也是我们体制上的一个优势，就是我们这个文化非常创新，我们是伴随企业的变化、成长和外部的环境变化成长的。我们并没有停留在经验型的或者停留在亲情型这样一个阶段，团队的成长也是企业成长的一个基本保障。我个人的看法不太同意政府支援这个说法。因为在20世纪80年代末到90年代初，这个市场环境其实对所有的市场参与者都是公平的，因为所有的人都可能面对团购的机会，这一点并不是说我们利用了什么机会，而只是说消费者选择了我们。

何志毅： 李宁先生有什么补充吗？

李　宁： 大家讲的已经差不多了。我们自己觉得李宁公司的成功，主要是三大块，相关的一些因素或多或少有一些。一个是当时体育用品竞争上没有品牌，都是以工厂为单位，所以当时我们确定自己做品牌，这一点是比较新颖的，而且基本上不太容易有竞争者，开工厂有很多工厂，做品牌就没有竞争者了，从这一点来讲，也吸引了消费者。

另外就是我们建立了专卖网络。当时国营商场，还有些合资的商场比较挑剔，他们不太市场化，他们的行为，通常来讲，像我们这样的企业产品很难进到他那里面去，使得我们自己只能建立自己的网络，恰恰就是这个销售网络，比如专卖店，跟每一个我们认定的城市经销商进行合作，进行开发，而这种效率远远大于我们要跟这个商场、那个商场的合作。所以，在我们的整个成长过程中，整个专卖网络的建立，从商业的角度来讲是非常有效的一个因素。

再有一个方面就是我们的产品定位。其实消费者的需求是很重要的，到今天为止，中国的体育用品消费仍然是非常低的，而我们当时只能传播一种运动的文化，运动的感觉。如果当时我们真正做专项产品，恐怕我们自己的工资都赚不回来。所以我们当时的产品定位是休闲，是带运动感觉的休闲产品。恰恰这一块使得我们可以有这样的机会，把我们的品牌，把我们所有的努力换成一个市场的战略，使得整个企业取得成功，这三个因素非常重要。当然也包括李宁的民族效益。我觉得民族效益，很多方面是一个润滑剂。也包括体育赞助的形式，团队管理，这些都是很重要的因素。可是我觉得重要的，刚才讲最初的起步，能够把它建立起来的基础，跟这个有关。

何志毅： 您的效益是建立在市场基础之上的。

李　宁： 后面我们所有的工作、改变都跟着品牌调整，跟着产品定位调整，跟着整个市场更加有效力的专卖调整，调整体育赞助模式，我们也放弃了一些体育赞助，也调整了集团购买，后来变成零售商的开发，也调整了团队整个结构。

品牌面临的挑战

何志毅： 市场在不断地变化，消费者的口味在变，技术在变，环境在变。任何一个企业都得面对不断的变化，来调整自己的战略，重新设计产品，重新细分市场。李宁公司也面临这样的问题，所以我们第二个问题想探讨一下，李宁公司目前面对的环境有哪些挑战，或者说在现在这样的环境里面存在什么问题。哪一个队先发言？

赵庆义： 关于李宁品牌所面临的挑战，我们刚才听了李宁先生自己的介绍，还有大家的分析，我感觉到李宁公司的成功，当时有环境的因素，所以第一个挑战就是环境的挑战。现在的环境发生了变化，过去可能大家是在计划经济下，市场成熟度不是特别高，甚至是一种幼稚的状态。现在市场成熟度比较高，这个时候最大的挑战在于两个方面，第一个挑战是市场的挑战，市场能不能细分？目前来看，消费者群体一般是在14岁到45岁之间分布的，集中程度不是特别高。由于集中程度不是特别高，所以可能没有一个稳定的消费者群体，对产品形成一个非常好的形象，所以比较容易流失。最关键的问题如何是在这个群体里面，继续细分消费者群体，然后找到稳定的消费者群体，这是面临的一个挑战。第二个是产品的挑战，从市场细分的角度，我们认为，李宁产品的消费市场群体过于宽泛，却缺少一个生命周期特别长的稳定的核心竞争产品。可以这么说，李宁公司的形象，是个人的因素要更多于产品的因素。所以，能不能再生产一种有竞争力的产品，这种有竞争力的产品能够形成一个稳定的消费者群体，竞争性比较大一些，也是企业成长的一个根本。我想从这两个方面来说。

何志毅： 其他同学有补充吗？如果没有，请蓝队。

薛海龙： 刚才那位同学说得很好，李宁公司在现在纷繁的国际经济形势下，在经济全球化的情况下，确实需要发展新的产品，挑战更细的市场份额。但是我有一个新的想法，我认为李宁公司已经到了走纯粹的、完全的国际化的时候了。我这里讲的国际化不是单纯意义的从国内市场走到国际，而是国家边际转化，就是说在巩固国内市场的同时，把他的产品、品牌、市场份额挪到国际上去。这个国际化不应该是单纯的大市场和小市场。我认为国内市场是国际市场里边的一个小部分。从国际化的性质我想这样说，国际化应该是加速国际化的进程，加速国际化的范围，应该是这样一种理解。在国际化的内容里，应该有品牌、产品的国际化，生产一些更适合于世界消费者、国际消费者需要的产品。在经营理念、管理这块，我想建议李宁公司招聘一些复合型的人才，不但熟悉国内市场，也要熟悉国际市场，懂得国际消费者，国际市场消费者理念的复合型人才。

何志毅： 尤其要懂得市场。

薛海龙： 这样的人才除了有自己的才能之外，还要忠于李宁公司。我认为李宁公司发展到今天不容易，在某种程度上是代表中国民族。就像中国人经常说的那样，弘扬民族精神，发展民族产业，振兴民族经济。我认为李宁公司恰恰是在这点上做得非常好。

何志毅： 你的观点是李宁公司面临国际化的挑战，应该走出中国，到国际上开拓市场，获得更大的成长。其他同学有什么补充？

吴培源： 我补充一下国际化的问题。为什么面临国际化挑战，我认为主要决定于两个因素。第一个外部因素是我们知道中国现在已经加入了WTO，全球经济一体化，很多外商外资进入中国，同样我们中国的企业也应该走向世界，参与全球性的竞争，这样企业才能壮大成长。第二，我认为是基于内部原因，就是李宁公司本身产品，我个人认为，因为我是从资料上看的，李宁产品的品牌，在最近时期已经相对比较成熟了，因为从1996年到今年，李宁产品的销售额一直在7亿元人民币左右徘徊，基本上徘徊不前，在这个水平上波动。所以，为了找到一个新的利润增长点，需要找到面临的挑战，也可以说是一种机会，就是国际化。只要实现了品牌国际化，我相信李宁公司会得到更新的突破，甚至高速发展，再发展。

何志毅： 你也认为是国际化。其他同学还有补充吗？如果看过我们的案例，大家都可以发现案例里提供了一组数据。目前在市场上，李宁公司面临三种情况，一个是销售增长的趋缓，应该说这五年来李宁公司销售的增长并不像我们想象的那么快，我不知道这符不符合李宁的要求，这是一个现象。第二个现象就是市场细分不清。早年李宁的成功，刚才李宁先生也说，很重要的一条在于定位在一个具有运动感的休闲市场上，大家来买服装的时候，既参加运动，也是在休闲的时候穿的，功能不是特别明显。在经济发展的初期，当人们的消费能力不是很强的时候，采取这种营销方法是很成功的，在营销学上我们叫大众化营销，我打一个霰弹，一打出去打一堆鸭子。现在已经经过十年的变化，中国人的消费能力已经产生了非常大的变化，我想我们从自己的日常生活上，从我们自己本人的消费能力上，也会有非常强烈的感受。在这个时候就显得市场细分有些不够清晰。第三个现象就是品牌的定位，从现场调查的情况下也可以看得出来，有几个词，比如运动的、动感的、优雅的、飘逸的、革命的、亲和的、民族的，我想起码有七八个各种各样的感觉。对于一个品牌来讲这到底是一个好事还是一个不利因素？我也想听听在座几位嘉宾的观点。先请池洋先生，您有没有打算在赛特去搞一个李宁柜台？

池　洋：我也希望有这样的合作。

何志毅：你觉得他们的东西太贵还是太便宜？

池　洋：我们的品牌当然是面对不同消费者的。李宁将来也会有高端产品，这个设计应该是有的，这也是我们期望的。

何志毅：就刚才这个问题，我们来听听李宁公司的嘉宾有什么见解？

徐伟军：听了两组的讨论，其实我想大家在分析案例的时候可能有一个重点，那就是我们的题目所讲的“二次创业，重新规划品牌”。因此，这也是我们公司现在面临的一个基本问题，或者说我们的一个使命。在这个前提下，我们去考虑我们现在要做什么，我觉得两组嘉宾在李宁公司面临的挑战方面都分析得不那么透彻。何教授给我们提供了比较清楚的思路，其实这前后的逻辑应该说是关键的，成功要素是对现状的分析，就是说我们现在在哪里，然后才会有我们将要去哪里，就是我们的挑战在什么地方，我们怎么去做。这边这一组讲的是环境的问题，这还是停留在一个现状分析的阶段，还是在讲我们现在是怎么样一回事，而这个逻辑和前面对照的不太一样。你前面只是讲到我们因为有李宁的名字，还有因为我们有一个政府支援，所以我们现在需要做什么。因此，我觉得这个挑战只是一个补充，而不是你真正给公司分析出来的一个挑战。对这边的分析，我个人的想法是你们想的太快，是你们将要做什么，而不是我们将要去哪里，这个逻辑应该是这样的，应该比较缜密一点。

何教授所提到的三点，我认为对于一个本土的具有十年的企业来讲，其实是很现实的问题。销售增长趋缓，从企业成长的阶段和利润，还有销售的增长，在中国大部分企业都会有一个五年的瓶颈，就是当它增长到一定规模的时候，它增长不上去，所以最大的问题在于当有一定规模的时候，管理的难度增加了，这是一个挑战。我们的判断是说，这一块不是市场的问题，是我们怎么去适应市场的挑战，所以这块我们是有压力的。

第二是关于市场细分问题。其实这个问题和品牌竞争有关系。其实这件事对你们来讲，第一步是对我们所拥有的整个消费者市场做一个很细致的分层研究，在这个研究的前提下，我们知道到底什么是我们的忠诚用户，什么是我们可以转化的用户，什么是我们可能根本没有机会争取的用户，在这样的前提下，我们才有机会确认自己的战略。而这样一个过程里面，最核心的工作也是我们今天要做的，就是说我们面临最大的挑战，如果只是从市场这个角度看，就是我们的品牌定位问题。品牌定位基本上解决的是四个方面问题，第一，谁是我们的消费者；第二，在市场上谁是我们的竞争对手，或者我们参照于谁，我们和谁去竞争，去扩大市场；第三个，我们这个品牌的区分点，我们的竞争对手区别在哪里；最后一个是说这个品牌如果有前三样的话，支持我们这个品牌的理由在哪里，也就是支持点在哪里。现在我们去分析前面的案例资料的时候，应该是从这四个方面去研究，去讲出李宁品牌现在的目标消费者是怎么样的，他跟其他品牌区别在哪里，区别的基础在哪里。

何志毅： 这些在下一个问题里，他们会回答。

徐伟军： 所以我们的想法是真正的挑战在这里，我们怎么去定位自己的品牌，然后从这个品牌定位出发，一致地、坚持不懈地贯彻下去，让消费者明白他真正喜欢的品牌是什么样的，这是我们的想法。

何志毅： 我们想听听李宁董事长对李宁品牌面临最大挑战的看法，只讲一个。

李　宁： 李宁所面临的挑战跟很多国内的企业面临的挑战是一样的。很多过去传统的竞争优势，可能随着现代形势的改变，恐怕就消失了。前段时间看到张维迎老师所说的，中国的企业应该建立起新的核心竞争能力，它必须拥有自己的相互支持和信誉，这是它未来应该可以真正在市场上竞争的凭借。我更多的是希望品牌经营如何使得李宁公司成为真正现代化的、能胜任这个品牌的公司。

品牌定位与营销战略

何志毅： 老板最希望的是既会提问题、同时还有解决方案的部下。MBA案例也不仅仅是提出问题，他们也要想办法怎么解决这些问题，应该怎么给产品定位。现在我们来听听两个队的分析，先请黄队。

张丽君： 我觉得解决问题必须对症下药。刚才我们已经提出了问题的症结，我就针对李宁公司的症状来下三副药。我觉得第一副药，首先是李宁公司执行一种领先者的战略。就是我们从现在的体育用品市场上可以看到，李宁公司2000年的销售额是6亿，市场占有率是10%左右，与其他四个主要品牌相比，它是处在第一位的。所以，它在中国市场上实际上是处于领先者的地位。我觉得李宁公司应该采取领先者的战略，在国内市场和国外市场对李宁品牌进行双重挤压的情况下，李宁公司目标是守，但是在策略上是以攻为守。

第二副药，在地理区分上，我觉得李宁公司应该执行一种品牌本地化的战略。我觉得从资源和能力上，李宁公司还不足以走出国门，与国外的耐克、阿迪达斯这些公司抗衡，还不足以支持他进行全球化的资源配置。而且我觉得中国的发展潜力事实上也是非常大的，像中国现在要加入WTO，而且申奥成功，还有中国队进入世界杯，我觉得这些都是李宁公司现在发展的一个契机。就像20世纪70年代，耐克可以利用跑步的狂潮，在国内发展起来，李宁公司同样也可以利用这种狂潮进行自己的二次创业。所以我觉得李宁公司的战略重心应该在国内。

第三副药，李宁公司从最初的发展到现在，主要的成功是大众化营销，就是一枪打所有的鸟，并且都能打死。但是现在随着市场的发展，这种大众化的营销，已经不再适应激烈市场的竞争。所以，我觉得李宁公司必须进行市场细分。我们怎么进行市场细分呢？首先我们所采取的一个主要的变量是价格，就是以价格为标志，把市场区分为高端、中端和低端市场，我们认为李宁公司应该固守中端市场。有三个原因，第一个是高端市场竞争比较激烈，我觉得李宁公司的品牌，还不足以与阿迪达斯和耐克相抗衡，所以高端市场不应该作为主力。第二，低端市场利润相对比较薄，而且如果李宁公司把主力放在低端市场的话，可能会对李宁公司的形象有一定的损坏。第三，因为中端市场的潜力比较大，从案例上可以看得出来，五大品牌，就是李宁、康威、耐克、阿迪达斯、锐步，这五个品牌从1997年到2000年的资料来看，基本上占的市场份额是在30%以下。就是说70%的市场份额是被其他无品牌，或者比较小的一些品牌所占据的。我们可以假设这些品牌里其实很多都是低端市场的用户，这些低端市场的用户随着收入的增加，他们必然会慢慢向中端转移，就是说他们慢慢会成为中端市场的潜在消费者。所以我们觉得中端市场的市场潜力比较大。同时，李宁公司固守中端市场，把中端市场作为主战场的同时，也应该向高端和低端市场做一定的延伸。高端市场可以提升自己的品牌，在提升自己品牌形象的同时，也可以为以后进入高端做准备。现在向低端市场做延伸的时候，可以扩大市场份额，然后也可以培育潜在消费者。其次就是中端市场上以年龄为次要变量进行细分。年龄上我觉得李宁公司因为是14~45岁的消费者全部是等级分布的，所以造成定位不清晰。我们觉得应该根据年龄，然后分成不同的年龄段，我们的建议是分为14~25岁，26~40岁，两个主要的消费人群，然后针对每一个细分市场，加大产品的宽度与长度，就是说我们针对每个细分市场可以扩大我们的产品线，可以做多种多样的产品，来满足不同消费人群的需要。

在消费形式上，也可以将消费形式作为一个变量。

14~25岁的产品，应该以年轻、时尚、追求动感作为市场需求，李宁品牌现在给大家的印象就是民族的、亲和的，印象是不一致的，所以在这个品牌上我们建议重新塑造一个全新的品牌。比如说可以起李小宁，或者LN，比较洋味儿的，比较新潮的品牌。26~40岁的产品，还是沿用原品牌，以后李宁所代表一种形象，就是说对于26~40岁的人还是有一定的吸引力和亲和力。我觉得这一个阶段的人可能对李宁有更深的感情，这个阶段还是采用原品牌，但是追求的主要的需求点应该是追求稳重和实用。这是我的看法。

张海园：我就刚才张丽君关于市场细分之后的战略，补充一个观点。第一个，他向高端延伸是一种高端做市，要做出一些做市产品。中端做量，真正的市场在中端。低端阻绝，进入低端，除了塑造一个形象，吸引培养低端的消费，还有很好的一点，就是我在低端竞争的时候，可以阻绝低端，像安踏、康威这样的产品，对它进行价格方面、形象方面的阻绝，使它不能够很容易地进入中端。

梁子恒：我想补充一点关于国际化和本土化的一些论据。我的观点是李宁一定要做本土化。其实这里倒不一定说是本土化，因为李宁本来就是本土的公司。为什么不能做国际化？我们做国际化，可以看看国际化应该有什么前提条件。如果我们看一下全球配置资源的这些公司或者在国内做的比较好的国际化公司，如GE、海尔，会发现我们如果从价值链分析，有三个因素决定你能不能做国际化。第一个是市场营销和品牌塑造能力。第二个是生产制造能力，这里面包括质量控制、流程管理。第三个是研发、R&D的能力。这些方面如果做得成功，或者在这三个方面协调得很好，内部资源有这个基础就可以做全球化。

回过头来我们看一下李宁现在的情况。我认为李宁首先在生产制造方面，就我现在来看，因为我们刚开始上ERP，就等于说我们开始规范生产管理，规范内部物流和外部物流，进行质量控制体系。其次，对R&D来说，我们相对于耐克和阿迪达斯这样的国际先进品牌的公司来讲，我们没有优势而言，尤其在国外。第三，我们看一下市场营销能力和品牌塑造能力。我们的品牌，我们刚刚也讨论过品牌，品牌是以民族性为主的创新品牌，有动感。如果我们设想一下，把李宁拿到美国市场，拿到欧洲市场，我们这个时候要重新在美国、欧洲塑造所谓的强势品牌，和阿迪达斯、耐克争市场，这些需要后部的广告支持、渠道管理，这些资源你能不能跟得上？我们现在知道李宁的销售额大概是7个亿，7个亿的规模去做国际化，资源能不能跟得上？

还有一点关于市场营销渠道。李宁先生也谈到，我们的营销渠道是我们的优势，在国内做专卖店管理和渠道管理。这个优势一旦转移到国外，我们还有没有呢？现在肯定在国外只是试点，还没有。

我想说的是，国际化是一个趋势，但是我们不能盲目地国际化，而且就我们现在对市场的潜力分析而言，中国其实是国际化市场里面最大的一个市场，既然耐克和阿迪达斯都进入中国跟你竞争，你为什么反而要把战略重心转移到国外，跟它在国外竞争呢？还有一点，如果我们不做国际化，并不意味着我们不做现代化，我们的内部管理，所有的内部管理，还有R&D，还有内部物流控制，还有人力资源管理，这些我们都可以做到现代化，引进复合型人才，引进国际型人才，引进质量标准，这些东西我们都可以做。但是我的意思是我们的战略重心还是在中国市场，因为放眼全球，中国市场是全球最大的市场。

何志毅： 固守本地市场，提高现代化水平。蓝队的同学有什么建议？一会儿还可以两边交流一下。

许玉道： 张丽君的发言我听了非常受启发，觉得谈得非常好。但是我有一个不同的意见，想与她做个交流。就是她谈到了要固守中端市场，向低端市场和高端市场渗透。其实向高端市场渗透我同意这个观点。但是如果把精力放在本地化，就是刚才那位同学谈到的，李宁做本地化的公司，不走向国际的话，走低端市场有什么优势呢？从1999年到现在，中国成长了大约48家体育服装的公司，而他们基本上在刚刚建立的时候都是走低端的路线，这样使得李宁公司从1996年到现在的市场份额在不断逐渐地往下降。再看一下整个国内的市场容量，刚才那位同学谈到了中国市场非常看好，我完全赞同。但是目前的阶段，事实告诉我们并不是完全的乐观。从1996年到现在，整个国内市场体育服装用品的市场，市场份额在60多亿到80亿之间徘徊，这个增长速度和GDP增长速度比要慢得多。市场容量保持相对稳定，而在低端市场，新的竞争对手这么快速地切入市场，你来和他们争夺，是要浪费很多资源的。所以我不是特别赞同在低端市场渗透这个观点。但是向高端市场渗透，我完全赞成这一点。其实我们反观李宁公司在发展的过程中，在初期非常成功，为什么呢？它把运动和休闲两个概念合到一块儿，正如李宁先生刚才谈到的，如果开始他就完全做运动的东西，做的都是举重的服装，做的都是射箭的服装，肯定现在工资都发不了。但是他在中国市场刚好当时没有品牌的时候，他树立了李宁品牌，又利用了中国消费的特点。中国消费者是世界消费的一部分，但是和国外消费市场又有一个明显的区别，就是中国的消费者不太注重功能上的区分，买一个运动服，打篮球也穿，踢足球也穿，周六日出去散步休闲也穿。而在国外的服装市场并不是这样，他们对功能的需求非常强烈，不会把运动服在什么场合都穿，国外的市场特点是这样的。向高端市场发展，我觉得这是李宁公司要突破市场瓶颈必须走的一条路，因为中端市场的容量就这样，事实告诉我们是这样。

我的第二个观点，就是关于市场细分和市场定位的问题。我认为李宁公司的目标群体，可能定位是14~28岁，但是调研公司告诉我们，实际上最忠实的消费者是在24~30岁。当我们看到这个数据的时候，我们认为谁对了呢？我想说李宁公司对了，实际上他的产品是真正地迎合市场是真实的，市场告诉我们，他就适合24~30岁，这应该是他的主要市场，因为他有这方面的经验，你说要时尚，要年轻，要反叛，实际上产品被市场接受的是24~30岁为主的阶层，所以我认为在严格定位上，他们应该适应市场对他们的诉求，应该继续把这个市场定位在24~30岁，我们可能区分得大一点，25~40岁，这么一个年轻的层次。他们可能从产品设计和推广的手段，起码在中国本地化并不被14~25岁这些反叛、青春、自由、时尚的人所接受。

何志毅： 意思是不要经营这个市场，依然在25~40岁这个市场上固守？

许玉道： 对，因为他有这个经验，而且他的产品可能往这方面契合。我还想谈最后一点，就是关于产品线的问题。对李宁品牌的产品，刚才有太多的人有不同的观点，说明这个品牌形象比较模糊，没有非常清晰的概念，李宁到底是什么？这样就让他做国际品牌的时候很尴尬，他就不知道要把自己究竟塑造成什么，什么把自己塑造成现在这样。在国外利用有限的资源面临的困难会更多，你要塑造的是什么，是运动的还是自由的，这就比较麻烦。应该顺应国际的趋势，往专业化和系列化的方向发展，要收缩产品线的宽度，但是，要加大这个深度，只有专业化和系列化的产品，能够帮助走向国际市场，甚至在国内市场的时候，能够真正把专业化的品牌树立起来。因为我们可以看到，所有知名公司的品牌，都是在某一个领域只有他是最好的，但是李宁现在就不能保证在哪一个领域是最好的，不是，很尴尬，所以应该走专业化、系列化的道路，其实这也是走向国际的要求。另外，如果走向国际，其实对他在国内品牌的形象有一个很大的帮助，海尔的产品为什么在中国这么受欢迎？可能我没有买过海尔，我觉得买得放心，因为所有的报道都说海尔在国际上成功，其实对他的品牌在国内的提升有很大的帮助，这是我的一点见解，和大家分享。

何志毅： 我们已经看到两个组之间观点有些差异，黄队是说产品应该本地化，从产品段来说分成两段，一个是25岁为界限，青少年一段，中青年一段，固守中端市场，略微向两边延伸。蓝队这边认为应该走国际化，应该向上延伸，不应该向下延伸，产品线应该适当收缩，黄队认为在中档产品线应该适当地加宽。哦，其他同学还有交流和补充！

訾昌浩： 我想和梁子恒同学沟通一下。我本人是做国际贸易的，现在侧重于把中国的产品做出口，就是中国的机电产品。但是贸易这块有相通的地方，通过跟国内的企业接触，我感觉现在国内很多的企业，有不少是墙内开花墙外香，在国内趋于饱和的状态，早早把眼光投向国外。同时通过国际化之后，又能通过高标准环境的塑造，反过来提高自己的品牌竞争力，这一点对国内企业非常重要。国内比如李宁品牌跟康威或者安踏品牌竞争之后，当我走进大商场之后，看不到他跟这些品牌有什么明显的区别，或者从LOGO到整个店面的设计、布置，但是跟耐克、阿迪达斯确实有差异，这种眼球撞击力比较差。入世后现在大势所趋，企业往外走，强迫的也好，自发的也好，都需要迅速进入国际的物流环境里面去，来提高方方面面的能力。

何志毅： 只有走向国际，才能够迫使自己现代化。从产品方面，从管理方面，才能够使自己的产品也被消费者眼球一亮。

訾昌浩： 是这样的。另外一点，刚才梁子恒同学提的三点非常好，就是企业具备什么样的条件和资源，才能够参与国际化的竞争。我觉得有可能有一个理解上的差异，还有结合刚才张丽君同学的一个观点，定位高端、中端、低端，我们走的国际市场，并不建议在国际市场上，直接跟耐克抗衡，直接跟阿迪达斯撞。但是在同他们学习沟通过程当中，能够提高李宁整个品牌的塑造能力。我们的定位实际上还是在中低端市场。这里提到STP市场细分问题，在这里我想跟大家分享一个例子，回想一下当初在日本的汽车市场，本田汽车的起步我认为是非常好的案例。本田宗一郎在起步的时候，当时日本有日产、丰田两大巨头控制日本市场，而且还有美国的福特。他是怎么寻找自己的切入点、利用30年的时间迅速崛起的？现在全球每4辆摩托车中，平均就有一辆肯定是本田的。什么市场最适合我？当时他们分析到了低排量，而且是环保型的车辆，借用当时美国有一个环保法的出台，1970年一下窜红。当时正好福特侧重于大型车，丰田和日产侧重于商务轿车。这当然需要有足够的研发能力跟踪，进行调查。

何志毅：就是选择很窄的市场。

訾昌浩：是如何切入自己的位置。

何志毅：有什么具体的建议，李宁产品哪一个是最适合走出去的？

訾昌浩：我感觉现在李宁公司正在做尝试，比如对体操、一些强队做一些宣传，包括李宁先生本人确实有很凝重、很持重的形象，还有体操的背景，这条路非常正。

何志毅：刚才我们双方就李宁品牌的定位和营销战略的问题，展开一个比较充分的讨论。我经常用学习武术来比喻MBA的学习，其实MBA的学生开始学武术的时候，一定是按照一个标准的套路，就是师傅教的标准的套路，有很多基本的动作，基本的规范。MBA也是学了一个理论体系和一些分析方法，根据我们掌握的素材来对案例进行分析。真正打起来的时候，是经历了一个熟能生巧、融会贯通的一个过程，然后才达到很娴熟的境界。所以真正对武功掌握比较深的，是在现场中打仗的企业家。所以我们很想就这个刚才大家讨论的问题，听听几位嘉宾的意见，我想还是先请池总。

池　洋：我这么多年一直没有涉足股市，也没有炒过股票。我一直在问自己一个问题，就是说在新华书店买一本书，比如说教你如何炒股，教你如何成为百万富翁。那么买了这本书以后，会不会就会变成一个很成功的炒股家，可以在股市上挣很多钱？同样道理，《孙子兵法》人人都会学，人人都可以学。那么很多军事学家在打仗时也会采用“孙子兵法”，都是用同样的战术，但是有的胜利，有的却失败。所以中国有一句老话，叫“成也萧何，败也萧何”。所以我觉得在MBA里面，就像何教授刚才讲的，就是我们学了很多的战术，但是我觉得最重要的就是说，我们要去决定在什么时间用什么样的战术。也就是说，不管是什么样的战术，可能作为一个决策者，是要判断哪一种战术，它成功的机会会更大。如果仅仅从理论上看，任何一种战术都是正确的。

回到李宁品牌这个问题上，我个人觉得，刚才很多同仁讲的都很有道理。但是我不太赞同国际化。原因在于，第一，我觉得也是资源的问题。就是你没有这个资源。第二，品牌实际上是一种文化的消费，它跟一般的商品消费会有很大的区别。就像我们经常讲的，如果一个客人只是为了买一件衣服去御寒，或者去遮体，那么你完全可以去任何一家超市买一件衬衫，大概40块、50块，就很不错了。你为什么要去赛特，买800块钱甚至1000块钱的一件衬衫？所以我们讲的是一个品牌消费，但实际上是一种文化消费。也就是说客人多花这部分的钱，他会买很多其他的功能性之外的东西，是一种心理上的东西。举一个例子，有一个在世界上很有名的牌子，这个品牌目前在中国也设有专卖店。当现在你到他的店里去买他的一个牛皮包的时候，小姐会怎么跟你讲呢？说对不起，你先看看产品目录。你看中这一款了，她说对不起，先生，这一款现在没有现货。这一款售价70000块人民币，请先付30000块人民币定金，这个货明年再交。即使是这样，你还定不到货。为什么呢？因为她说，这头牛正在我们的牧场里养着，这头牛要散养，不可以圈养。为什么呢？圈养会把牛的皮肤撞伤，它不可以撞上树和任何的栏杆，只有这一块皮才可以做出这个包来。这就是一种文化的东西。其实我们看了很多中国的企业，都在试图去创造一个世界的名牌。比如说有些服装，他们现在去意大利，找给乔丹·玛丽加工的工厂去加工服装，采用乔丹·玛丽创造的面料，但我觉得这个东西就不仅仅是一种面料，或者是一种加工问题。品牌文化有一种底蕴，有一种很深厚的文化的背景。只有几年或者根基很浅的东西，可能很难去打动消费者。我觉得李宁这个牌子是一个民族性的东西，是一种荣誉性的东西，实际上他的最大优势是在中国。就像刚才白桦先生讲的，如果你拿李宁到美国去，美国人看到这个会不会有认同感，会不会认为他是一个英雄？他们可能觉得李宁牌很棒，但是不一定会在内心有认同感，因为这里面有很多民族的东西在里面。所以我觉得国际化，目前确实是一种趋势，但是最重要的还是看我们企业自身的能力和我们走出去之后的机会有多大，胜出的机会有多大。在这个方面，我觉得国际化可能是未来之路，但是目前，我想还是回到马斯洛的理论，第一项是生存。你不可以生存的时候，你根本谈不上其他的东西，只有你生存好了，你才会考虑你的安全需要——你的更高层次的需要。如果李宁把目前自己的产品，在中国市场做得更好，可以把中国市场很稳地占住的话，你就具备了一个能力，才能向外去发展。如果不是这样的话，可能外面，你的资源也没有，你的优势也没有，你是拿自己的短处跟别人的长处去拼，这样的话，成功的机会不能说没有，但是会非常的小，而且可能对公司的发展也会有一些负面的影响。所以我个人的建议就是在国际化的问题上要慎重。

何志毅： 我们再来听听徐伟军的意见？

徐伟军： 非常感谢！因为那么多同学在这个场合给了我们公司那么多好的建议。我的基本总结是这样的：

我们对于品牌的认识是基于三个前提的，第一个就是品牌的经营，实际上落实在经营这两个字上。所以是否是真正成功的品牌要看品牌本身能不能创造持续的盈利，还有品牌能不能创造它独特的优势。如果没有这两点，我们不认为品牌是成功的，就是说我们不会脱离经营去谈品牌。

第二个，所有的品牌成功都是因为消费者的需要和选择而带来的，就是说我们不会脱离我们的消费者来谈品牌。

最后一个，我们也不会脱离这个品牌过往成功的基础去谈品牌的发展。如果是脱离了，也可能会是一个缘木求鱼的结果。

基于这三点，我觉得可以归纳一下大家的一些观点。对于国际化战略来讲，我们觉得评价的标准要很清楚才行。对于我们来讲，其实我们面临的市场环境就是国际化的，尤其是在加入WTO以后。所以我们的经营水平，尤其是我们在营销这一块的管理手段，一定是要有国际水准的，或者至少是朝这个方向努力的。但是如果我们说国际品牌，一个通用的标准是说这个品牌有多少贡献来源于海外市场。如果用这个标准来评价的话，那对我们来讲，这是一个未来的目标，而不是现在的一个结果。我们现在要做的是基本功，我们得把自己的基本功练好，这是我们对于国际化的一个认识。刚才大家也有很多关于产品线这一块的建议和考虑。这个问题其实不取决于我们个人的主观的意志，而是取决于这个品牌下面有多少的产品是可以做的，消费者是怎么选择的。也就是说，我们会做消费者的品牌延伸度的研究。至少我们要知道，消费者认为在李宁这个品牌上，什么不可以做。如果是知道这一点的话，我们就可以做所有可以做的事情，这是一个基本的策略思考。我们正在做一些研究，因为这些都需要通过对消费者的调查才能得出结论。

何志毅：你们正在做调查、分析，但是还没有最终得出结论？

徐伟军：对，我们在做的也是一个基本的建设的问题。就是说哪些基本手段运用起来，可以得到一些结论，这是关于所谓的品牌下面的产品线的问题。还有大家在考虑这个策略的时候，有考虑到一些很具体的品牌和文化的关系问题。我个人的看法是，消费者对品牌的选择是有文化因素的，但并不是决定因素。当然反过来讲，消费者喜欢这个品牌，一定是有他的价值的。因此我们一般把品牌分成功能和情感两个方面去考虑，所有的利益点都是非常重要的。但是什么是推动品牌增长的利益点，这个需要比较小心地去权衡，或者是通过消费者调研得到。比如说最成功的用功能性打败情感性品牌的，我可以举一个例子，就是舒肤佳和力士。可能有很多人说情感性的路线会是品牌最好的路线，这个也可以回应刚才说到的代言人问题，如果我们说品牌应该有它独有的标志，从这个角度看，我们应该有一个代言人，但是如果说品牌有一个明星，这只是一个基础的手段。就是这两者要有一些区别。

讲到品牌的沟通或者是实施，刚才有人提到一个问题，实际上是我们非常重视的一个问题，就是在品牌整个建设中，有一个原则叫一切都在沟通，只要你面对消费者，所有的面对消费者的东西，就都要考虑品牌怎么在里面体现价值。因此我们的专卖店系统，我们的零售渠道的管理，包括在零售渠道里面消费者得到的品牌的认识，也是我们需要管理和提高的地方。

何志毅： 李宁董事长对刚才同学们谈的有什么感想?

李　宁： 刚刚小徐讲了很多，我们公司所面临的其实是一大堆问题，所以才逼得我们重新做选择，重新做调整。我想就国际化和本地化的问题补充一点。作为一个品牌，我想我们要先做本地化，后做国际化，这个必须要有一个基础。耐克，这个所谓的国际化最大的一个体育品牌大概有60%在美国的本土销售，如果没有美国这一个强大的市场支持，他们就无法做到国际化。我们觉得中国的市场在未来是一个非常好的市场，虽然现在体育运动品的消费还比较低，很多人还是带着其他的原因去消费类似商品，但未来的趋势是不错的。这个市场的增长过程也是我们企业成长的一个机会。所以我想我们首先要做好本地化这一块，但是并不是因此我们就不做国际市场。当然，作为一个本地化的品牌，如果是你的生产线过窄的话，也很难形成一定的规模，也很难形成一个综合体育品牌所给消费者提供的服务，也很难拥有一种综合竞争的能力。所以到底生产产品线有多宽，有多深，这个要随着我们企业和市场的发展来一步一步做调整。

李宁与李宁品牌

何志毅： 今天李宁先生能够亲临现场，应该也是我们一个很好的学习机会。后面剩下的时间，大家有什么问题，可以对话，可以把问题提得简单一点，对话也简短一些，能够多来几个回合。大家对李宁跟李宁牌之间的关系都是非常非常感兴趣，或者说非常好奇的。有人曾经跟我说，当年李宁牌是因为李宁而成功，但是以后李宁会因为李宁牌而长期留在社会和历史上。我不知道大家对这个问题有什么看法，李宁先生对这个问题有什么看法？

李　宁：其实我没想那么深，我是比较自由自在的人，基本上没有深思熟虑。可能做过的事情，做的结果还不错。我比较喜欢自己意识到的事情就去做了，所以我也常常会碰到很多失败。包括我当运动员，包括现在经商，只不过失败的事，大家可能都忘了，或者不在意而已。另外我的运气比较好，总的来讲，还有点收获。可是作为一个我的名字，或者是这个企业，更重要的，我觉得我自己作为这个企业的创始人，或者是推动者，只是这个企业当中的一分子，而不是全部。虽然这个企业叫李宁，但是我只是说我希望建造这个企业，是一个现代的、具有核心竞争能力的一个企业，而不是说李宁有核心竞争能力，而不是说李宁拥有什么样的资源。因为李宁的资源就是李宁，而一个企业的资源，它更多属于整个产品，属于整个社会。

何志毅：现在我们发现，你比较低调，好像不很刻意地把李宁跟李宁牌联系得那么紧，这是出于一种什么样的考虑呢？

李　宁：我刚才讲了，首先我希望积累企业的核心竞争能力，而不是李宁本人的核心竞争能力。另外一点，作为一个企业来讲，很多人可能有一点点误解，说名人的效应很重要，但根据我十几年的经验，我感觉对于一个企业，名人效应虽然很重要，但不是技术性的，而是阶段性的。对于某件事情，这个人上去，跟另外一个人上去，可能有区别。刚才讲需要一个形象，一个代言人，但是那个人要老了的话，这个企业是不是也老了？不可能。今年这个人拿冠军，他是我企业形象，第二年他失败了，新的冠军比他还火，那我为什么不可以用第二个呢？所以说很多东西，就是一个技术性的，名人效应是非常有限的。如果我在企业里面，我要把名人效应无限扩大到企业管理、产品开发、市场营销，扩大到整个企业文化，那对于一个企业是很危险的，不可能有今天，不可能做得起来的。

何志毅： 名人效应在某一个历史时期是一个优势，但是过分强调这个优势以后，也会掩盖一些其他的问题。可能正常的企业管理中间的问题会被名人的效应掩盖。所以李宁刻意地使名人效应淡一点，来增强他的其他核心竞争能力。

李　宁： 我想李宁公司到今天，可能真正在起作用的并不是我李宁的名字，尽管可能是关键的，但肯定不是惟一的。很多的因素使得李宁企业走到了今天。但是往往在总结教训当中，都比较直观、比较容易讲李宁，因为这个人的名字，因为是一个冠军，就很自然而然就讲到这一块。最常见的说法就是我们利用了政府资源，比如说体育赞助，人们几乎全是理所当然地觉得，这些体育机构很自然地会把机会给李宁，可是我要告诉大家，我们每一个重要的战术活动都是通过竞标得来的。另外，我们也是在这个行业里面中国体育最大的一个赞助商，我讲这句话的意思是什么呢？是花钱买来的，不是通过个人的面子买来的，也就是说，我们做的是一个商业行为，是一个经营行为，而不是一个纯粹的友好行为，不是一个无成本地利用他人的资源的行为。也只有这样的企业，才可能成长，才可能花这个钱，怎么样去赚那个钱，才能够把这个事情利用得更有价值。

何志毅： 那只是早期的时候？

李　宁： 我觉得这是一个润滑剂。

何志毅： 李宁公司走向成功已经10年了，如果李宁只成功一年，我们可以说李宁主要是靠面子。而能够经过10年，经过这么多变化的企业，一定是有它很强的内在核心竞争能力。当然你现在是比较刻意地把自己的名字跟这个企业分开，把你个人的形象跟企业形象分开。在企业的早期阶段这是不可分开的。

我看到刚才那个历史的镜头还是很激动，我们还是很自然地就会想到过去您的那种英雄形象和那种英雄气概。可能说市场上有很多人很难接受李宁这个品牌跟李宁没关系。现在你这样认为，这种分析和这种举措，是很理性的企业家行为。那么你作为理性的企业家，现在希望李宁品牌里面，摒除了你的因素之外，它应该告诉用户一个什么东西，或者说你想的品牌诉求是什么？

李　宁： 这个我想不是一下就能说清楚的。这是一个李宁公司在未来的工作当中要解决的问题，是我们整个管理层要解决的问题。我相信，如果来购买李宁牌的人，都是因为李宁是个英雄才来买，那我们肯定倒闭，所以更重要的是一个企业表达的一种信息，一种文化，才是大家愿意跟你在一起，愿意跟你去做这种交流的原因。这样才能使品牌有所发展。所以我很高兴有很多小孩、青少年他们在穿李宁服装的时候，他们都不知道李宁是什么东西。这样我觉得就挺好，这种淡化是有作用的。但是这种淡化不是简单淡化，李宁公司要建立起李宁品牌的这个文化，它的经营模式。当然我讲我们的战略，现在已经定位在经营品牌，那么这与经营产品是不一样的，一个产品的利润回报是非常直观的，而且产品的收入是非常短期的。那么作为一个品牌来讲，他需要的不是短期的非常直观的利润，他需要的是非常具有长期价值的行为，那么跟他相关的开发、生产、零售过程，推广行为等等，都是要落实到品牌的价值上面，最终成为一个品牌公司。我们可以这样说，中国有很多品牌，但是在中国体育品牌中，我们李宁公司想做的事情，中国人过去都没有做过。我们定位在经营品牌，那么我们所有的行为都应该要围绕品牌的价值而为。怎么样才是针对中国的市场，创造一种品牌的价值，我们就去设计这样一种行为。这是我们后面工作所需要做的。

何志毅： 就是刚才徐伟军讲的，品牌有功能诉求和情感诉求，那么李宁公司正在淡化它的情感诉求，突出它的功能诉求？

李　宁： 也不能完全这样讲，两方面都应该要兼顾。

何志毅：我想尤其一个跟人名挂钩的品牌很难回避这个问题。李宁公司原来是一个英雄的、亲和的、民族的、给人很直观、很强烈的感觉，因为正在走向成熟，走向国际化，也随着李宁的身份、角色逐渐在变化的时候，正在寻找新的情感诉求点，是不是？

徐伟军：其实我认为品牌如果成为文化的话，那是我们的理想。因为文化实际上从品牌这个角度理解，它会是生活方式的一部分。就是说你每天都想用它，你每天都想跟它在一起，跟它接触，它是你生活中不可分割的一部分。比如说很成功的全球性的品牌，如可口可乐，或者微软，因为你天天都会接触它，到这一步，实际上是我们的一个目标。在这种情况下，什么是我们的情感需求点，什么是我们的功能需求点，需要对消费者的研究作为支持，但是我们找到的这些新的点是不会背离我们现在最核心的消费者的。比如说亲和力，这是我们品牌个性的定性的问题，我们肯定会保留的。

何志毅：你们的方式是市场营销所用的两种划分，一种叫做驱动市场型的，一种叫做市场驱动型的，英文叫做Market Driving和Market Driven，是吧？

徐伟军：对。

何志毅：你们现在并没有一个主诉求，就看现在的客户，他们希望什么东西，然后你们来提炼，就是跟着市场走，是不是采取这种方式？

徐伟军：目前是这个阶段。

何志毅：你们先到市场去找感觉，去找新诉求的时候，你们先看看消费者为什么要买这个东西，他们的情感诉求在哪里，然后你们就去满足他们的诉求。

徐伟军：作为一个有价值的品牌，它必须要做到能够推动这个市场的消费，当然这个过程是我们努力的方向。现在我们企业的能力，以中国这个行业目前的水平来讲，我们都还达不到这一步，现在我们是全球最大的加工基地之一。

何志毅：从品牌的理论上讲，品牌的含义有六层：属性、利益、价值，然后是个性、文化和使用者。李宁品牌，你们认为他现在已经具备到什么阶段，有没有形成自己的个性，自己的文化？

李　宁： 还比较模糊，有，但是还没有这么鲜明，它还是属于一个成长型的品牌。

徐伟军： 因为只有10年，其实品牌有点像个孩子，它长到10岁了，是朝气蓬勃的，这是一个期望。作为我们来讲，也有一个未来，但是这个并不代表它什么都好。不过它有一个10年成功做基础，所以它是健康的，这是一个基础。

李　宁： 这个品牌假如当时我们把它放在美国，它成长的环境在欧洲，可能就不像今天这样。所以作为今天体育用品品牌在中国市场上的成长来讲，在过去我们10年，但是实际上之前的5年，甚至6年，我们大量的消费行为、生产行为、经营行为都跟品牌不是密切相关。因为整个国家的消费能力和我们国家比较擅长生产加工这方面的特点，就使人们很难相信一个品牌会在人们生活当中带来什么样的一种价值。当然，到了今天，甚至未来，这种局面将会有很大的改观。

可是到目前为止，在我们这个行业里面，仍然是大量的传统的生产加工企业，第二天就树立一个品牌，花点钱到电视台做一个广告，就成了一个品牌。其实重要的不是成为一个品牌，而是它的生产能力可以使它在本地的市场用营销的手段很快就可以占有一块市场份额。这些行为使得现在整个中国的体育用品市场处于战国时期。

何志毅： 我们注意到了几家目前有品牌的产品，统计起来的，只占整个市场的27%。

李　宁： 对。非常小。

何志毅： 还有70%多的都是一些零零散散的厂家的产品。

李　宁： 所以要逐步把整个市场的消费从一些简单的功能性上升到高档、带有融化品牌功能性消费还需要有一个过程，也需要消费者的努力，需要整个国家经济生活水平的提高，需要像我们这样企业的努力，当然也包括像国际品牌的进入，也使得我们这个行业前进的步伐加快。

何志毅： 我们这里在座80%多的同学都是李宁的用户，也非常想亲自“消费”一下李宁本人。所以我不能吃“独食”，把剩下的时间交给大家，看大家有什么问题可以问一问李宁。

梁子恒： 我有很多问题，先问我最关心的一个问题，您觉得在这个行业，哪个企业是您的标杆企业？您认为在什么方面你要向它学习，在什么方面你有可能超过它，还有在什么方面你有可能跟它竞争？

李　宁： 其实我们要学习的很多，现在的品牌模式都是来自于西方，我们对耐克、阿迪达斯，还有来自日本、欧洲的一些品牌，我们都应该更多地向它们学习，当然这种学习要根据自己的能力。你必须看到像耐克、阿迪达斯这些国际名牌，他们在哪方面是我们值得学习的，但是它们的行为，不一定你也能做得到。我们未来不一定说要超过谁，重要的是自己是否能够成长到想要的位置，这个位置我现在也很难告诉你，未来10年，我们都将探索。过去我们赚了1块钱，现在我们要换一个方法赚这1块钱。所以这1块钱跟过去的1块钱是完全不一样的。当然我们希望我们未来能赚10块钱，100块钱。这些东西都是我们在企业当中寻找，在我们的对手中寻找，或者是我们寻求榜样，去进行这种学习和提高自己。

何志毅： 李宁高尔夫精神，重在超越自己。

梁子恒： 就是说你还没有非常明确的目标，像海尔，可能它认为GE就是它的标杆。

李　宁： 我们很难做到这一点，比如说很多国际品牌进到中国以后，它们带来的更多的是一种文化。正是这种文化刺激人们去消费，并不是说人们真正需要那种东西。但是当你如果接受了它的文化后，确实需要那个东西，当然你可以买得便宜，你不能买那么贵。我们看到很多家庭生活条件并不太好，孩子要，父母愿意拿钱，就是说，它很成功地在品牌上真正刺激了消费。在国际上，比如说在意大利、法国、德国、在美国或者日本，有很多在本地化非常强的品牌，他们真正拥有相当大的市场占有率，企业盈利非常好，规模非常大。那就是说，本地化这一块，耐克也不是能轻易学到的。比如说在日本，在美国，那些做了几十个亿美金、上百个亿美金的那些企业，他们是怎么做成的，怎么样能够提供本地化的服务，或者说真正拥有本地的消费者。你要做的产品和你做的服务模式，开发产品的模式是什么样。这一块，我就无法针对每一个人去学，我就必须了解自己，我们从市场上不断地吸取那些有利于我们的知识。

何志毅：我想李宁很好地解释了这个问题。体育用品是文化含量非常高的产品，所以它可能很难去完全模仿，或者是照谁的去学，而是在自己的本土文化里去找感觉，在本土的消费市场里去形成自己的特色。

黄丽丽：刚才李宁先生讲了两个观点，我非常赞同。一个是品牌效应非常重要，另外一个就是说李宁先生本人要淡出他作为产品代言人的说法。我们的观点应该是选李宁仍作为企业的代言人，也就是说公司整体形象的代言人。第二，针对他不同系列的产品，选择适合他的品牌的代言人。也就是说，他在推出一个系列产品的时候，选新的代言人。比如说像耐克，我们大家都知道，他选的是乔丹。一个时期内，打篮球的人和篮球爱好者，他们的手势甚至是嚼口香糖的动作，都是模仿乔丹的。还有Adidas，他选的是辛吉斯跟库尔尼科娃作为他的网球服装的代言人，效果就非常好。

何志毅：你觉得还是要有形象代言人。而且李宁不能淡出，还是要变成公司形象的代言人，而且是一个很稳重的公司，是一个民族的，是一个英雄的公司、亲和的公司。但是产品也可能有很冷酷的产品，需要一个冷酷的模特儿，来做产品的形象。我想听一听李宁对这个问题有什么想法。

李　宁：只要我还在公司坐着，我事实上就是公司的代言人。过去我是一个人去国际上参加比赛，到赛场上参加比赛，今天我是带领着团队在市场上参加比赛。当然企业不完全等同于品牌，或者是产品的形象代言人。

何志毅：只要是这个公司用李宁做商标的话，真的很难找一个什么库娃，说我是李宁库娃，这对企业形象会造成影响。刚才好像黄队提出来，弄一个叫LN的产品，就抽象一点。像当年国际商用机器公司，过去叫International Business Machine。他的内容变化了，他说我就叫IBM，通用电气也不只做电器，说我就叫GE了。这个可能是可以考虑的一个方向，就是有一个产品叫LN，库娃跟LN就可以有关系了。李宁仍然是亲和的、民族的英雄。

白　桦： 我想问一下李宁先生，我注意你在1997年以后调整了整个企业团队。刚才您也谈到了，未来发展要淡化李宁这个形象，要依靠这个团队。我想听听您对你目前团队的评价。而且我想听听您目前团队形成的一个过程。

李　宁： 我们团队正在逐步进行调整。中国的企业是蛮有意思的，因为中国人比较重感情，所以团队调整比较艰苦。最初的时候，应该讲我们很多经营行为都是非常盲目和不成熟的。所以要探索，这个探索当中要承受很多失败，或者说得有那么一帮人只懂干，不管结果的，只有这样，才能迅速把一件事做起来。之后，这个企业想赚钱，我们就要找能赚钱的人做管理。那个时候，我们管它叫经验型的团队，目前整个中国的行业主流都是经营型的团队。所以李宁公司开始想未来怎么发展的时候，发现完全凭经验型的一个团队很难做成一个体育品牌的企业。现在有很多的优秀人才，有能力、能赚大钱的人都在工厂里，就是说没有人懂得怎么样去做一个品牌。也不是说不懂，是说他的经验更多的是在生产方面，而不是在做品牌方面，所以我们发现靠经验型的团队，企业就很难有前途。我们既然选择要做品牌，那我们的团队就要调整，更符合品牌经营的团队，这就是我们团队在逐步调整的原因。从目前来讲，当然我们这个团队不能说完全胜任，但我们在朝那方面努力。你刚才讲的资本运作，前面所探讨的品牌，品牌生产、开发、零售相关的整个设置，怎么样去提高这一段，都是我们要在学习中完成的。所以我们不会像一个作坊式的企业，只管后面的东西不管前面的，也不会永远只做这么大，尽管说企业做大未必是好，但是我相信作为中国体育品牌，想成为代表中国的体育品牌，如果没有一定规模的话是代表不了的。

赵庆义：我有一个问题想问李宁先生。您认为您的企业最有价值的是哪一部分？谈到您个人跟企业之间的关系的时候，您有没有想到把“李宁”两个字嫁接到你的这个企业中最有价值的一部分去呢？

李　宁：价值我们现在还在培养，刚才讲了，我认为价值是品牌，但是现在发现品牌的价值还是有限，不是我们想像的那么大，所以我们在继续创造。当然我的目标是要创造最有价值的企业，具体到我们公司身上，就是我们的品牌信誉。

朱　叶：李宁先生，我想提一个问题，是关于李宁公司的分销渠道这方面的问题。因为我们都知道李宁公司从它的成长到发展，经历了由专卖店向百货业发展的一个过程，而我们也知道，像耐克、Adidas这样的大型的国际体育品牌，在美国的市场或者在国外的市场，是以超市为主要的销售的业态。中国的零售业也正在发生一个很深刻的变革，目前超市在中国也有很大的发展空间，李宁这个品牌是否打算进入超市这个领域发展？

李　宁：一个体育品牌，再怎么高，都是大众化的，无论我们现在所看到的任何一个国际品牌，它都不是贵族型的，离开这一点，没有一个体育品牌能够活下去。它跟时装是完全不一样的，跟一头牛做一个皮包是不一样的。我们之所以有自己的专卖体系，一方面是我们选择了这种模式来做，这样有利于我们形象的推广。另外一方面，也是因为整个中国，尤其是跨地域的零售体系没有真正建立起来，所以我们在做建立终端消费点的时候，成本相当高，相当困难。每个商场都有自己的盈利目标，商场赚钱远远比企业赚钱轻松。目前来讲，是不太合理的，这是因为整个中国还是比较保守的。当然我相信加入WTO以后，真正在做零售管理的企业进到中国以后，会令整个中国零售行业做调整。我们也密切关注这样的调整，会想办法找到利于我们企业发展的方法和合作伙伴跟他们去合作。尤其像你刚才所说的，超市这样的体系，我们不会守在我们自己原来的模式上。

毕　岩： 我想就这个问题问一下徐伟军。我们日常生活中几乎很少能够看到李宁这个品牌在电视上做广告。有人说做生意不做广告，就像你在黑暗中向姑娘抛媚眼，你也许知道自己在做什么，可是别人什么也不知道。我想知道李宁这个品牌不做广告，是因为它不知道该向谁抛媚眼呢，还是它已经在自己市场调研的基础上另有方法，然后抓住自己的目标市场？

徐伟军： 你观察得比较敏锐，我们刚刚调研出来的结果说消费者对我们品牌最不满意的地方之一，就是他们不太了解这个品牌，或者说觉得这个品牌宣传的力度不够。这个是我们今后会去注意的地方。但是在品牌实际操作的过程中，媒体的投放水平是需要跟整个生意投放的效果相关联的。

李　宁： 我补充一点。当你觉得很少在电视上看到我们的广告时，李宁却在我们中国体育服装市场上占有率很高。道理是一样的，你们在广告那边花了钱，得到提高知名度的效果。不过这个效果，我们最后要落到一个点上，就是在每个时期，对这个企业到底带来什么样一种效益，带来什么样一种帮助，这个是我们要进行调整的。过去的方法未必是我们未来要继续沿用的方法。

何志毅： 我们在布置案例时就布置了两个队用自己假想的市场定位，来为李宁说一句广告词。先请蓝队。

李劲松： 我们为李宁公司设定了三个广告词，但是我们还是经过痛苦的选择，因为很难。我们选了一个叫“从心而动，享受生活”。

何志毅： 黄队！

张海园： 我们队通过讨论，根据我们刚才的细分，定位尤其说是从10岁到25岁阶段的青少年，我们定为是“个性、自由、运动、现代”这样的特点。那么我们定义的这个广告词叫“新新人类，新新感觉”。

敖慈悦： 其实我们的办公室跟您是邻居。我注意新世纪那儿有一个大的广告牌，但是突然没有了。那上面有一句话是非常棒的，就是“我运动，我存在”，我觉得您可以延续这句广告词。

何志毅：我想最后请李宁说一下李宁公司的近期目标，作为我们这次案例研讨的结束。大家先鼓掌。

李　宁：我们比较简单，因为我较少参与具体的管理。你让我给出一个很具体的目标很难。我们现在近期，主要是希望针对中国的企业，针对我们这个行业的企业，尤其是我们李宁公司的企业的不足，大量做内部的基础工作。在未来三年，使李宁公司成为一个现代化的品牌公司，体育品牌经营公司，这是我们一个目标。另外作为经营目标，我们在未来三年将保持并扩大我们目前的市场占有率。

何志毅：今天这个案例是一个非常典型的开放式的案例，没有对错，没有结尾。关键在于我们应用哪些知识，用哪些分析要点在进行分析。我们在做一个品牌的时候，要把这个品牌与其公司的使命、文化这一级目标相关联，然后跟公司总体的战略相关联。我是要继续做领先者，还是要做一个跟随者，还是做一个挑战者，这有很大的关系。所以我们在案例分析的时候要考虑到李宁公司的使命跟李宁公司的战略。另外我们要对社会的变化、环境的变化，进行分析，然后再找到自己的细分市场。现在的营销里面，好多营销的话题都离不开STP，就是市场细分。在这个案例里面，关键在于你用什么变量去细分这个市场。大家都知道要细分这个市场，但是你拿出不同的变量的时候，你切出来的细分市场是非常不一样的。我们看到这个案例里的变量有年龄的变量，有收入的变量，有消费行为的变量，有区域的变量，有运动类型的变量，那么什么是主变量，什么是次变量？你用不同变量为主次，可能就切出来不同的市场。另外我们还对他这个品牌在国际化方面的问题进行了一些探讨，这个都是非常有益的。最终的结果是要靠实践来检验，我相信李宁公司会在李宁的领导之下，继续保持他原来的强势，另外会给我们带来新的辉煌。再一次感谢李宁和池总到我们现场来参加案例讨论，也谢谢参与的同学，谢谢大家！

案例分析

本案例是一个典型的开放式决策案例，案例本身没有对错，没有结尾，所以案例分析的关键在于学生应用理论框架和相关知识点进行分析，并做出决策。

本案例的分析可以分为三个部分：

第一部分是根据案例资料，分析和总结李宁公司在中国体育用品行业的成功因素。

第二部分是找出李宁公司目前面临的挑战，并分析原因。

第三部分是根据相关理论，分析李宁公司战胜挑战所需要解决的问题和如何解决这些问题。

李宁牌成功因素

在中国体育用品市场，李宁公司的单一品牌——李宁牌经历了一个非常成功的发展阶段，自1995年起成为中国第一体育用品品牌，市场占有率连续7年居中国体育用品市场第一位。纵观李宁牌发展史，创业者李宁的“名人效应”、特许经营和专卖体系、体育赞助、广告、价格、设计开发、营销网络和管理团队都曾经是其品牌成功的因素。其中，李宁的个人影响力在当时的历史条件下，对品牌的起步和传播起到了决定性的作用。

归纳李宁公司10年来的成功因素，有以下几个方面的因素：

一、创始人“体育英雄李宁”的名人效应

提到李宁牌，不能否认，在当时的历史条件下，李宁个人影响力对品牌的起步和传播起到了决定性的作用。强调当时的历史条件，是因为今天用体育名人命名的运动产品很多，如邓亚萍、李小双、郝海东，都没有像李宁一样获得成功。

李宁本人作为李宁公司的创始人，他的名字就是李宁牌的最大品

牌资产，也是消费者对李宁牌认同的一个基础。“李宁”这两个字所包含的内涵，一个在于李宁个人具备的理想、能力和品质等成功因素所带来的李宁公司成功的内因，另一个则是李宁所代表的时代特征，为李宁公司付出支持的外因。在李宁公司整个10年的发展历史当中，尤其是在20世纪80年代末90年代初李宁公司刚刚起步的年代，这两个因素共同作用对李宁公司的成长起到了非常重要的作用。作为民族的体育英雄，李宁非常独具匠心地把自己的产品定位在体育服装产业当中，并通过赞助亚运会的方式把这种定位传播出去，使喜爱和崇拜李宁的消费者们将李宁牌产品与民族荣誉感、英雄主义和亲和力联系在一起，很快接受了李宁牌。

李宁名人效应的另一个影响力是有效地调动了企业外部的政府资源。李宁在10年的发展当中，在某种程度上获得了政府的支持，尽管李宁公司不同意这一点。这种模式其实也是20世纪90年代初期中国经济发展非常深刻的一个特点。比较有代表性的事件就是案例中提到的1990年北京亚运会，李宁公司以出资300万击败一个出资3 000万人民币来提供赞助的韩国企业，获得了亚运会的赞助权。另外，李宁公司在1997年前的销售是大量围绕团体销售为主进行的。而中国的团体销售，在一定意义上意味着政府的消费行为。从这个意义上说，至少在20世纪90年代初期，政府资源为李宁公司的发展提供了一定的支持。

因此，李宁牌的成功原因中，在品牌初创时期，尤其是前5年，李宁的名人效应发挥了最主要的作用，但在后5年，李宁牌的品牌个性逐渐形成，李宁本人的影响逐渐减弱；今后，这种趋势会一直延续下去，直到（也许20年后）许多人将不知道李宁但却知道李宁牌。

二、超前的品牌意识

20世纪90年代初期，中国体育用品行业还没有品牌经营行为，都是以工厂为单位组织生产和销售，李宁公司确定做李宁品牌在意识上是比较超前的，在市场上基本上没有竞争者，吸引了消费者的注意。

三、高效的销售渠道

20世纪90年代初，李宁创业初期，国营商场和一些合资商场还不够市场化，在选择住场商家的时候十分挑剔。李宁公司是民营企业，很难将自己的产品挤进这些大商场中去，只能同每一个经销商进行合作，通过专卖体系建立李宁牌自己的营销网络。可喜的是，这种专卖体系的效率远远大于跟商场的合作。所以，从李宁公司整个成长过程来看，整个专卖网络的建立是非常有效的一个因素。

四、顺应市场的产品定位

从整体上来说，李宁牌产品定位是比较适合中国消费者的。李宁牌能够取得今天这样的成绩，也说明了中国的消费者接受他、喜欢他。20世纪90年代初期，中国体育产业虽极具发展潜力，但产品供给并不充分，Nike、Adidas这样的国际知名运动品牌还没有进入中国市场，存在许多市场空档。中国消费者对体育产品的需求刚刚被唤起，但对体育和休闲服装的需求其实还是合一的。鳄鱼品牌之下的休闲服装市场，在当时是一个很大的空档，而在这个市场上的是中国最主力的大众消费者。李宁公司就选择和定位在这个市场，并且将产品定位为“带运动感觉的休闲产品”，但并没有真正做专项体育产品。这种定位使得李宁牌产品赢得许多消费者的认可。因为不仅在当时，就是在今天，中国的体育用品消费水平仍然非常低，这就决定了李宁公司只能选择传播一种运动的文化、运动的感觉，而不能做纯粹的专业的体育用品，这种产品定位恰恰迎合了中国大多数消费者的需要。

五、体育赞助的市场推广手段

从案例中可以知道，李宁公司自成立以来，始终与体育紧密相连，先后赞助1990年以来历届奥运会、亚运会的中国体育代表团和体操、乒乓球、跳水等金牌代表队。截至2001年底，累计赞助额达1亿元人民币。体育赞助不仅扩大了李宁牌的知名度，塑造了积极健康具有民族荣誉感的品牌形象，而且在消费者心中树立了李宁牌是一个专业体育品牌的概念。

六、快速调整和良好的应变能力

在李宁公司创业后期，成功解决了企业制度问题、管理团队中亲属任职和创业元老的问题以及经营中的过渡多元化问题，也是李宁公司能走到今天的非常重要的因素。李宁公司的企业文化非常追求创新。伴随着企业的变化、成长和外部环境的变化，企业的管理团队没有停留在亲情型或经验型的阶段，而是不断成长，成为企业成长的一个基本保障。

1996年，李宁公司相继解决了亲属任职、创业元老和股权问题。这一年，李宁公司管理团队中，李宁和其他高层管理者的所有亲属全部离职，职业经理人团队取代了情感型管理团队。随后，李宁顶住减少多个领导职位所带来的压力，进行了大刀阔斧的机构重组，将7家公司合并成3家公司，再实施集团化运作模式，解决了过渡多元化的问题，也解决了对李宁本人的依赖性问题。

李宁公司面临的挑战

随着中国经济的发展，中国体育用品市场品牌林立，国际名牌不断涌入，国内各种体育用品产品品牌纷纷登场，消费者在体育用品方面有了更多的选择。与国内很多出于行业领先地位的民营企业一样，随着国际国内市场形势的不断变化，李宁公司很多过去传统的竞争优势逐渐消失了。

根据案例，李宁公司面临挑战可以总结为以下三个方面的问题。而对于一个本土的具有10年历史的企业来讲，李宁公司目前在市场上面临的三种情况也是非常现实的问题。

一、销售增长趋缓

根据案例显示的数据来看，自1996年以来的5年，李宁公司并不都是在增长，销售的增长也并不像中国体育用品市场的增长那么快，相对于1996年前每年100%的增长率更是不可同日而语。李宁的市场份额每年都在下降，从1996年的13.67%降到2000年的10%。对比同时期Nike的稳健和Adidas的良好上升势头，显然遭遇到了“成长的上限”。在李宁从1996年的6.7亿元降到1997年的6.09亿元再降到1998年的5.13亿元和1999年的5.23亿元的同时，Adidas却从0.44亿元一路升到1999年的2.4亿元，同样是经济萧条时期，Adidas却始终保持了60%以上的增长率，同期的Reebok也是在稳步增长，这在很大程度上反应了消费者消费趋势的变化，对李宁公司来说意味着存在市场份额继续下降的可能。

二、产品线过长

根据案例资料可以看出，李宁牌产品线过长，既生产中档的体育服装、运动鞋和包、帽子等配件，又生产高档的高尔夫产品；年龄覆盖面非常宽，既有适合40多岁人穿着的产品，也有14岁以下孩子穿的儿童服装、鞋和配件，但却没有一个生命周期特别长的稳定的核心竞争产品。这种缺乏市场细分的做法直接衍生出许多品牌管理问题，如目标消费群体与实际消费群体的不一致，消费群体易被其他细分品牌瓜分，等等。从调研公司的报告结果中可以清楚看到，李宁公司目标消费者不清，实际消费群体与目标消费群体不同质，而且出现了实际消费群严重偏离“重度体育用品消费群体”的现象。

三、品牌定位不清晰

从案例的描述中可以了解，消费者对李宁牌的印象比较分散和模糊，比如运动的、优雅的、飘逸的、荣誉的、亲和的、民族的，各种各样的感觉。李宁牌没有像Nike和Adidas那样传递出非常清晰明确的品牌个性，例如Nike是“超越的”和“在竞争中体味快乐的”，Adidas是“成熟的”和“专业的”。并且，消费者所认知的李宁牌的“民族性”正是李宁公司通过研究认为该因素不会成为品牌未来决定购买的最重要因素而一直试图去弱化的。

透过现象看本质是学习的基本方法之一。分别对上述现象进行分析可以得出：

1. 造成销售增长趋缓的原因

李宁公司成长受阻是中国企业的一个较为普遍的现象。从企业成长的阶段来看，中国大部分企业都存在一个5年的瓶颈，即当企业增长到一定规模的时候，企业的利润和销售很难再有大幅的增长。造成这种销售增长缓慢的原因一方面是市场容量的问题；另一方面则是企业自身的问题。

从李宁公司这个案例来看，销售增长趋缓这个现象背后最主要的原因，还是来源于企业自身经营战略不清晰。当李宁公司发展到6、7个亿销售额的时候，由于企业规模扩大，管理难度相应增加，应建立起统一有效的标准化管理体系，高效地执行企业战略，而李宁公司这些年的经营过于粗放，制约了企业的发展。还有一个重要因素是，在李宁公司发展的10年中，并没有真正做到市场导向。20世纪90年代初期，主要是生产导向；1997年开始逐步调整经营战略为产品导向，到2000年以后，转变为以产品设计开发为导向。因此解决这个问题必须提升企业经营战略制定能力，真正做到以市场为导向。

2. 造成产品线过长的原因

这其实是市场细分的问题，与李宁公司整体竞争战略和品牌战略有密切的关系。早年李宁的成功，很重要的一条在于定位在一个具有运动感的休闲市场上，消费者购买服装，既在运动时穿，也在休闲时穿，功能性不是特别明显。在经济发展的初期，当人们的消费能力不是很强的时候，采取这种“大众化营销”的营销方法是很成功的，就像是一个霰弹，一打出去能够命中一堆鸭子（目标）。而现在经过10年的发展，中国人的消费能力已经产生了非常大的变化，针对不同细分市场的品牌不断在市场中涌现，这种过于宽泛的定位显然不能适应市场的要求。

针对这个问题，李宁公司必须改变过去“靠感觉”捕捉市场的观念，进行深入的市场调研，用数字说话。在这样的前提下，李宁公司才有机会确认自己的营销战略和品牌战略，继而对产品线进行调整。

3. 造成品牌定位不清晰的原因

品牌个性的概念说明，品牌具有某种内在的恒定的品质。连续性是品牌形成和长期发展的关键。品牌只有始终如一才能谋求长期稳定的发展。由于品牌历史的原因，不同时期管理人员战略构想和设计都在品牌中留下印记。这就需要管理者在规划时要集中优势，选择主攻方向，不要战线太长，四面出击。

李宁公司在多年经营中一直存在困惑——李宁公司仅仅是“卖衣服、卖鞋的”，还是做文化的？体育消费与服装行业不同，更属精神层面的消费，公司经营的并不是产品本身，盈利模式应该是在强调文化的同时抓住功能性的诉求。而在成长过程中，李宁公司恰恰为了迎合消费者需求和获得最大的销售收入，不断变化自身的产品定位，但却忽视了对品牌核心价值的挖掘、对品牌个性的塑造，没有给品牌一个清晰的定位，从而无法传递出一个清晰连续的品牌形象，无法与消费者建立一个相对稳固的品牌关系。当外部环境中竞争加剧，来自竞争对手的压力不断加大的时候，必然会带来品牌老化，消费者被其他品牌瓜分的危险。

可见，重新规划品牌定位是李宁公司解决上述问题的关键所在。而来自著名调研公司的报告无疑是一个导火索。

李宁公司需解决的问题

根据上述对李宁公司面临挑战的分析，可以知道，李宁公司要实现销售增长的目标，必须重新规划品牌，对李宁牌进行明确的定位。

品牌定位六要素是消费者需求、目标消费群、竞争范畴、利益点、原因（支持点）和品牌个性。为了进行品牌定位，首先要明确体育用品市场消费者的需求是什么？李宁牌的消费者是谁（目标市场在哪里)？在这个市场上，李宁牌的竞争对手是谁（或参照谁)？李宁牌与竞争品牌的区别在哪里（李宁牌能够给目标顾客提供什么独具竞争优势的产品)？李宁牌的消费者利益点、支持点在哪里？李宁牌应具有怎样的品牌个性？只有解决了这些根本问题，才能确定李宁品牌未来发展的方向。李宁公司面临最大的挑战，是怎么去定位自己的品牌，然后从这个品牌定位出发，一致地、坚持不懈地进行品牌沟通，让消费者明白他真正喜欢的李宁牌是什么样的。

进行品牌定位，必须先决定公司的市场定位，而市场定位取决于公司的目标市场选择，选择目标市场就必须找出细分变量对整个市场进行细分，即，需要对市场定位——STP（Segmentation，Targeting，Positioning）全过程进行重新分析。因此，李宁公司要进行品牌定位，首先应进行市场细分研究（Segmentation)，按照购买者所需要的产品或营销组合，将体育用品市场分为若干不同的购买者群体，并描述这些群体的轮廓，以选择一个或几个准备进入的细分市场（Targeting)，建立在目标市场上传播产品的关键特征与利益（Positioning)；在这个基础上，系统评估现有的品牌价值和竞争品牌优势，找到品牌的利益点和支持点，确定品牌个性，完成品牌定位，并不断思考揣摩及修正。

因此，本案例分析的主要框架是：

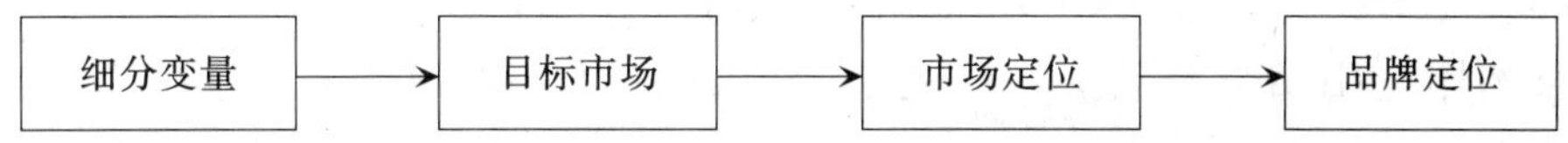

一、市场细分

（一）如果你的产品代表一切，那它什么也不代表。不要害怕用最清晰、最能激发兴趣的措辞来界定你的产品。只有那样，消费者才能体会到你产品的益处并忠实于你的产品。

为进行清晰的品牌定位，必须首先进行市场细分。根据李宁公司的目标和资源，在考虑可衡量性、足量性、可接近性、差异性和行动可能性的基础上，李宁公司可以以消费者特征和消费者反应为基础进行市场细分。首先要通过调查和分析选择细分变量，把体育用品市场划分成多个细分市场，并勾勒出细分市场的轮廓。

1. 细分变量的选择

细分消费者市场常用的变量分为两大部分，消费者特征和顾客对产品的反应。体育用品市场的特性决定进行市场细分可先以顾客所追求的利益、使用时机和品牌忠诚度入手，再考察不同的消费者特征，如地理、人文和心理特征。因此，可以用做体育用品消费者市场细分的变量有：产品价格、使用动机、品牌忠诚情况、消费者年龄、生活方式、个性和地理因素等。

为确定上述这些细分变量中哪些是主变量，需要对消费者进行调查和分析。案例分析者可以通过搜集对比不同渠道的对中国消费者的调查报告，找到中国体育消费的主力群体，并描述这一群体的特征(参见附件三：“一项对中国体育用品消费者调查报告的部分节选”)。根据附件三中的数据可以看出，体育用品在中国需求弹性系数较高，是价格比较敏感的产品，收入较高的消费者倾向于购买价格较高的体育产品，因此价格是影响体育用品消费的一个最主要因素。信息显示，体育休闲消费总体上受年龄段影响明显，喜欢体育运动的人的比例随年龄的上升而下降。14~25岁消费者是体育用品的主要消费群，其次是向上延伸到26~35岁年龄段的消费者。对未来进行休闲运动健身的兴趣，年龄特征也十分鲜明，且在城市有很大的发展空间。可见年龄是影响体育用品消费的又一个主要因素。根据体育用品主力消费者选购体育用品的最主要依据是“时尚动感”，但“中国体育用品消费依然远未成熟，大多数人购买体育用品并不仅仅是为了运动的需要，超过40%的中国人的购买行为还将是功利性购买行为”，这种消费者行为动机和心理特征造成体育产品的款式设计风格而不是其功能性对消费者的选择具有更为深入的影响，因此产品风格成为细分体育用品市场的第三个变量。调查数据还显示，虽然品牌知名度是消费者重点考虑的因素，但目前中国体育用品消费者品类忠诚度较低，因此品牌忠诚情况可不作为细分变量，由于城市之间存在较大的差异，可将地域视为一个次要细分变量。

根据以上对消费者的分析可以看出，影响体育用品消费的主要因素依次是价格、年龄、风格和地域。

2. 对市场进行细分

首先，采用价格作为主要细分变量，把体育用品市场区分为高端、中端和低端市场。

其次，以年龄为次要变量进行细分。把消费群体划分为14岁以下儿童、14~25岁青少年、26~35岁青年和35岁以上几个群体。

再以风格作为变量进一步细分。把消费群体划分为追求时尚、对时尚很敏感、对时尚不敏感和庄重保守。

最后应考虑地理因素。地理细分要求把市场划分为不同的地理区域单位，公司可以决定在一个或者一些地理区域开展业务，或者面向全部地区。对李宁公司来说，这一变量的选择是应以在国际市场还是中国国内市场为主战场，并以中国的哪些区域为重点。

有效细分的要求

有效的市场细分要求满足以下几个特点：

1. 可衡量性： 即用来划分细分市场大小和购买力的特性程度，应该是能够加以测定的。

2. 足量性： 细分市场的规模要大到足够获利的程度。

3. 可接近性： 即能有效地到达细分市场并为之服务。

4. 差异性： 细分市场在观念上能被区别，并对不同的营销组合因素和方案有不同反应。

5. 行动可能性： 即为可以吸引和服务细分市场而系统地提出有效的计划。

李宁公司在1999年就提出实施国际化战略，并在设计人员引进、国外销售渠道建设和市场推广等方面进行了尝试。2000年开始，李宁公司陆续聘用来自意大利和法国等地的海外设计师、设计工作室，在欧洲建立了李宁牌的经销网络，在西班牙等国建设了大型形象店。2000年李宁公司还赞助了法国体操队，开中国企业赞助国外运动队之先河。

但李宁公司是否有足够的能力和资源在国际市场与国际品牌竞争呢?

国际化有许多层次。判断一个公司是否国际化，不仅要看它的目标市场是针对国际还是国内，还要看它整合资源的方式。如果从价值链分析，有三个因素决定一个公司能不能做国际化。第一个是市场营销和品牌塑造能力；第二个是生产制造能力，包括质量控制、流程管理；第三个是研发能力。国际化公司如果做得成功，一般来讲会在这三个方面协调得很好，内部资源有这个基础做全球化。同时，品牌国际化有一个通用的标准：一是企业获得超额利润；二是企业本土以外的销售额占全部销售额的25%以上。

对李宁公司国际化进行 SWOT 分析：

国际化的优势与机会

◆ 李宁牌在欧美市场具有一定的价格优势，性能/价格比好；在东欧等市场具有与当地文化相近的优势。

◆ 墙内开花墙外香。在国内趋于饱和的状态，早早把眼光投向国外。通过国际化，反过来提高自己的品牌竞争力，这一点对国内企业非常重要。

◆ 只有走向国际，才能更好地促使自身现代化。通过学习，提高企业综合经营管理能力。进入国际市场，但并不在国际市场上直接跟Nike、Adidas抗衡，而是在同他们学习沟通过程当中，能够提高李宁整个品牌的塑造能力。

◆ 中国加入世贸组织，国际化是大势所趋。外国的企业走进来，国内的企业往外走。不管是强迫的也好，自发的也好，都需要迅速进入国际的物流环境里面去，来提高企业方方面面的能力，为未来竞争做好准备。

国际化的劣势与威胁

◆ 比照国际化的三个前提条件，李宁公司在生产制造方面，才刚刚开始，例如刚开始上ERP，就等于说我们开始规范生产管理，规范内部物流和外部物流，进行质量控制体系。在R&D方面，相对于Nike和Adidas这样的国际先进品牌的公司来讲，没有优势而言。市场营销能力和品牌塑造能力同上。可以设想，把李宁牌拿到美国市场或者欧洲市场，则需要重新在美国、欧洲塑造所谓的强势品牌，和Adidas、Nike争市场，这需要后部的广告支持、渠道管理，资源你能否跟得上是一个非常关键的问题。以李宁7个亿规模的销售额去做国际市场，资源非常有限。另外就市场营销渠道而言，目前在国内市场营销渠道是李宁公司的优势，但这个优势无法转移到国外。

◆ 体育品牌的销售，更多的是一种文化销售。而文化消费的特点是由强势文化向弱势文化从高到低的传递，而在全球综合文化力量的对比中，中国还不具备足够的能力。同时，中国市场还没有为体育消费做好准备。另一方面，李宁牌具有很强的民族性和荣誉性，他最大的优势是在中国。如果你拿李宁牌到美国去，美国人不会有认同感。可能觉得李宁很棒，但是不会在内心有认同感，因为文化消费有太多民族性的东西在里面。

◆ “入世”将有利于劳动密集型的体育用品扩大出口，但同时随着进口关税的削减，国际上某些中高级体育用品和具有品质、款式、价格优势的产品会进入我国体育用品市场，形成一定程度的市场竞争压力。

根据以上分析，如果用品牌国际化的通用标准，即品牌有多少贡献来源于海外市场来评价的话，李宁公司的国际化战略还应只是一个未来的目标，而不是现在的一个结果。因此，李宁公司国际化战略应是3年甚至5年以后的目标，李宁公司现在要做的是把自己的基本功练好，企业的战略重心还应是针对国内市场。

最后，根据中国城市消费水平，将城市划分为一级城市、二级城市、三级城市等几个细分市场。

3. 勾勒细分市场的轮廓：

这样，整个中国体育用品市场被细分为若干个细分市场（如图1-11所示）。

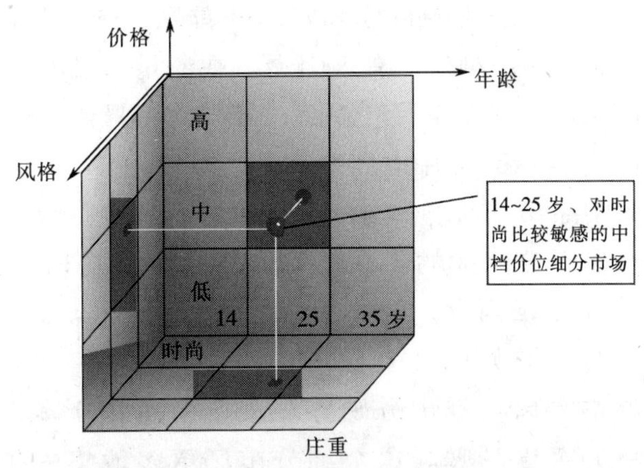

图1-11 体育用品细分市场轮廓示意图

以运动鞋为例，每双鞋价位200元以下细分市场为低端市场，201~400元为中端市场，401元以上为高端市场。在高、中、低端细分市场中，又根据年龄分为不同的消费群体。在某一年龄段的消费群体中，还要根据对产品风格要求的不同，分为追求时尚的、对时尚不敏感和偏于保守、庄重的。这些人可能居住在北京、上海等一级城市，也可能在沈阳等二级城市或保定等三级城市。这样，在用价格、年龄、风格、地域四个细分变量进行细分后，不同的细分市场中消费者具有不同的特征，每个细分市场有不同的特点和需求，细分市场中的主导品牌也各自不同。例如，图1–11中圆点所示细分市场中的消费者特征是，年龄在25~35岁之间，具有中等购买力，例如倾向于选购价格在201~400元之间的运动鞋，对体育产品是否时尚并不敏感。这个细分市场中的竞争品牌有李宁、Reebok、百事等等，李宁牌是其中的主导品牌。再细分下去，这样的消费群体在一级城市和二三级城市的数量是不同的。

二、选择目标市场

在确定了细分市场之后，公司必须评价各个细分市场的吸引力，决定为多少个细分市场服务。

在评估各种不同的细分市场时，公司必须考虑两个因素，即细分市场结构的吸引力、公司的目标和资源。首先，李宁公司必须考察这些潜在的细分市场是否对公司有吸引力。在衡量市场的大小、成长性、盈利率和规模经济、风险等因素方面，可以使用具体的模型，如迈克·波特五力分析、麦肯锡–通用电器矩阵。

根据体育用品市场细分（参看图1–11），不同的细分市场的结构和吸引力相差是十分巨大的。在低端市场，年龄在14~25岁、追求时尚的消费群体数量相当大，虽然个体消费能力较低，但作为一个细分市场，仍具有足够大的规模和利润空间。在这个细分市场上，消费者对产品价格和风格都十分敏感。市场中品牌众多，但没有占据较大市场份额的主导品牌。这个细分市场更多地集中在中国二三级城市。相反，在低端市场，年龄在35~45岁之间、仍追求时尚的消费群体数量则微乎其微，不是一个具有吸引力的细分市场。同样，在高端市场，年龄在14~25岁、追求庄重风格、倾向于购买高价产品的消费群体数量也非常少，不具有足够的市场吸引力。而高端市场中，年龄在35~45岁、风格偏向保守的消费者形成了较大的购买力，但在这个细分市场中，Nike和Adidas均对这一消费群体具有较大的影响力，是这一消费群体的首选品牌，如果李宁公司选择进入，需要评估自身能否提供具有优势价值的竞争能力。

其次，公司必须考虑细分市场的投资与公司的目标和资源是否一致。

从案例中可以看出，从1997年开始，李宁公司试图将目标消费群体定位在14~28岁、以学生为主的大中城市中喜爱运动的消费者。但是调研公司的数据显示，实际上李宁最忠实的消费者是在24~45岁，生活在二级城市、中等收入的消费者，追求大众化而非专业运动消费，并且，李宁的实际消费者，不仅有15岁的少年，也有45岁的中年人，在一定程度上具有15~45岁等距分布的特点。总之，李宁目标消费群体与实际消费群体是有相当大的差异的。而且，李宁实际消费群体明显偏离中国体育用品主力消费群体：年龄15~25岁，喜爱运动，具有崇尚新潮时尚和国际流行趋势的特点。

应该选择哪个群体作为今后的目标消费群体呢？这取决于李宁公司的使命和总体战略。

如前所述，2001年，李宁公司制定了未来3年的总体战略是保持市场领先者地位，在保护市场份额的同时扩大目前的市场占有率。即，在考虑品牌长远影响力、进行品牌重新定位的同时，还必须在当期实现足够的销售增长。因此，必须保留与公司的目标和资源相一致并有足够消费能力的实际消费群体。为保证不影响短期利益，立足中端市场，满足具有中等收入和消费能力的、年龄在18~30岁之间的、生活在省会和中等城市的“中国体育用品的大众化非专业运动消费群体”，也是李宁实际消费群体的需求，对李宁公司来说，应该是最稳妥的目标市场选择。

但是，销售增长的要求使李宁公司在中端市场之外还必须拓展更大的市场空间，选择第二、甚至第三目标细分市场。那么，应进入高端市场还是低端市场呢？

根据案例正文中所提供的背景信息，目前中国体育用品市场上李宁品牌主要的竞争对手是Nike、Adidas、Reebok，和国内的康威、安踏等企业。在高端市场，李宁公司主要竞争对手是Nike和Adidas等品牌；在中端市场，李宁公司的主要竞争对手为Reebok、Pepsi等品牌；在低端市场，李宁公司面临的竞争对手非常多，具有代表性的是康威和安踏等品牌。从市场份额上看，李宁公司处于市场领导者地位。但从产品价位档次和市场发展趋势上来看，则处于夹在国外高档品牌Nike、Adidas和国内众多低档品牌之间的状态：上有Nike等高档品牌的封杀，下有安踏等低价位产品的冲击，李宁牌的市场空间处于十分微妙和危险的状态，市场份额连年下降。

三、市场定位

李宁公司可能的目标市场选择有三种：一是立足中端市场，逐渐向中高档市场转移；二是在以中端市场为主战场的同时，向高端和低端市场做一定的延伸；三是在以价格划分的中端细分市场上满足不同年龄消费群体的需求。

1. 立足中档市场，逐渐向中高档市场转移

是否进入高端细分市场，不仅要考虑来自市场中现有品牌的阻力，而且还要考虑高端市场的市场容量和成长性问题。

2000年，整个中国体育用品市场容量达到了60亿元人民币，比上年增长20%，但还不到Nike全球销售额的1/10。虽然中国体育用品消费有着良好的前景，但市场容量仍然较小，体育消费依然远未成熟，总体消费水平偏低，潜力尚待发掘。中国人生活方式和体育消费方式尚待改变。目前大多数中国人对运动与休闲服装没有明显的区分，对体育专项产品的需求不足。

大多数中国人购买体育用品并不仅仅是为了运动的需要，一双运动鞋可能的用途不仅限于散步、爬山，还可以用来打网球、羽毛球，甚至骑马。御寒也可能是购买运动鞋的最直接意愿。而且，40%的中国人还是功利性购买行为。例如正文中提到的Nike推出低价产品却受到市场冷落，就在于许多Nike消费者把购买行为当做身份象征，价低了反而不会去买了。中国体育消费的这种情况，还需要时间来改变。

中国是世界服装生产加工基地，消费者对体育用品的认知和消费还处于模糊不成熟的状态，且行业的进入壁垒非常低。因此，尽管体育用品市场中生产企业已经非常多，仍然有众多新的企业加入行业竞争，但并没有形成明显的优势企业和大型企业，真正以品牌为导向进行经营的微乎其微。这种品牌众多的“战国时期”一个显著的特点就是各种低档产品品牌充斥市场，而前五位市场领先品牌市场占有率之和还没有达到30%。李宁等主要国产品牌销量始终没有超过10个亿。

根据案例中所给的数据，以Nike、Adidas代表高端市场，忽略其他高端品牌的影响，以李宁、Reebok代表中端市场，忽略其他中端品牌的影响，可以得到体育用品市场主要品牌及不同细分市场年销售额及增长率对比的一组数字，如表1–2所示。

表 1-2　中国体育用品市场主要品牌及不同细分市场年销售额及增长率

销售额单位:亿元

		1996	1997	1998	1999	2000
Nike	销售额	3.59	3.50	3.50	3.42	3.42
	年增长率	—	-2.51%	0.00%	-2.29%	0.00%
Adidas	销售额	0.44	0.70	1.30	2.40	3.00
	年增长率	—	59.09%	85.71%	84.62%	25.00%
高端市场	销售额	4.03	4.20	4.80	5.82	6.42
	年增长率	—	4.22%	14.29%	21.25%	10.31%
李宁	销售额	6.70	6.09	5.13	5.23	6.00
	年增长率	—	-9.10%	-15.76%	1.95%	14.72%
Reebok	销售额	1.28	1.28	1.54	1.71	1.71
	年增长率	—	0.00%	20.31%	11.04%	0.00%
中端市场	销售额	7.98	7.37	6.67	6.94	7.71
	年增长率	—	-7.64%	-9.50%	4.05%	11.10%
康威	销售额	0.83	1.01	1.24	1.15	1.20
	年增长率	—	21.69%	22.77%	-7.26%	4.35%
主要品牌	销售额	12.84	12.58	12.71	13.91	15.33
	年增长率	—	-2.02%	1.03%	9.44%	10.21%
	市场份额	26.20%	27.96%	26.48%	27.82%	25.55%
市场总体	销售额	49.00	45.00	48.00	50.00	60.00
	年增长率	—	-8.16%	6.67%	4.17%	20.00%

从表2中可以看出，2000年，高端市场年增长率是10.31%，中端市场是11.10%，而体育用品市场总体则达到了20%。显然，在高端和中端市场之外，成长性最好的还是众多品牌混战的低端市场，在这个市场中，安踏在短短2、3年内，就从零做到了年销售运动鞋300多万双，以每双80元计算，销售额就是2.4亿元人民币，与Adidas 2000年的销售额持平。也正是由于这个原因，大量的企业和资本涌入这个市场，造成半年内产生47个新品牌的现象。可见，体育用品市场的高端细分的市场容量仍然较小，并且没有低端细分市场那么好的成长性。

在这样的前提下，李宁公司如果进入高端细分市场，则面临着与Nike、Adidas正面交锋的局面。相对于中国体育用品市场高端细分市场中国的际品牌，李宁公司的优劣势、机会与威胁如下表3所示。

表1-3 李宁公司市场定位SWOT分析

(Strength)	(Weakness)
1. 国内市场份额第一的体育品牌 2. 具有很高的知名度和较高的消费者忠诚度 3. 国内市场占有率最高 4. 成熟的市场运作经验(营销网络、特许经营) 5. 既具备设计高档时尚产品的能力，又相对于国际品牌更容易了解中国消费者的实际需求从而设计出最符合中国消费者喜好的产品 6. 10年积累的品牌号召力 7. 李宁公司与中国的体育界保持着良好的关系，容易得到体育界的认可	1. 市场细分不清，功能专业化不够 2. 实际消费群体与目标群体差距大，且实际消费群体年龄较大 3. 品牌定位不清，核心价值模糊 4. 产品设计、产品广告、开店风格、形象代言人凌乱，传递信息不一致 5. 产品档次不高，品位不够，在一类城市不是很受欢迎 6. 李宁牌运动产品给消费者的感觉是一种中档的产品，在开发高档产品市场时面临与众多洋品牌的正面竞争，无论从品牌形象还是资金实力上看，可能会显得力度不够
(Opportunity)	(Threaten)
1. WTO带来的机会，2008年奥运会在中国召开，中国政府出台发展体育产业的宏观政策，体育用品市场发展速度快，市场空间大，尤其是青少年市场 2. 公司认识到品牌经营的重要性并身体力行	1. 行业竞争加剧，高端受阻于国际品牌，低端受到国内品牌挤压 2. 消费者对国际品牌更为喜爱，很大一部分的现有消费群体的理想品牌却是Nike 3. 将有更多的国际品牌进入

显然，无论是资金、研发水平、广告推广力度，还是品牌号召力，李宁公司还不具备与这些国际品牌抗衡的实力。根据企业战略地位模型（见图1–12）进行分析，也会得出同样的结论：与市场中Nike、Adidas等世界级体育用品公司相比，李宁公司2001年销售额还不到10亿元人民币，Nike则是90亿美金，在财务实力方面相差巨大；在与国际品牌的竞争中，李宁牌并不具备竞争优势；但是在中国体育用品市场上，李宁牌具有较强的行业实力，因此，李宁公司应采取差异化的竞争战略，避免与耐克等品牌进行正面竞争。

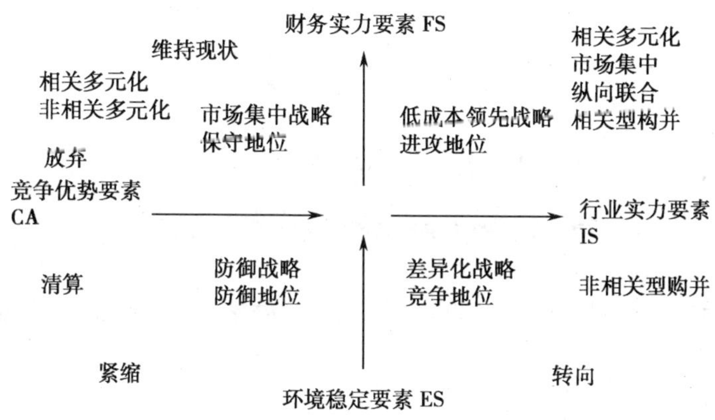

图1–12 企业战略地位模型

还有一点是李宁公司必须考虑的是体育消费的特殊性。相对于服装行业和休闲用品，体育用品品牌的销售，更多的是一种文化销售。体育品牌之间力量强弱的对比，在很大程度上是其背后所代表的文化力量的对比。人们消费体育产品其实更多的是在进行文化的选择，消费过程就是一个文化认同的过程。与可口可乐和麦当劳一样，Nike代表着美国文化，而Adidas则代表了欧洲文化。中国的经济地位决定了中国文化在全球的文化竞争中实际上还处于一种弱势。李宁牌给人亲切和友好的民族荣誉感的文化还不足以支撑李宁牌与国际一流品牌的竞争。综合以上分析，李宁公司进入高端细分市场与国际品牌短兵相接必须要慎重。

对李宁公司来说，进入高端市场的好处是可以影响消费者心中对李宁牌的中档定位，从而提升品牌形象。相应的市场定位是，向中高收入、年龄在36~45岁的成功人士推出高尔夫系列产品和健康系列产品，向18~30岁的年轻人推出青春系列产品（见图1-13）。

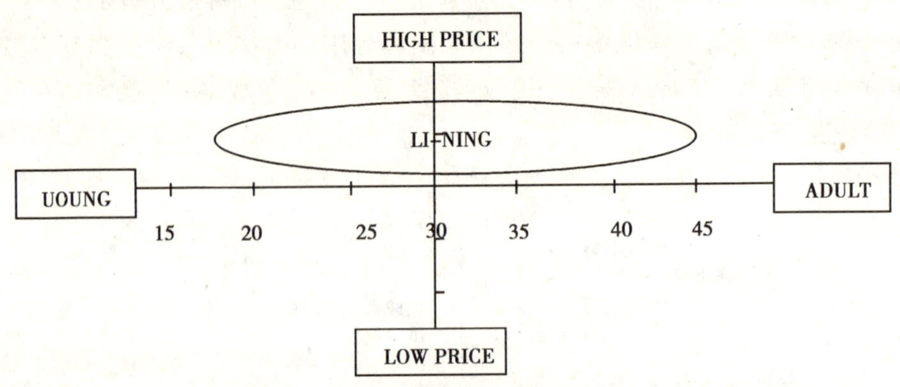

图1-13　李宁牌产品可选择的市场定位之一

2. 在以中端市场为主战场的同时，向高端和低端市场做一定的延伸

如前分析，低端细分市场是一个市场容量较大，成长性也非常好的细分市场。与低端市场众多产品相比，李宁公司的综合实力和品牌号召力的优势是显而易见的，李宁如果进入这个市场，阻力相对于进入高端市场要小得多。李宁牌的相对劣势主要是价格较高，灵活性不足，产品线过长，且没有具有长期影响力的核心产品。

1997年开始，李宁公司为追求新的市场定位而逐步退出低端市场（例如，200元以下的运动鞋的市场），从而使安踏等品牌有机可乘迅速成长起来，成为今天在下端对李宁公司进行挤压的重要因素。目前，低端市场中的大部分企业缺乏自主设计开发能力，产品外观设计上常对国际品牌甚至李宁进行抄袭；在公司内部管理和外部销售渠道管理、市场推广等方面能力还都不够成熟，常常是花钱请名人打广告就算是“做品牌”了，缺乏长远的战略规划，更没有形成自身的品牌文化。因此，李宁牌要在市场上取胜，扩大销售，重新进入低端市场是一个不错的选择，正如李宁公司一位高层管理者所说，“卖消费者买得起的”

大众化产品。

这一市场的消费者特点是价格敏感，偏爱流行时尚和新奇有个性的产品，看重款式和色彩，一般收入较低，年龄较轻，以二三级城市的14~25岁青少年为消费主力。

当选择以中端市场为主战场，向高端和低端市场做一定的延伸时，市场定位其实是在高端市场造势，通过做出一些中高档产品来提升品牌形象的产品，如高尔夫服装产品；向低端的延伸是减少来自低端品牌的干扰，并扩大产品销售。进入低端市场，除了要塑造一个形象，吸引和培养低端的消费者，还有就是在与低端品牌竞争的时候，可以阻绝低端像安踏、康威这样的产品，使它不能够很容易地进入中端。

如果李宁公司选择重新进入低端市场，则需要考虑“单一品牌和多品牌”的问题。根据低端细分市场的消费群体特点，李宁公司需要吸引14~25岁、追求时尚的年轻消费者。面向14~25岁消费群体的产品，在消费形式上应该是以年轻、时尚、追求动感作为市场需求，而与李宁品牌现在给大家的民族的、亲和的印象是不一致的，所以在这个细分市场上可以考虑重新塑造一个稍低价位的全新的品牌，例如李宁的拼音缩写“LN”（见图1–14）。

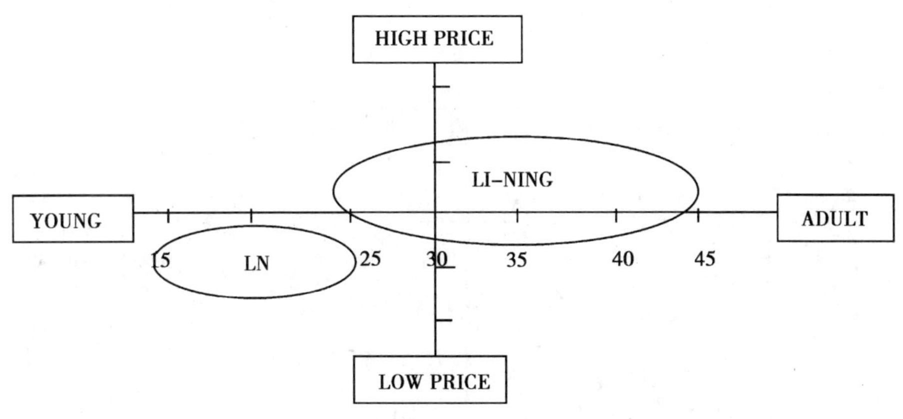

图1–14　李宁牌产品可选择的市场定位之二

3. 在以价格划分的中端细分市场上满足不同年龄消费群体的需求

李宁公司在未来3年的总体战略是保持市场领先者地位，在保护市场份额的同时扩大目前的市场占有率。因此，必须保留与公司的目标和资源相一致并有足够消费能力的实际消费群体。那么，李宁公司就面临两种选择：在为这个目标群体服务的过程中，根据市场的发展变化，或者慢慢将品牌定位修正到公司预期的品牌定位，或者放弃原有的预期定位，牢牢抓住现有的李宁品牌的消费群体，积极开发相关体育产业，进行体育用品、体育传播、体育经纪（俱乐部等）的多元化经营。这实际上是市场营销中的两种不同的营销模式，一种叫做驱动市场型，一种叫做市场驱动型。

能够驱动市场的品牌应是有价值的品牌，必须具有区分能力，要做到能够推动目标市场的消费。但是以中国目前全球最大的加工基地的定位，以李宁公司的能力，以中国体育用品行业目前的水平来讲，在目前的形势下，作为一个仅仅有10年成长史的品牌，李宁牌还达不到这种实力。因此，从理论上分析，李宁公司更为实际的做法也可以是选择市场驱动的营销模式，即调整品牌定位的预期，放弃自1997年以来一直追求的原有目标消费群体，而围绕处于中端市场的现有实际消费群体，设计适合现有实际消费群体的产品和沟通模式，以中端市场为其目标市场，选择在中端市场上满足不同年龄消费群体的需求。

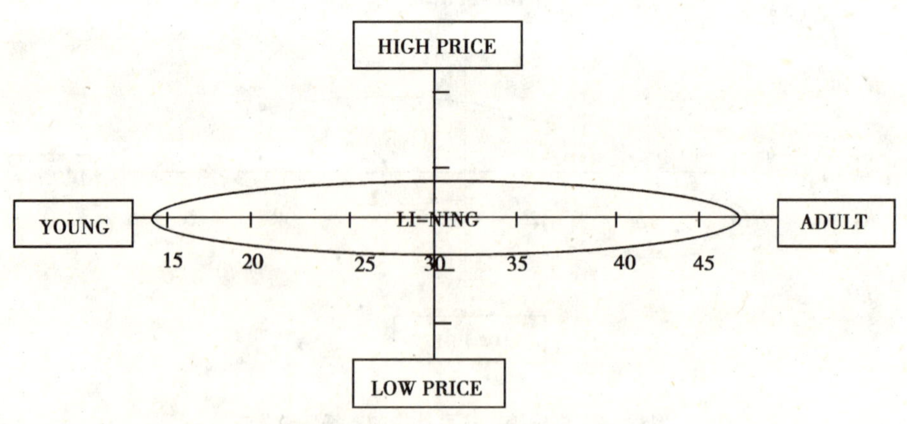

图1-15　李宁牌产品可选择的市场定位之三

这种目标市场的选择由于比较符合李宁公司现有消费群体的特征，市场定位可以是，针对年龄跨度比较大的中等城市大众化消费者，生产中等价位产品，突出质量价格比优良的特点，产品线可以比较长，以满足不同年龄和风格要求的消费者需求。强调“友好的”公司形象(如图1–15)。

四、品牌定位

根据李宁公司市场定位，就可以制定出李宁公司新的品牌定位，在对原有品牌定位进行调整的基础上，明确品牌在功能和情感上与竞争品牌的差异点，从而塑造李宁牌功能和情感上的支持点。

1. 向中高档市场转移，塑造时尚、健康、有活力的国际化品牌形象

对应于这种市场定位，相应的品牌定位应是时尚、健康、有活力的国际化品牌，具有亲和、专业和现代时尚的品牌个性，以专业性作为功能支持点，以亲和、友好作为情感支持点。

作为一个体育用品公司，“专业性”是衡量公司实力的非常重要的标准，当体育用品公司具有一定的规模，必须紧扣着体育项目来发展自己的产品。这也是李宁牌的功能支持点。李宁公司经过10年的发展，已经具备发展专项运动项目产品的综合实力，可以针对体操、乒乓球、跳水或者高尔夫、健身等项目，有针对性地生产专项产品，以适应品牌国际化的要求。因此要在新品牌定位中补充“专业的”品牌属性，并随着市场的成熟而不断强化。

品牌情感支持点在于李宁牌“亲和的”品牌属性。“亲和”是李宁牌核心的品牌属性，这个属性使消费者与李宁牌之间建立了互相信任的良好的品牌关系。根据李宁公司新品牌定位，这个品牌属性是要保留的。体育消费是文化消费，消费本身会是生活方式的一部分。成功的文化消费会使消费者每天都想使用和接触。体育用品消费在青少年中蕴藏着巨大的消费潜力，而青少年的特点是追求个性的、时尚的，因此“现代时尚”是李宁公司需要强化的品牌属性。

“民族的”属性现在看来是把双刃剑。而这与中国40%消费者具有的功利性和崇洋的购买心理有关。由于中国体育用品消费依然远未成熟，大多数人购买体育用品并不仅仅是为了运动的需要，超过40%的中国人的购买行为还只是功利性购买。因此，支持弱化民族属性的观点认为，许多人觉得李宁“土”是因为了解李宁的成长过程，而对李宁过去一无所知的年轻人反而会因为不了解历史，仅仅是为产品的时尚设计而喜欢李宁，甚至成为李宁的忠实顾客。所以，必须在一定程度上弱化品牌的民族属性。反对弱化民族属性的观点认为，Nike和Adidas等国际名牌在中国消费者心目中还占据着极高的地位，李宁在品牌时尚化和国际化上与它们进行正面作战，并不是一个明智之举。而且，消费者目前对李宁品牌的认知还是认为它是民族的、亲和的、荣誉的，改变这一认知要花费很大的成本，而且可能效果不大，或者不能让消费者接受。因此，李宁应顺应市场，继续保持“亲和的”、“民族的”特色，强调对中国消费者的了解以及对中国消费者健康的关心。不过，在李宁牌向高端延伸的过程中，更为实际的做法，还是需要在一定程度上弱化其原有品牌的民族属性。

2. 以中端市场为主战场，塑造不同品牌形象，向高端和低端市场延伸

对应于这种市场定位，李宁公司要分别进行品牌定位。

根据这种市场定位，中端细分市场才是李宁牌产品销售的核心市场。在中端市场上，可沿用原品牌，针对年龄在24~45岁左右、具有中等收入和消费能力、生活在二三级城市的中国普通消费者这一李宁公司主要消费群体，在产品方面，定位于中高档产品、品质优良、穿着舒适，且质量/价格比合适，即能提供最好的价值；在公司形象方面，体现“友好的”和“荣誉的”特色，并突出一定的运动和休闲兼而有之的特点。品牌定位是能够满足运动与休闲需求的体育用品品牌，是一个积极进取的专业体育用品公司倾注多年心血培养的品牌。品牌个性是亲和、时尚，像一个好朋友。以行业领先的设计开发能力为功能性支持点，品牌情感支持点则是对中国消费者的深切了解和关心，能不断为消费者带来舒适的感觉和创新的运动时尚，不断追求超越和创新。

由于在这种市场定位下，李宁牌向高端市场延伸的主要目的是提升品牌形象，因此，对于推出的高档产品，其相应的品牌定位应该是强调高品质、专业性和国际化的品牌形象。

对于低端目标市场，李宁牌（或者第二品牌）品牌定位可以陈述为：对年龄在14~25岁、追求时尚的年轻消费者而言，李宁牌（或者第二品牌）是运动产品市场的领先者（尤其是相对于康威、安踏等品牌），它能引领体育消费的时尚潮流，不断为你带来创新的运动时尚、运动的快感和自信，因为它具备一流的设计开发能力和国际上最新的流行资讯，它相信潜能是无限的，它是一个积极进取的专业体育用品公司推出的年轻而有活力的品牌，它的品牌个性是“自信”、“时尚”和“酷”。

3. 以功能性满足中端细分市场中不同消费群体的需求

对应于这种市场定位，相应的品牌定位可以是价格适中、带休闲感的运动装备。品牌个性保留原有的亲和与民族的属性，品牌诉求重点强调产品的功能性。通过使用高科技的面料和技术，提供质量优良和产品线更为丰富的产品，强调款式的多样性和功能的差异性，适合不同年龄、不同风格偏好的消费群体穿着，以满足中端细分市场中不同消费群体的需求。

附件

李宁公司大事记

1990年，李宁向国家工商行政管理局正式注册“李宁牌”商标。

1990年5月，广东健力宝运动服装有限公司正式宣布成立。

1990年8月，第一批面世的“李宁牌”运动服被选为第十一届亚运会圣火传递指定服装、中国国家代表队参加亚运会领奖服及中外记者的指定服装。

1990年8月，第一家“李宁牌”专卖店在北京灯市西口开业。

1990年，“李宁牌”第一套运动套装001款诞生，生产销售量达20万件。

1991年2月，广东李宁体育用品公司正式成立，独立负责“李宁牌”运动服装、运动鞋的全面经营。

1992年3月18日，第一家李宁牌形象店在北京西单商业街挂牌。

1992年，第25届巴塞罗那奥运会，“李宁”装备被选为中国运动员指定领奖服、运动鞋和运动包，结束了中国运动员在奥运会上使用外国体育用品的历史。

1994年初，李宁公司加强专卖店的服务和形象，认证了51家专卖店。

1994年10月，李宁公司为45周年国庆庆典提供了中央电视台记者服，从此记者服风靡全国，成为街头的流行时尚。

1995年10月，参加天津“中国体育用品博览会”，第一次搭建梯形展台，举办了服装表演。在展会上，李宁公司以占总成交额一半的订货量稳坐行业头把交椅。

1996年初，李宁公司将北京、广东、烟台三家公司合并为李宁体育用品集团公司，李宁出任董事长兼总经理。集团公司总部迁至北京。

1996年7~8月，李宁公司赞助中国体育代表团参加第26届亚特兰大奥运会。

1996年8月28日，李宁公司投资4 000万元建成中国最大的运动服装生产基地，年产运动服装250万件套。

1996年，当年10月实现历史上单月销售回款超亿元，全年实现历史上最高销售收入6.7亿元。

1997年4月，李宁公司鞋业开发中心在福州成立。

1997年，全面赞助支持参加第8届全运会的26支代表队，第一次为专业体育代表队单独设计、单独生产运动装备，体现了李宁公司的强大实力。

1997年秋冬，第一次推出“暴风雪”系列产品，以14~28岁的都市青少年为目标消费群，取得了良好的市场效果。

1998年初，北京李宁体育用品有限公司成立，取代北京李宁体育用品销售中心有限公司，接手原北京李宁体育用品销售中心有限公司负责的全部业务，陈义宏出任总经理。

1998年3月，李宁公司在广东佛山建立设计开发中心，将福州鞋业开发业务并到佛山，成为统一的运动产品研发中心，引入国际设计开发人员，保证公司产品的更新换代和国际市场的开拓能力。

1999年2月7日，北京东四专卖店隆重开业，8个小时创下了10.7万元的销售高峰。

1999年8月，组团参加在德国慕尼黑举办的ISPO体育用品博览会。

1999年，李宁公司与德国SAP公司合作，引进AFS服装和鞋业解决方案，在公司内部建立起一套先进的、高度集成的ERP系统。

1999年5月，在匈牙利布达佩斯举办的世界体育记者联合会评选出20世纪最伟大的25名运动员。李宁作为中国惟一的代表入选。

1999年9月，李宁公司为尼泊尔体育代表团参加南亚运动会提供8 000件套运动装备，第一次实现了对外贸易业务，总额达53.7万元。

2000年1月24日，李宁公司在北京国安剧院举办“季风新运动李宁2000时尚发布会”。这是李宁公司首次以时尚发布的形式来诠释对运动休闲生活的全新理解。

2000年6月，李宁公司赞助法国体操协会成功。其所属运动队在所有国际比赛、训练和领奖等活动中都将穿着李宁牌产品，李宁牌将成为“法国体操队惟一比赛及领奖装备”。

2000年9月，悉尼奥运会期间，李宁公司设计师魏昕欣设计的中国龙图案的领奖服和杨超设计的蝴蝶鞋广受好评，被各国记者评为“最佳领奖装备”。

2001年1月1日，第21届大学生运动会火炬在北大点燃，董事长李宁先生作为大学生代表点燃火炬；李宁公司再次支持大学生运动，赞助火炬接力。

2001年3月，李宁公司推出2001年春夏季最新系列产品：蓝蜻蜓与E生代。蓝蜻蜓是为都市中追求自然情致的浪漫一族而设计；E生代是为生活在都市电子风暴下的年轻一代而设计。

2001年3~6月，独家全程赞助第三届CUBA中国大学生篮球联赛。赞助期间还进行了李宁灌篮高手趣味大赛；李宁CUBA蓝蜻蜓有氧舞蹈大赛等等。

2001年6月1日，独家赞助北京市庆“六一”迎大运助申奥“李宁杯”家庭趣味游泳大奖赛。

2001年6月28、29日，在北京大学、北京师范大学举办“李宁携中国大学生为北京申奥加油”大型校园推广活动。

2001年7月5~8日，参加在北京举办的国际体育用品博览会，其间举办了首届“为申奥加油”李宁2001体育啦啦队活力挑战大赛。

2001年7月中旬，中国跳水队穿李宁跳水服出征世界跳水锦标赛，这是中国跳水队第一次穿中国生产的跳水服参加重大国际比赛。

2001年7月21~24日，第三次组团参加国际体育用品博览会(ISPO)。

2001年7月21日，董事长李宁先生接受ISPO组委会颁发的ISPO体育事业杰出贡献奖，该奖项是德国体育事业最高奖项。

2001年8月，“李宁”装备成为“第21届夏季大学生运动会中国体育代表团惟一专用领奖装备”。独家赞助俄罗斯大运会代表团，并为希腊大运会代表团提供运动装备。

2001年8月中旬，推出秋冬季三系列新品：“赛场”、“朝阳”、“冰雪地”。

2001年12月1日~2002年5月底，赞助第4届中国大学生篮球联赛(CUBA)，并同期举行系列活动，主题为“李宁校园篮球部落”。

李宁首家海外品牌形象店在西班牙桑坦德正式开张营业。

李宁简介

李宁，一个中国乃至世界都熟悉的名字。从杰出的体操运动员到商界精英，演绎着奋斗不息的人生……

1963年，李宁出生于广西。他7岁开始练习体操，17岁进入国家体操队，26岁退役。1981年，他获得了世界大学生运动会男子自由体操、鞍马、吊环三项冠军。1982年第6届世界杯体操赛上，李宁一人独得男子全部7枚金牌中的6枚，创造了世界体操史上的神话，被誉为“体操王子”。1984年，在第23届洛杉矶奥运会中，李宁共获3金2银1铜，接近中国代表团奖牌总数的1/5，他也成为该届奥运会中获奖牌最多的运动员。

1985年，荣获世界体操锦标赛吊环冠军。1986年，获第七届世界杯体操赛男子个人全能、自由体操、鞍马三项冠军……在17年的运动生涯中，李宁共获得国内外重大体操比赛金牌106枚。1987年，李宁成为国际奥委会运动员委员会亚洲当时的惟一委员。1999年，李宁被国际体育记者协会评选为“21世纪最佳运动员”，他的名字和拳王阿里、球王贝利、飞人乔丹等25位体坛巨星一道登上了世纪体育之巅。

1989年退役后，李宁没有走运动员继而教练员的老路，而是加盟广东健力宝集团，从此踏入商海，开始了新的征程。1990年，创立了“李宁”体育用品品牌，并以赞助1990年亚运会中国代表团为契机，开始了李宁公司的经营业务，从而开创了中国体育用品品牌经营的先河。1992年巴塞罗那奥运会，“李宁牌”被选为中国体育代表团专用领奖装备，从而结束了中国运动员在奥运会上穿着国外体育品牌服装的历史。经过10年的发展，“李宁”早已成为中国体育用品的第一品牌，其在国内的认证专卖店已有669家，销售网点达3000余个。现在，李宁领导着自己的公司正向着品牌国际化的目标阔步迈进，目前“李宁”已同海外9个国家和地区的经销商签订了代理协议……

本着“源于体育，用于体育”的精神，李宁一直积极地支持着国内外的体育事业。在北京申奥的过程中，李宁公司就是一个热心的赞助商，申奥成功之后，李宁公司仍将一如既往地去推动中国体育事业的发展。十余年来，李宁公司对于体育事业的赞助金额累计已过亿元。李宁也非常热心于公益事业。例如，1998年，江西、安徽、东北等地发生洪涝灾害，李宁公司赈灾600万元人民币。

1998年，李宁进入北京大学法学院学习，2000年开始在北大光华管理学院攻读EMBA学位，2002年，以认真精神和严谨态度深受教师好评的李宁顺利毕业，分别获得法学学士和EMBA硕士学位。企业的实践结合系统的学习，为李宁和李宁公司未来的发展奠定了更为坚实的基础。

一项对中国体育用品消费者调查报告（节选）

这项对中国体育用品消费者的调查从消费群体、品牌选择、认知途径、购买方式、品牌忠诚度等几个角度进行了较为详尽的调查。部分调查结果节选如下：

表1-4　城市居民每周参加休闲体育活动的时间

	<2小时	2~4小时	4~8小时	>8小时
14岁以下	32%	50%	7%	11%
15~25岁	10%	20%	35%	35%
26~35岁	36%	28%	16%	20%

资料来源：《中国城市消费年鉴》，2001

“时尚动感”、“价格性能比合适”是体育用品主力消费者选购体育用品的最主要依据，选择该两项的被访者达80%以上。其次，“品牌知名度”也是消费者重点考虑的因素，选择该项的消费者比例介于45%~61%之间。此外，“功能性”和“广告印象”对消费者的购买行为也具有较大程度的影响。促销的作用非常明显。

以家庭月收入5000元为分界线，收入较高的消费者倾向于购买世界级品牌（60%），以运动鞋为例，平均价格为478元/双，首选品牌为Nike（26%），其次是李宁（23%）、Adidas（17%）和Reebok（9%）；较低收入人群则愿意以购买国产品牌为主（65%），平均每双运动鞋价格为330元，首选品牌为Nike（15%）和安踏（15%），其次Adidas、李宁和双星（均为9%）。

北京、上海等大城市的消费者相对于其他省会和中等城市的消费者，更为重视品牌。以李宁牌为例，在北京、上海等城市，只有不足15%的消费者在提到运动服装和运动鞋时首先想到李宁牌，远远低于沈阳（47%）等省会城市和保定（65%）等中小城市。

体育用品消费者具有较低的品类忠诚度（20%），比较多的消费者不会只局限于一种品牌产品（48%）；钟情于一种品牌的消费人群比例较少（仅占8.3%）。

大多数的受访者（75.4%）声称主要是通过电视广告获悉各种不同品牌体育用品的。

61.3%的消费者一般都是在百货商场体育用品店中店和专卖店购买体育用品的，占绝对的优势。鞋类专卖店和超市也是消费者较常购买体育用品的地方。

第2篇

宝石风暴

——从TCL宝石手机看通过营销战略突破劣势

营销组合策略又称4Ps，即产品策略（Product）、价格（Price）、分销（Place）和促销（Promotion）。

生产什么产品，为它制定合理的价格，采用什么销售渠道，用什么方法激发消费者的购买欲望及购买行为，这四个方面的综合设计与运用，将决定一个产品在市场的命运，也将决定一个企业在市场的命运。

本章选取"TCL宝石手机"为案例，描述了TCL手机作为一个典型的"市场进入者"，在营销策略方面如何制定战略导向，借此与具有强大优势的市场领导者竞争，从而获得市场的成功。

本案例使用了《营销管理》、《营销战略》、《战略管理》等课程的相关知识点，适合于进行产业分析、制定竞争战略、设计营销组合策略等方面的实际运用。

核心知识要点

产品（Product）

产品的内涵，已从有形物品扩大到服务、人员、地点、组织和观念等；产品的外延也从核心产品（基本功能）向一般产品（产品的基本形式）、期望产品（期望的产品属性和条件）、附加产品（附加利益和服务）和潜在产品（产品的未来发展）拓展。

产品的组合，形成了企业生产经营的全部产品线。产品组合的“宽度”是企业生产经营的产品线的多少；“长度”是企业所有产品线中产品项目的总和；“深度”是产品线中每一产品有多少品种；“关联度”是各产品线在最终用途、生产条件、分销渠道和其他方面相互关联的程度。

产品的包装决策，也是产品策略的重要内容。

价格（Price）

企业面临的三种主要的价格问题是：对第一次上市的产品如何定价；怎样随时间和空间的转移修订一个产品的价格以适应各种环境和机会的需要；怎样调整价格和怎样对竞争者的价格调整做出反应。

分销（Place）

企业在选择分销渠道时，要综合考虑渠道目标和各种限制因素或影响因素；要对中间商加以选择和评估，并根据条件的变化对渠道进行调整。

促销（Promotion）

如何选择、搭配、有效地运用促销组合，必要考虑这样几个选择：预算选择、产品选择、策略选择、购买阶段选择、生命周期选择等。

案例正文

20世纪90年代末，国内企业大举进入中国手机市场。经过近几年的发展，国产品牌的市场份额稳步上升，2001年达到中国手机市场份额的13%。但是，以摩托罗拉、诺基亚和爱立信为代表的洋品牌凭借他们长期经营形成的研发、生产及营销优势，仍然占据了中国手机市场的绝大部分市场。在国产手机厂商当中，TCL移动通信2001年实现手机销售量130万台，销售额30亿元人民币，利润近3亿元人民币（参见图2–1、图2–2），处于领先地位。

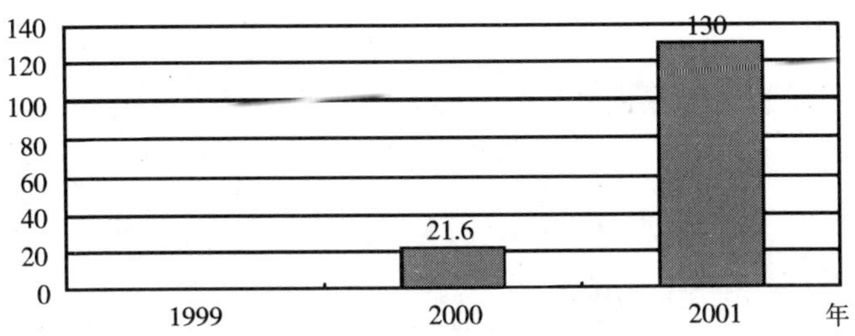

图2–1　TCL移动通信1999~2001年销售量（万台）

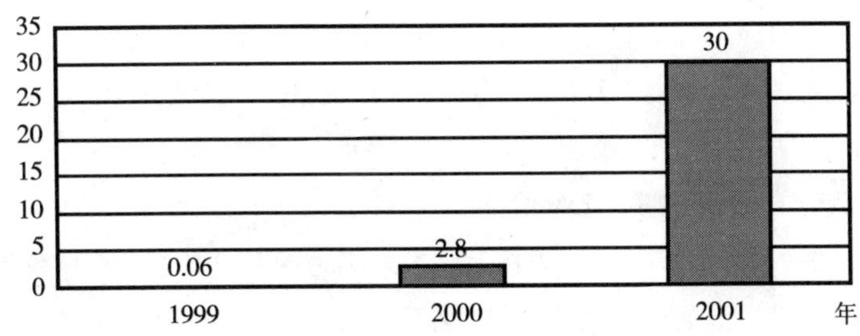

图2–2　TCL移动通信1999~2001年销售额（亿元）

中国移动通信行业

中国移动通信行业自1990年以来，一直保持高速增长的势头。截至2001年9月底，中国手机用户已经达到1.3亿，全年增长速度远远高于世界其他国家的增长速度（参见图2-3）。

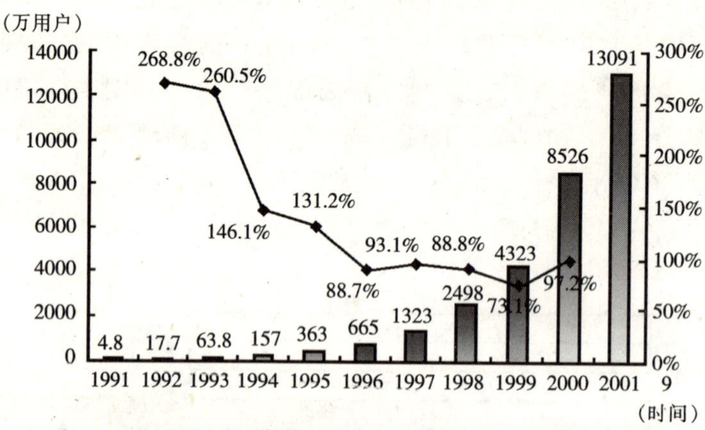

图2-3　我国历年手机用户数量及增长率

主要竞争品牌

2000~2005年间，中国将有近2亿的消费者购买手机，30%~40%的现有手机用户将更换新手机，向国外不发达国家及地区的出口也将增加。2001年中国手机市场表现出下列特点：

1. 三大洋品牌占有绝对优势

在中国手机市场上，摩托罗拉、诺基亚和爱立信占有整体市场70%~80%的市场份额，无论从产品系列、市场推广、价格分布、销售网络、生产规模等方面相对其他品牌都占有较大优势。

2. 国产品牌市场份额保持上升势头，但品牌之间的分化现象严重

经过最近几年的摸索，国产品牌手机市场份额开始上升。从1999年的不到5%，到2001年突破10%，市场份额保持增长。在国产品牌中，一些手机厂商的差异化战略取得了阶段性胜利，而其他国产手机厂商仍然没有找到突破口。

3. 技术进步推动产业升级，机会与挑战并存

中国联通在2001年底运营CDMA系统，为手机厂商带来了新的市场机遇。截止到2001年12月初，共有摩托罗拉、波导、TCL等18家厂商获得CDMA生产牌照。同时，2001年底信息产业部对中国电信运营商的拆分重组很可能产生新的移动电话的电信运营商，这也将为中国手机市场注入新的活力。

TCL移动通信有限公司

TCL集团创办于1981年，是一家从事家电、信息、通讯、电工产品研发、生产及销售，集技、工、贸为一体的特大型国有控股企业。经过20年的发展，TCL集团现已形成了家电、通讯、信息、电工四大产业群，并开始实施从传统的通讯、家电产业向以“3C”整合为核心竞争力，以信息产业为主导的电子信息企业的战略拓展。2000年，TCL集团销售总额205亿元，出口创汇5亿美元，在全国电子信息百强企业中列第5名。

TCL移动通信有限公司成立于1999年3月，由TCL集团控股的TCL通讯股份、TCL国际控股及其他投资商共同注资1000万美元。公司董事会任命TCL集团总裁李东生为董事长，TCL通讯股份原副总经理万明坚为总经理。

公司成立之初，万明坚总经理提出“3CF–4WS”的近期目标：力争在3年内做到国产手机第一，4年内在华尔街上市。为实现这个战略目标，万明坚明确提出了5个国际化、5个思路、3大战术的竞争策略。5个国际化是指研发国际化、生产国际化、销售国际化、资本运作和财务决策国际化、公司内部决策支持系统和信息管理国际化。5个思路是指：(1) 坚定不移地在移动通信行业上求生存发展；(2) 实行“成本领先”战略；(3) 以创新为基础，强化差异性战略；(4) 以策略联盟获取资源优势；(5) 在内部企业管理上，建立研发、销售、制造三支王牌军。3大战术是指：(1) 以速度冲击规模；(2) 以智慧创造差异；(3) 全球化整合资源。

自公司成立至 2001 年 12 月相继推出的手机产品见表 2–1：

表 2-1　TCL 移动通信 1999—2001 年 10 月推出的产品系列

时　间	产　品	研　发
1999 年 4 月—2000 年 2 月	9910、9920、9930、9930DF	TCL 与意大利"特灵通"合作开发
2000 年 7 月	9980	TCL 与法国"萨基姆"合作开发
2000 年 10 月	999D	TCL 自主研发
2000 年 12 月	商务机 3000	TCL 自主研发
2001 年 1 月—2 月	999D 钻石手机、999D 宝石手机	TCL 自主研发
2001 年 6 月—8 月	8988、8388、8188	TCL 自主研发
2001 年 10 月	6898	TCL 自主研发

9980 的滞销

1999 年，TCL 移动通信与意大利"特灵通"合作开发手机，相继推出 9910、9920、9930系列手机。

2000年，TCL移动通信和法国"萨基姆"合作开发9980系列。

由于此前TCL饱受缺货之苦，同时9980在产品质量、信号接收等方面具有优势，TCL移动通信定购了17万部芯片，将9980作为重点产品于2000年7月推向市场。但是产品推向市场以后却出现滞销，造成产品积压。于是万明坚带领队伍亲自到成都、武汉等地摔手机、比信号，通过这种方式进行市场推广。直到2001年上半年，通过外形改进以及降价，9980才处理完。

宝石手机

2000年10月，TCL推出了第一款自主研发的TCL999D折叠式手机。999D作为TCL的重点产品推出之后，直接面对的是摩托罗拉V998的竞争。和摩托罗拉V998系列相比，当时的999D无论在制造工艺、品牌影响以及市场推广等方面都处于劣势。

为了摆脱这种不利局面，TCL在999D基础上，采取了一系列的重大举措。首先，2000年11月，TCL移动通讯和中国最大的手机分销商中国邮电器材公司（PTAC）签订999D手机包销协议。随后在2001年，TCL又推出宝石手机，并投入大量资源进行营销推广。

关于宝石手机这个产品，万明坚自述是从手表和钻石行业得到启示，并提出“快慢结合、价值创新”理论。（1）“快慢结合”是指手机作为消费类电子产品，具有渠道流通快、产品生命周期短的特点，而钻石和宝石作为装饰品，具有渠道流通慢、产品生命周期长的特点。换句话说，手机成本1000元，厂商加价200元就出货，一年可以卖掉成千上万部手机；而钻石戒指成本1000元，厂商加价3000元，一年只能卖掉几百颗戒指，正所谓“三年不开张，开张吃三年”。如果推出宝石手机，只需要在手机成本和宝石成本上加上合理的利润，一方面可以通过手机的快速分销来加快宝石的销售；另一方面又可以通过宝石的点缀来提升手机的品位而实现差异化。（2）“价值创新”是指手机作为消费类电子产品，具有4层次的价值，包括：经济价值、文化价值、心理价值和审美价值。TCL手机的研产销应该着眼于整个价值体系的提升，而宝石手机在经济价值上可以保值，在文化价值上迎合了时尚，在心理价值上进行了细分，在审美价值上进行了创造。

图2-4　摩托罗拉V998+手机

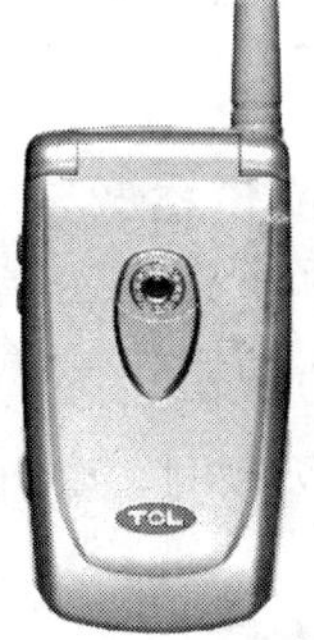

图2-5　TCL998D宝石手机

宝石手机的营销组合

为了推广宝石手机，TCL在营销策略方面做了大量工作。

1. 产品组合

2001年TCL移动通信所有手机产品系列都带有明显的"珠光宝气"，而999D宝石手机则是TCL宝石手机产品中的代表。自2001年1月到12月，TCL推出了5个系列手机产品，而又可以分为非宝石手机、宝石手机及钻石手机3种类型，分别针对中低档市场、中档市场和高档市场。参看表2-2。

表2-2　TCL2001年推出的手机系列

	产品线	非宝石手机	宝石手机	钻石手机
1	TCL999D系列	999D	999D宝石手机	999D极品钻石手机
		999D黄金手机	999D珍品宝石手机	
2	TCL8988宝石系列		大富豪8988宝石手机	
3	TCL8388系列	漫游者8388手机	漫游者8388宝石手机	
4	TCL8188宝石系列		时代佳人8188宝石手机	
			时代英豪8188宝石手机	
5	TCL6宝石系列	时尚6898满天星	宝石6898满天星	金钻6898满天星

2. 产品价格

TCL手机定价具有竞争导向，直接盯准摩托罗拉V系列产品。同时，TCL手机的定价也充分考虑产品线的特点进行相互匹配。以华东某地手机零售市场为例，摩托罗拉V998+和TCL999D系列的价格如表2-3：

表2-3　摩托罗拉V998＋和TCL999D系列手机零售价格

	摩托罗拉V998＋	TCL999D	TCL999D宝石	TCL999D珍品宝石	TCL999D钻石
2001年5月上旬	2880	1980	2480	3280	12000
2001年7月下旬	2180	1730	1980	3250	12000

3. 市场推广

TCL采取了一系列的市场推广活动来推动宝石手机的销售。

（1）2001年1月在雅宝网上在线拍卖999D极品钻石手机，这次活动大大提升了TCL品牌形象。

（2）2001年3月，TCL在浙江温岭举行“中国手机新形象”新闻发布会，提出打造中国手机新形象的主题。

（3）2001年7月，TCL在山东泰山举行“中国手机文化学术研讨会”，邀请社会各界名流共同探讨手机作为消费品的文化现象及其意义。

（4）2001年7月底，TCL斥资1000万元人民币聘请韩国国际影星金喜善出任TCL手机形象代言人，同时聘请国际导演张艺谋担纲广告片创意制作，并在中央电视台发布企业形象广告。

4. 营销渠道

洋品牌在中国的手机营销渠道通常采用代理分销的方式进行。产品从生产到消费要经过多次分销：产品由厂商生产，厂商将销售权交给一级代理商，一级代理商再将产品分配给各个地区和不同级别的经销商和零售商，经销商和零售商将产品直接销售给用户。不同品牌的手机在国内都有若干个一级代理商，在国内手机市场中起着举足轻重的作用。虽然各厂商和分销商都十分关注整合区域市场和零售市场，各地的直接经销商和专卖店发展也很迅速，但分销商仍然掌握着渠道1/3以上的销货量。摩托罗拉的营销渠道模式如图2–6：

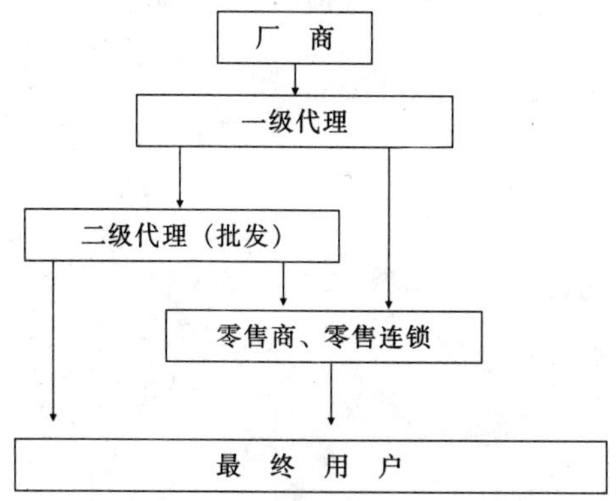

图 2–6 摩托罗拉的营销渠道模式

TCL移动通信采取了独特的混合式包销模式，其核心是洋品牌的代理制加上TCL家电深度分销。（1）全国包销　对某些在手机市场上举足轻重的代理商，TCL采取全国包销的方式，将某一机型完全交给一家代理商经销，如999D折叠式非宝石手机就交给PTAC（全国最大的手机代理商之一）全国包销。（2）大区包销　TCL将全国市场分为北区、中区、南区、东区四个区域市场，对某些代理商采取大区包销的方式，分为全机型和分机型包销。（3）省级包销　TCL在自治区、省、直辖市采取省级包销的方式，也分为全机型和分机型包销。

王某是TCL在华东市场上的一位包销商，他认为：

包销TCL手机很轻松。做洋品牌手机，一级代理就有很多家，有的甚至有十几家，各做各的，市场一片混乱。大家的对峙竞争使价格、时间、成本控制到了失控的程度，游戏的规则就是没有规则。恶性的价格竞争，使得销售渠道的共同成本变得严重无序，利润不正常，不是赔钱做影响，就是今天赚了明天赔。经销商忙着商战，何来轻松可言。TCL手机价格大的方向由厂商控制，厂商根据生产控制价格，以断货来保持价格的相对稳定。一旦做了包销商，只要与公司谈妥，市场上的物流情况都控制在自己手中，没有流货串货的干扰，利润空间就紧紧抓在自己手中了。

在建立混合式包销模式的同时，TCL也采取了深度分销的措施以保证对包销商的控制。TCL要求包销商的下级机构必须向TCL报告，从而了解并控制包销商的商流和物流。当然这种措施并不是所有包销商都欢迎的。但是在TCL手机高额利润的诱导和TCL的严格控制下，TCL的深度分销得到了实施。

课堂讨论

主 持 人：**何志毅** 北京大学管理案例研究中心主任

企业嘉宾：**万明坚** TCL通讯设备股份有限公司博士总经理（原TCL移动通讯有限公司总经理）

其他嘉宾：**刘启明** 盖洛普中国咨询有限公司副总裁

李 艳 上海蜂星国际贸易有限公司副总经理

朱立海 TCL移动通信有限公司工业设计部部长

顾 工 TCL移动通信有限公司副总经理

参与学员：**陈 伟** 龙世达广告公司总裁

刘新华 博雅公关公司客户经理

王野青 北京大学光华管理学院MBA学员

孔 文 FORUM NOKIA业务发展经理

于 洋 摩托罗拉公司，北京大学光华管理学院MBA学员

沙思文 中澳商学院MBA学员，赛尔网络公司综合管理部经理

阮惠宗 维网特集团总裁

李兰兰 EF国际教育机构中国区总经理（中欧MBA毕业生）

李晓宇 北大MBA学员，欧蕾森房地产公司总经理

白 桦 瑞德投资顾问总经理，北大MBA毕业

王东珣 北大MBA学员，中国医疗卫生器材进出口公司，北京润德新技术开发公司经理

杨 帆 留德硕士，罗氏制药德国公司

背景介绍

何志毅： 大家好，今天的案例课堂是要探讨一个国产手机的品牌战略问题。在开始这个讨论之前，我们想在现场先做一下调查，在现场的各位同学和我们邀请来的朋友，如果你们用的手机是国产品牌的请举红牌，是进口品牌的请举绿牌！

我看到只有一位用的是国产手机，请放下！

第二个问题：假如你现在换手机的话，愿意换国产手机的请举红牌，继续用进口手机的请举绿牌。哦，我们在场惟一用国产手机的同志再买手机的时候，也要改成进口手机了，

这个问题看来比较严峻，有关问题我们将在后面展开讨论。

今天的主题是探讨TCL手机的营销战略。TCL手机目前在业界是一匹黑马，也可以说是一个奇迹，根据有关消息，今年TCL已经做到销售收入30亿元人民币左右，据说利润额可以达到3亿元人民币左右，当然准确数字以企业年终报表为准（2001年）。在我们开始讨论之前，先请各位观众跟我们一起看一段有关的影视资料。

（放录像，参见案例正文）

何志毅： 今天我们请来了案例主人公TCL移动通讯有限公司总经理万明坚博士，现在欢迎万明坚博士上场。万博士，您好！

万明坚： 您好！

何志毅： 今天我们还请了两位嘉宾到现场。一位是盖洛普中国咨询有限公司副总裁刘启明先生，第二位是手机分销商上海蜂星国际贸易有限公司副总经理李艳女士，大家欢迎！

万总，刚才我们看了一下有关背景信息情况介绍，我们想请你再把TCL当时为什么决定进入手机行业，以及在创业和发展的过程中，碰到什么困难，目前取得什么业绩，给我们做一个简要介绍。

万明坚： TCL当初介入手机行业，和其他家电品牌不一样。TCL最初品牌的创立是靠我们生产普通电话机树立起来的。我们进入手机行业，有两个方面的考虑：一方面，我们做手机是在做普通电话机以后向通讯产品、高端产品多元化的一个延伸。第二方面，本身东方国家在这种没有太多技术垄断的产业，具有比较大的优势。我们认为手机本身核心技术基本上已经完全地公开，所以我们在进入这个行业的时候，技术壁垒相对来说不是很高，我们调查过在珠江三角洲有两亿多普通电话机的出口量，中国其他一些特殊产业，比如纺织品，还有玩具、陶瓷，出口更多。这样我们根据珠江三角洲这样一些特点，基础工业体系、配套工业体系这些特点，由此判断进入手机行业是能够发展壮大的。

何志毅： 当时TCL选择手机行业的时候，有没有一个很完整的调查研究跟一个可行性计划？

万明坚： 应该说我们从1997年就在进行这方面的工作了。当时会被一些表面现象迷惑，同样是洋品牌手机，摩托罗拉价格很贵，但是很畅销，另外有些洋品牌手机，价格很便宜，但是却滞销。所以我们最初持否定态度，认为这个行业风险太大，后来随着市场的容量不断上升，消费者数量呈现一个很强劲的上升势头，我们认为，在产业发展最高峰的这个时候，进入这个行业，胜算要大得多，避免进入一个新产业的时候，当"先烈"而不是当"先驱"这样一个角色。所以我们决定在1998年底完成可行性报告起草和分析，1999年3月底我们正式注册，决定进入手机行业。

何志毅： 现在能不能下结论说已经不会成"先烈"了？

万明坚： 现在可以这样下结论。

何志毅： TCL进入手机行业的时候，你们有没有想过TCL最大的优势是什么？

万明坚： TCL最大优势，我想本身TCL在电话机行业也好，在通讯行业也好，它和客户群的交流和结交对我们发展手机是有相当积极作用的。第二，TCL在终端方面具备终端产品大规模制造和品质控制的经历，我们进入这个行业，其市场定位，准确来说，是在国际化分工中提供世界性的产品制造加工，所以我们有两方面的优势。

成长过程

何志毅： TCL进入手机市场的时候，从市场上的反映来看也不是一帆风顺的，初期也曾遇到一些困难，请万总把当时的情况描述一下？

万明坚： 当时我们进入手机行业，由于缺乏生产技术和测试技术的储备，所以刚开始还要跟国外学习、合作。当时我们没有能力选择比较强大的合作方，因此，我们选择了意大利的一家中型手机公司，从它那里进入手机生产和测试领域。本来1999年下半年我们9930这个系列机还有一个很好的上升势头，但是由于当时的背景和我们合作方本身存在的问题——货源短缺和一些质量的问题，这个势头一下被扼杀住了。没有产品就谈不上营销，我们然后跟法国索基米公司进行产品方面的合作，我们一下订了十几万订单。从7月份开始，进入市场准备销售，因为当初资金有限，我们在市场推广甚至采取一些极端办法，比如在很多城市进行摔手机比赛。这个机型由于外型款式并不是很适合东方审美需求，所以一直处于滞销。后来我们想办法，采取降价等各种手段，配合我们后来的优质产品，到2001年1月份差不多分销完毕。

何志毅： 那时候听说所有的资金都压在那款手机上面了，如果说那个手机销不出去，失败了的话，恐怕TCL要成先烈了，当时是不是这样的情况？

万明坚： 应该说是这样。TCL的成功应该是在1999年6月份，可能大家都有印象，我们的很多产品都花重金请了一些明星做形象代言人。TCL把几千万元全部投到新产品手机的开发上，也就是我们后面的999D和一直到现在还畅销的8系列。这个项目是我们两年前就起动研发的。

何志毅： 那个就是所谓宝石手机、钻石手机。

万明坚： 对！我们公司从一成立就组建开发队伍，肯定跟我技术背景的出身有关系，我们痛下决心搞研发，制造出自己最优的产品，来找回市场中的损失。

何志毅： 我记得你在公司组建的时候，就提出过宝石手机和钻石手机概念，为什么TCL当时不用这种手机来打市场，而是到两年以后才推出来？

万明坚： 因为当时我们工业设计能力和外型设计能力，还有搭配机型能力需要差不多一年多、不到两年的正常积累时间，有了积累之后，就使一些竞争对手不可能短期内超越我们，我们特别注意实际能力的培养。

何志毅：因为TCL的宝石手机和钻石手机是整个手机发展历史上的转折点，所以我想请在座的各位先见识一下宝石手机。也请万总给我们说一说宝石手机和钻石手机推出来以后的市场情况。

万明坚：1999年9月份，我们自主研发成功一个具有装饰宝石概念的手机并推向市场。当时洋品牌在中国的品牌积累和消费者认可程度相当深，虽然我们在全国各地都有分支机构，但是在销售过程中，我们采取了一个可能异乎寻常的营销举动。我们把公司的各分支机构完全放弃不用，而是专门请中国最大手机分销商、也就是PTAC邮电器材公司帮助我们销售自己生产的这款手机。当时这款手机实际应该说是定位追赶、重点突出的一个产物，要从全方位赶超洋品牌难度是比较大的。当时我们分析了国外某一个品牌手机，尤其是比较小的手机，在分析了它的毛利率和它的营销状况之后，我们觉得国产手机暂时不应按新闻界朋友所说的去占领低端市场，而应该在某一档次、定位追赶一款手机。手机市场有这样一句话：彩电靠品牌，手机靠机型。诺基亚在中国市场站住脚就是靠一款手机带来企业成功，当时我们就把这一款手机交给PTAC邮电器材公司，主要目的是利用他们过去为洋品牌做总代理的时候，已经形成了一种行业信誉和营销网络，从总代理到下面大代理，从省级代理到地区级代理，这样的经销商已经拥有了品牌垄断资源和完善的经销商链条，可以使我们的产品在市场上形成规模。

我们第一步利用他们的影响力来跟TCL营销队伍先建立一些表兄表弟亲戚关系，后来证明这一策略确实非常有效。我们的营销队伍在各地发现这款TCL手机的经销商比较多，而以往他们找经销商，基本上别人都不怎么理睬，觉得国产手机很差、很难销，也没什么优势。现在，既然行业销售界权威都认可这款手机，那么，应该说品质还是不错的。于是从2000年9月份开始，我们公司渡过了生存关，进入了发展阶段。

在销售过程中，邮电器材长期以来一直采取高端放货的销售方式，在当时只有洋品牌和类似产品的时候，这条路还走得通。但随着其他优质产品和优势资源的陆续面世，市场竞争趋于激烈，邮电器材这条链的优质资源垄断性逐渐被打破。这时，我们又对销售策略进行了一次微妙的转变，并适时推出非邮电器材包销的999D，原来叫DOS装置。这个时候我们推出有保修证书的这样一个保修手机，基本上就把我们各个地区的分销力量完全建立起来了。

成功因素

何志毅： 今天我们在场的都是很有实力的业界人士或者是营销界人士。坐在这一边的是一些有移动通讯背景的各个学校MBA学生，坐在那边的是有丰富营销实践经验的销售管理人员，其中有不少人有MBA背景，有的有海外留学背景。我们非常希望在座嘉宾和各位同学来对TCL手机现象做一些提问和点评，我想先请盖洛普的刘总发表一些看法。

刘启明： 我先简单从理论上和实践上对TCL做一个个人判断。第一，对进入手机市场的厂商从技术角度上一般要考虑四个步骤：第一步骤是要进入一个领域，你要知道你的目标市场气氛；第二步骤就是你的动机是什么；第三步骤是你大致的金融策略；第四是你进入后的实施战略。从我个人判断来看，TCL主要的一个做法是它进入时机点选择得非常好，这个点判断得非常准确。他实际上是在整个手机生产处于技术性垄断——不包括芯片垄断——壁垒被打破以后进入的。

第二，TCL选择的细分市场我觉得是一个非常有效的市场。一般国产手机进入的时候，大部分手机，比如像东信手机、波导或者科健，都走了一个极端，而TCL采取的主要是高端技术这种战略，所以它在利润上有一个把握点。我觉得TCL成功的关键就是它的目标客户群选对了。营销细分市场战略性，包括营销组成整个系列做法也相当有实力。

第三，我觉得TCL的进入方式可能跟万总本人的技术背景有关系。很多国产手机营销失败的一个关键原因是不注重营销组合搭配，到了万总这里产品设计终端他非常有把握，然后介入一个渠道联盟，这个过程在产品设计阶段即已开始。现在国内手机厂商的另外一个发展趋势是一个战略联盟趋势，TCL这里边有几个概念，包括芯片联盟、生产线联盟、渠道前端联盟，这跟联想有类似的地方，联想代理惠普的产品就是一个学习过程。

何志毅： 我想听一下李总评价，你们是手机厂商的下游，你们代理TCL手机、或者分销他们手机吗？

李　艳： 目前还没有。我很同意刚才刘总说的，就是万总在选择进入市场的时机是非常好的，因为GSM手机在技术已经比较成熟，而且技术开放度也比较好。而现在的手机用户，对手机个性化色彩的追求越来越浓，TCL进入的时候，技术的壁垒已经降得很低，因为它是一个本地企业，它对消费者的需求和喜好有更深入的了解，它可以针对特殊消费群，采取特殊手段来定位他的产品，所以取得了很好成功。在渠道选择上，当时我有印象就是TCL和中国最大分销商PTAC合作的时候，在业内也掀起过波澜，这是第一个国产手机和主流手机分销渠道进行合作的。以往大部分国产手机因为很多是由家电企业转换过来，所以他们愿意用自己的家电网络来销售他们的手机，那么在渠道认知度上就会存在一定问题。在他们跟主流手机渠道开始合作过程中，实际上也对主流渠道市场产生了很大影响。

第二点，从我们现在市场情况看，TCL营销策略在手法上也是比较独特的。它进入手机市场时，正值手机市场渠道顾虑最多的时候，因为手机市场竞争激烈程度和渠道利润水平相对来说都比以往有很大压缩，而且激烈竞争导致市场呈现一种无序状况，所以对于一些小的分销商和小的地区代理来讲，他们的利润得不到比较有把握的保障。TCL在这个过程中，用了一个比较独特的办法，就是控制终端市场，通过控制终端市场来控制渠道，同时又保证渠道利润，以渠道比较固定的有把握的利润来吸引大量分销商来做他们的产品。我认为这也是一个市场人气的聚集，对他们的产品也造成了一个优势。

竞争策略

何志毅： 现在中国手机市场仍然是竞争非常激烈的局面，我们看到手机自从进入中国市场以后，市场每年都在以100%以上的速度增长，最近这几年，仍是以将近100%速度在增长，所以引来很多外国大公司在这里竞争，也引来我们国内大公司要在这个市场份额内抢占一席之地。已经有一些国产手机品牌崭露头角，而且取得了自己的一块根据地，但后面仍然面临很强大的竞争，较量到最后的时候，是打实力仗、规模仗、消耗仗。我想以TCL为代表做一个案例，它未来面对洋品牌竞争会是什么局面，它应该做哪些准备，或者说采取什么策略，我们也可以整个手机品牌代表中国民族工业群体跟洋品牌竞争的时候，会碰到什么困难，以及应该采取哪些对策做一个探讨。我们先听同学的意见，最后来听三位嘉宾的意见。

白　桦： 我想作为TCL来讲，它有勇气和能力在这样一个市场当中来获得这个份额，而且能够生存，渡过了生存关头，在向前发展在向前迈进。从企业竞争模式来说，我觉得它已经从产品竞争向市场竞争过渡，而且从战略角度来说，已经规划了一个非常全面、非常美好的战略，我对这点非常认可。但是从全球这种制造业分工和我们本土资源的优势以及产业链条优势来看，我有一个想法，当然不是很成熟。我觉得不一定我们非得要去制造一个我们的民族品牌，而是你适合做什么就去做什么。你比如说我们只适合去做中游或者下游，那么上游可能我们就不一定非得要去做。

何志毅： 就是说可以不要品牌?

白　桦： 对，品牌都不需要，就是说你适合去做加工，你可以去帮摩托罗拉做加工，你也可以帮爱立信做加工，你可以成为一个全球品牌链条当中的一部分，你的价值可以体现在这里。非得要成为一个和它去抗衡的品牌，我觉得难度很大，我们可以有勇气、有理想去这样想，但是我觉得落脚点应该更实际一点，更好一些。

李坚刚： 我觉得按照市场营销理论，可以分为领先者、挑战者，还有支持者、补缺者。国产手机到现在，如果在GSM上再比的话，作为补缺者，或者作为一个追随者，我认为都可以拿到一定市场份额，可以随着大厂家的发展而发展。其实我觉得像TCL宝石手机就是一种补缺，手机就通话质量来说，应该是彼此差不多。我想如果中国手机厂家想继续获得大发展的话，可能只能等待技术变更，重新洗牌，比方说CDMA标准出来，或者第四代。在GSM上，我认为目前大局已经定了，这是我的一个想法。

关于万总刚才谈到TCL的策略是要做移动信息终端，我刚才理解为把很多功能合到一块，类似于现在的PDA加手机。从我个人角度来看，我对这种产品并不看好，因为我觉得并不是说把一个产品所有功能合到一块，大家就都愿意买。试想一下，如果家里所有家电组合成一件东西，也不见得好。功能发展太多不一定就实用。录像机就是一个例证，当年许多家用录像机，加了很多编辑功能，实际上都用不上，却增加了价格。我个人认为将来移动终端会向高端发展，高端就是指技术上特别先进，可能会融合部分功能，包括移动互联等等，或者是低端，纯语音业务，不需要人员过多参与。我个人觉得万总那个定位有点模糊不清。对TCL来说，将来选择战略，按照竞争理论，可能你要选择低成本战略。要么采用专一化，或者采用差异化战略，我觉得这对中国来讲可能是比较现实的选择。

陈　伟：我觉得先期TCL的成功是阶段性成功。这个成功是它成功融入了主流销售渠道，或者说利用了主流销售渠道。至于事实上进入与否不重要，对于我们创造利润的投资家来说，什么时候都可以投资，只要他可以赚钱，这是一个观点。第二个观点，这种主流销售渠道，就是说对PTAC的这种选择使TCL成功进入了真正的手机销售渠道，这是营销上的一种市场细分化服务。为什么叫市场细分化？我们这款手机或者多款手机是给市场上哪部分人来使用的？不管加宝石也好，加其他任何东西也好，都是市场细分化的结果。所以在市场份额里，我们国产手机全加起来，也占不了多少。那怎么走出一条自己的路来？那就应该把市场细分化，特殊服务和深层次服务，也叫纵向服务，把市场切割了，延伸出去，才能扩大市场占有率。否则做大、做规模、做全面占有，会给人以痴人说梦的感觉。老企业都是产、供、销三点，现在生产和供应都是别人提供，提供技术、芯片，你才可以生产，只有销售是自己可以做手脚的地方。因为我们有这么大的市场，我们都叫市场，其实市场有很多很多小市场，这个小市场才是国产手机必走的路。否则的话，去跟摩托罗拉、爱立信、西门子竞争，是根本没有可能性的，像做梦一样。所以必须把每个细分化市场做一个连接，也就是说像每个动画片一样，说今天我放宝石，明天我可能搁核桃，后天我可能给某个市场、某个人、某系列人来做，也就是产品特殊化与市场特殊化相连接，才应该是TCL，甚至是中国所有想做手机的厂商要走的路。

何志毅：TCL未来全面进军手机行业不乐观。陈伟认为还是做好一个细分市场，再做一个细分市场，一直是作为一个补缺者的角色。关于这一点，我想听一下万总意见。因为管理者对市场占有率跟利润做过研究，有一个曲线，是V字型的，小厂家是赚钱的，因为他选择了一个特定市场，给了客户一些特色，所以客户愿意多花钱买你东西，而大厂家因为规模经济，优势就在这里。但小厂家要想往大厂家过渡的时候，中间要走过一个很艰难的路程。当然TCL手机成功，归因于很多因素，有研发因素，有我们大规模制造能力的因素，最关键一点，我觉得还是选中了一个细分市场，就是万总找到了人家买手机的需求，人们除了使用之外，还有一种感觉——保值。以后再发展的话，刚才万总说要推十款手机出来，从低到高都有，就进入了跟强敌正面竞争的阶段了，想听听万总对这个问题是怎么考虑的？

万明坚：刚才说到国产手机打不打品牌这个问题。我认为从TCL的发展来说，坚决要打。因为从台湾单纯的制造厂家包括OEM、ODM厂家来看，他们的利润空间一度被上游订货商压缩，已经出现生存艰难。中国手机界前段时间大家看到了在电视上打了品牌，后来又终止了，这是一个艰难的尝试。，我认为TCL作为大型电子企业集团一定会保持品牌的。我们公司在做整个发展的时候有“五个国际化”，其中有一条就是用智慧创造差异，所以这部分跟你们说的细分市场是完全吻合的，但是我觉得光这点是远远不够的。信息产业或IT行业有一个特点就是赢家通吃，不是说我们想不想打正面仗的问题，是正面仗逼着你打，更主要的是我们在策略上，无论是产品创新策略还是营销策略，真正用兵作战的话，还是绝大部分消费者都能接受的一些产品和能够承受的价格。这些产品意味着量很大，量很大一定意味着短兵相接。而我感觉洋品牌也并没有比我们多多少章法，一会儿跟台湾厂搞一个产品，一会儿又在哪个经销商那儿搞一个产品，那么他们真正想自己做到什么地位？

我再阐述一下我为什么特别主张打价值战，不打价格战，提倡创新和智慧来求得企业生存和发展。有三个层次，打价格战必然造成厂家亏损和社会资源浪费，解决的方案之一是试图从股市上获取资金来弥补这个亏损；要获取现金的话，财务报表一定有非正式性。

第二个就是要向国家银行追加现金流贷款，你不贷给我，我就要死掉，银行贷款就会成为呆账、死账、烂账。

第三是社会问题，劳动就业没保障，工人要去游行，要去找政府，政府可能财政拨款补一点，这样必然导致社会资源的耗费。这就要求我们一定要通过价值创新的手段求得我们本身产业的生存和发展，在这方面，创新差异化战略肯定是需要。但是在这个创造过程中，我觉得我们在这方面要向国外企业学习，遇到亏损就是亏损，敢于把自己的财务报表在全世界媒体上、网上公布，三个季度亏多少就是多少。这样自己在哪一个终端产业亏损以后，就可以公开宣布退出制造业，就是有胸怀和勇气。我们在做这个行业的时候，从差异化开始，我们基本上是一路扩展，正面短兵相接只是时间问题。

何志毅： 对TCL来说，实际上已经进入短兵相接阶段了。

万明坚： 明年所有国产手机和洋品牌，在销量最大的一档机上，直接就是一个正面战，而这个正面战对我们来说并不可怕。为什么？刚才我说了，我们生存空间多20个点，再加上我们对本国消费者的理解和市场营销策略，我们现在组织能力、战斗能力和对渠道管理的能力，在目前远远超过洋品牌。我们并没有采取高端粗放式放货方式。当然洋品牌也在不断改进，他们以往存在一些问题，但是我觉得国内本土这些厂家更比较耐打，战斗力更强一点。

何志毅： 都是游击部队出身的，现在准备打正面战场。现在新闻界很多报刊文章说，手机行业恐怕就是下一个彩电行业，大家都估计说手机行业就快进入打大仗、进入低利润空间的竞争时代，我想问一下刘总对这个问题有什么看法？

刘启明： 其实我不太同意这样的看法。谈这个问题最好不要把TCL和国产手机分开来谈，否则的话，就太狭窄。实际上从跨国公司手机制造商进入中国市场以来，国产手机面临着两个很难逾越的竞争壁垒，第一个竞争壁垒是国外手机研发是全球性的，国内手机是本土的，所以国内手机应该面临一个国际化问题。TCL整个的营销起点和走向非常对，包括广告代言人，换句话说我非常欣赏TCL广告。

何志毅： 广告已经国际化。

刘启明： 因为国产手机必须要走国际化道路。刚刚我说第一壁垒是研发国际化问题，这方面国产手机始终逾越不了。第二，作为手机的一个全球化进入者，实际上有国外手机设计的壁垒策略。你看诺基亚，它的产品在任何时间，始终有一款高档手机是高利润的，但是每款手机的寿命越来越短，包括TCL，我估计再过几个月肯定要降价，如果没有新的产品更新的话。根据盖洛普研究，一般三个月以后，手机价格开始往下降，国外手机的研发速度非常快，但它始终有一款高利润，比如说摩托罗拉推出一个V系列，可能过三个月就降价了，但是它马上跟出一款，在高端始终有一款是它的份额。而对于国内手机的进入，它采取这样的策略：在高端肯定是盈利的，但是在低端也在发展，包括在1500元以下的手机，也投入很大，这块可以不盈利，它的目的就是给你设置进入障碍。现在比较大的厂家，像摩托罗拉、诺基亚，基本保持高端手机盈利，低端手机设置一个竞争壁垒。

所以现在TCL和国内手机扩张面临的主要问题是要明确走哪条路。一般来说，扩张一般有三种方式，第一种是让现有手机使用者下次专买你的手机，等于说你在向其他竞争对手抢市场份额，我想宝石手机大部分是从这块抢来的。第二种是纯粹新购机者，根据我们的数字比例，新购机者和已经买了手机想换手机这个比例基本接近。新购机者，像TCL高端手机新购机者这个比率相对会比较低。第三种扩大市场份额的方式是从区域开始扩张，比如说洋手机现在主要在一线城市、大城市，国产手机在二线三线，从这边来扩张。所以从国产手机目前的战略来看，大部分手机厂商只认识到从区域扩张这条路，他们基本走低端道路，比如说摩托罗拉、诺基亚去不了县城，那么我就从区域扩张。

何志毅： TCL给我们的感觉是定位和价值创新在高端手机。那么TCL下一个系列，如果全面介入，在每个细分市场都实行差异化，那么这个市场如果能做成功的话，将是一个非常可观的收益。那么这种差异化对于国内手机的巨大挑战在哪里？就是你的产品有没有不断更新的能力？另外，在每一个细分市场，你能不能做出你的细分产品？现在TCL做成功，实际上只是在中高端，但你在1500元以下和1500元到2000元之间的细分市场，你有没有跟洋品牌细分定位？

刘启明： 很多同学刚才说了，从战略选择来看，或者是低成本战略，或者差异化战略，或者集中化战略。实际上中国手机的市场竞争，你采用任何战略也没有用，必须是三个方面都相对比较成功，在一方面比较突出，你现在不可能。任何一个厂家，你不能说我光是这个成本领先或光是差异化就行，实际上你必须三方面都要做得很强，同时你又要突出一点。TCL是在国产手机中惟一的我们认为不再走低端的厂家，下一步实际上面临更大的问题包括国际化运作和资本运作问题，这种正面战争，我们认为非常科学。从我们数字来看（1999年数据），国产手机市场份额大概5%左右，那么2000年大概8.1%左右，今年比较乐观数据是15%左右，可能我们数据大概是13%，所以从整体趋势来看，向上是肯定的。另外，大的结论，我们认为手机市场再过若干年以后会变成一个很大众化的东西，到那个时候，市场份额肯定是越来越向上涨，但是趋势可能不像现在那么乐观，比如说5年以后，50%市场份额，也许不那么乐观，但是这个比例肯定会很大。

何志毅： 盖洛普对国产手机呈上升趋势持很乐观态度。盖洛普对美国总统预测是很准的，希望对手机预测也是很准的。

万明坚： 我想就刚才刘总说的补充一些。第一，就我们实际上在技术研发方面，尤其是做自己擅长的那一部分工作的时候，确实要敢于打破只有洋品牌才能推出高档手机的神话。那么在接受这个技术时，无论你实力强也好、弱也好，做的工作就是设计一款手机，没什么困难。知识产权我们几百万美金早就买下来了，随时有几个研发小组，各自对手机机型不停搞研发，一个月一个月这样推，所以从现在开始，我们推出的速度是有能力比诺基亚和摩托罗拉还高。如果大家不相信，你们可以看看我们即将推出的四款新机。

我也去过贝尔实验室，我们盯住一点，定位追赶，重点突破。盯住一点，我觉得比洋品牌做得好，所以不要被洋品牌吓倒，也不要神秘化，正面战也是一定可以打胜的，这是产业比较优势理论在起作用。

第二个方面，我要跟大家探讨，因为我今年一直想写本书，企业经营一定是系统战而不是单项的，如果进行单项经营——那些营销大师早期翻译过很多这方面的著作，一般都会把企业做垮。我们要强调研、产、销、客服一体化，过去我们想组织三支王牌军——研发王牌军，制造王牌军，营销王牌军，通过发展，我们发现客户是一个很重要的部分，也是竞争的很重要的手段。客户服务能力也是竞争力的表现，不仅要注重销售和渠道，从组织上，我们下半年，还要保证建立我们的客户服务王牌军，现在有几百人轮换在总部培训。我觉得主要是解决两点：一个是解决契约问题有很多方案，就是一个权决制约方案。就是数学里的各点中的那个点，三维空间当中找抛物线当中的极值点，我觉得归纳起来就是哲学的问题。第二个从方法上，一定要注意用系统科学的方法来解决问题。我觉得“第五项修炼”实际上就是一个系统论的问题。就是每个单项是整个系统互相关联的每一个环节，你说我们企业的产品很成功，但如果后面营销渠道、策略、促销都是零，那也不行。同样如果一个很差的产品，拿到市场上即使请一个高手，他也销不掉。刚才有一位同学在做分析时已经提到，最后有一个强大组织能力，好的路线，还得有一个人气，内部有一个严密组织，有战斗力的组织。国民党和共产党打仗，共产党关键是有战斗力，并不是说国民党有很多战略是错的，他战略对了，但战斗力不强，越战越垮，没有战斗力，什么好战略也不行，要用系统的科学方法来解决问题。在我们TCL集团内部或外部，经常也发现一些营销投机和公关投机案例。比如我发现哪个地方有50块钱的手机就马上买来，然后想1000多块钱卖出去，卖到最后，什么品质问题全冒了出来，最后只能清仓，或者市场变化导致亏损，而后又继续重复这种过程，而不是从自己核心专长方面，从自己制造方面，从自己局部创新来营造自己的优势，求得市场空间。

何志毅： 你做手机到现在才两年多，你现在形成了什么核心竞争力？在TCL集团的平台上是否已经形成了？哪些是它辐射给你的？哪些是你自己具有的？

万明坚： 我觉得很大一部分得益于我们集团，实实在在说，过去TCL彩电系统形成的一些营销战略、战术的声势，给我们印象相当深刻。而且我们后来这些营销活动，即使形式不一样，但是声势是一致的，也就是强调终端覆盖营销，速度冲击规模，创新冲击低价。具体到我们的核心竞争力，我认为我们现在对中国的一些文化特点的理解已经比较深刻，而且拥有一批有相当创新能力的工业制造队伍。另外，相对于其他有些厂家来说，我们已经买断了国外的某些知识产权，根据这些买断知识产权的协议，我们可以随时推出我们想要的产品，我们拥有这种能力。

何志毅： 现在TCL准备跟一些强大的竞争对手全面竞争，那么会不会他们也考虑，竞争也得细分市场，比如它们在细分市场打你，因为竞争对手一打以后，就会把目光聚焦到你身上，它们打你宝石手机、钻石手机，设计比你们更漂亮、宝石价值更好的手机，回过头打你，你有什么对策？

万明坚： 洋品牌在推出一些新款手机产品，我最近看到有金属外壳的手机和其他一些款式，我在韩国也看到过相似产品，比较后我对洋品牌的这种研发创新能力表示质疑。如果出现你说的情况，我认为是好事情。实际上一个行业，我创造一种概念，创造一种趋势的时候，如果我是处于领先者角色，有人跟随的话往往反而是对我这个地位的肯定，反而会把人气聚集起来，对我们下面的发挥可能更有利。另外，每一个创新一定要保持先进性，那么竞争对手要想简单模仿和追赶的话，它的工业周期至少是三个月以上，这是因为工业造型设计跟随是需要时间的。在这个阶段的话，我们基本上做好了储备而且还比较大，基本上可以有节奏地推出自己，永远都是有竞争力的。

何志毅： 你后面还有什么重大创新吗？宝石手机和钻石手机是很典型的例子，因为这个东西被上升为工艺品，象征地位、身份，满足心理需求。手表、男人用品、领带夹、眼镜，都被上升到珠宝级，手机上升到珠宝级，应该说是你的贡献吧！你下面还有什么重大创新？

万明坚： TCL的整个发展就是价值创新有两个方向，一个科技方向，一个文化方向。那么文化方向可以稍稍举个例子，因为我们马上会推出来。比如我们有一款商务机，大家在市场上看到，一直处于徘徊境地，没有成功，但是我觉得TCL这次一定可以成功，为什么？现在商务机，你们看看商务通屏幕多大，才那么大体积，操作起来我觉得不是很方便，它不是为了从事商务活动特别量身订做的手机，那么我们推出一款量身订做的手机大概跟这种手机一样大，还薄一毫米。但是我的屏幕可以两方面扩展，我就把很多常用英汉辞典、记事簿全部引进来，我们可以用激光微雕把运筹帷幄的《三十六计》微雕上去，后面我们会把易经八卦的经典的一些图案印上去。当你在从事商务活动的时候，对你会有所帮助，起到了通过产品和消费者沟通的作用。在科技创新方面，我们自始至终保持一种整合能力，也就是将一些现成的成熟技术，或者借助一些新的技术，将其整合为一的能力。比如把商务通这一类功能集成到手机里面，实际上一点也不难。

何志毅： 如果那样，别的公司也会马上跟你差不多，你的优势在哪里？

万明坚： 在整合方面，并不是每一个企业都想得到的，技术上的提升并不一定意味着市场一定成功。但是反过来像商务通它整合了，给消费者量身订做一些实用产品，一样可以获得市场成功。我觉得我们充分利用了每一个厂家的技术，整合了现成的科技资源、能力、还有激情，在创新方面很有差异性，这可以使TCL有望突围。另外随着我们向移动信息终端方向发展，移动信息终端也可能改变整个人类，就像互联网一样，再次提升、改变大家的生活方式。因为人毕竟是一个移动的信息体，无论你到哪个地方，这种移动信息终端的方便程度比固定要更加具有深远的实用意义。

前景预测

何志毅： 刚才盖洛普的刘总预测了国产手机的发展前景，据说盖洛普对美国总统当选率的预测是测了56人，只有一个人测得不正确。那么我很希望对国产手机这种发展空间的预测能够得到实现。下面我想听一下李总对国产手机的前景有什么看法，因为你就是在这个渠道里面，对消费者需求、市场动向应该有很多真知灼见。

李　艳： 刚才刘总已经讲过，从大的趋势来看，国产手机在这几年呈现上升的势态。目前来讲，我们看到的情况大部分是国产手机是在一个差异化市场和一个区域化市场取得成功。刚才万总也讲过，洋品牌在制造上采取外包，他觉得在研发上，在整体市场定位上，没有什么神秘。但是我个人认为，其实洋品牌在对国内市场的需求分析，包括满足用户需求来制定产品上，有非常非常大的投入，所以从长远来看，国产手机要形成整体的一个突破，取得一个从区域胜利到全局胜利，我认为从系统化，从产品结构，包括营销渠道和营销整体都需要一个大的调整。

何志毅： 你对国产手机的总体发展前景表示乐观吗？

李　艳： 我认为应该是一个观望态度，因为现在虽然他们在局部市场和差异市场取得成功，但是也引起了很多其他品牌的关注，它们也会采取很多措施和办法，来保住他们固有的市场。

刘新华： 刚才两位嘉宾对未来做出的基本判断都是从手机仅仅具有语音通讯功能来讲的，但如果说手机仅仅具有语音通讯功能的话，那么你要做到差异性就很难，而且包括一些本地厂商，你对本地这类人群的需求特别理解，会在一定程度上体现在你的产品中，但不会有特别大的体现。其实在未来，语音通讯只是一方面，更重要是数据通讯，而且对未来的这种预测表明，人用无线装置的比率可能会超过100%，可能会出现很多非常专用的手机，可能会出现人跟机器对话的手机，也可能出现机器跟机器对话的这种无线装置，对于国产手机的前途，我还是比较看好，因为国产手机，现在已经积累了相当的制造经验，同时也对市场具有独特的理解，只要有一种好的技术平台，能给它一个平起平坐的机会、重新起跑的机会，那么它就有可能做得很好。我想举一个例子，日本的日立公司从来没有做过手机，日立在2000年开始做手机，它当时仅仅用了6个月做CDMA手机，做得很好。有一款手机当时在日本特别热销，为什么？因为有卡拉OK功能。它这款手机卖得非常好，很快成为了一个强者。这些东西，除非对本地市场有特别深刻的了解，才能开发出来。

何志毅： 你能不能对中国国产手机和中国文化结合再想出新招？

刘新华： 和中国文化的这种结合，会产生很多特别丰富的应用。在英国，我知道有一个手机厂商单独针对学生推出一款手机，他们发现某一类学生，经常用手机的一些功能做别的事情，比如男女同学之间谈恋爱、调情。于是他们在手机里加入一些游戏功能，虽然这样做可能失去了手机一些基本通话功能，更多的可能是游戏功能，但这款手机卖得很好。日本有很多唱片公司，现在有一款手机，唱片公司通过运营商卖出很多号，每个手机用户拿到它就可以去下载最新音乐，有通话功能也有音乐功能。而且下载音乐，对于这种音乐厂商——唱片公司来讲，不用在各地开盘设点，费用也降低了。所以，如果说在这样新的大背景下考虑，未来是一种无线互联时代，互联网的运用可能决定某个厂商真正拥有一个很大的竞争优势。

何志毅： 我有一个好的注意，发明一款轻松MBA手机，所有MBA所学知识都放在里面，尤其是考试时候就起大作用。

刘新华： 这是有可能的，平时像我们很多是在职MBA，都没有时间下载作业，或者进行交流，如果有这方面应用，真的是特别好。所以考虑手机，应该从技术未来发展角度考虑。这种数据化的应用，实际上提供了很多可能性，这就是业界对第三代产品投入那么多目光的原因。

张海园： 我今天感觉最深的一点是，将来不管做手机还是做其他什么，最主要的是抓住个性化需求。消费者是越来越个性化，而且科技发展水平越来越高，更加容易来实现个性化需求，所以将来的商家一定要抓住个性化的需求。

王晓红： 对于现在中国这个群雄林立的手机市场，我认为中国的厂商要集中精力打级别战，以速度抗击规模，在细分市场中，占领市场先机。

王野青： 对于TCL的核心竞争力问题，我是这么看，第一点是技术创新，第二点是文化创新。但是我们知道，其实营销最根本是客户需求导向，就是客户需要什么，我再创造我自己的核心竞争力。我觉得在这点上，其实TCL的文化创新就是一个非常狭窄的细分市场而已。中国将越来越国际化，虽然将来这个中国文化确实是一个市场，但是我觉得它不能在全系列产品上跟外商品牌去展开一个全线竞争，也没有力量去跟国外品牌全面抗衡，只有选择了那一个细分市场，这是我的看法。

于　洋： TCL除了突出文化这一个层面，还有刚才万总介绍的两个主流产品的发展趋势：一个是继续推出个性化产品，一个是发展移动信息终端产品。因为虽然现在互联网正在普及，但是距大家真正运用到信息终端普及还有一段时间，我觉得这两个细分层面都非常狭小，而且市场占有率也会非常小。另外，由于现在各大公司都已成立了各自的研发中心，因此无论从资金和实力上相比，TCL的一个研发梯队都无法与之抗衡。所以我想，作为国产手机厂商老大，能不能联合十几家手机厂商，进行一个全面整合，从资源到资金整合，增加研发和市场营销能力。我想听一听刘总和李总对这个问题的分析。

刘启明： 从国内来看，没有任何联合成功的例子。这种事情如果放在日本企业，例子相对比较多，比如当年复印机就是这样的例子，主要通过战略联合意识。国内厂商的这种联合意识非常弱，特别是同一竞争对手，如果依靠战略平衡来做，可能成功概率比较大。

何志毅： 尤其在没有看到很危机的时候，主动联合的先例就更没了。

刘启明： 观察国外，像日本市场或者其他国外市场，真正跨国公司如果能占到80%市场份额，不会维持很长时间，很少有国家有像中国这么大市场。跨国公司的市场份额在未来15年不会一直保持50%的效果。当有一天买手机，你买国产的和国外的没有区别的时候，这时候可能就达到了一个市场均衡。但是有一点，特别是高端，比如3000元以上市场，我估计在很长的时间里，可能全部会被跨国公司所占有，因为它不断进行技术升级，肯定要走到前面，但是国产手机和国外手机在一定市场份额内，可能会达到一个平衡点。

何志毅： 我再做一个调查，通过我们今天的案例讨论，现在再让你买手机，愿意买国产手机的人，请举牌。你改变？我是说现在。

刘新华： 有可能会买国产的，GSM手机不会买国产的，但CDMA手机会买国产的。

何志毅： 那么两年以后呢？会买国产的，请举绿牌。十二！好了，看到了市场前景！

因为时间关系，我对今天案例发表一点个人感想。我觉得TCL手机成功，在市场上确实是一个比较典型的案例，因为两年半时间，用1000万美元起家，能够做到今天销售收入30亿元，利润3亿元，可以说几乎是一个奇迹，所以我们都很想知道这个背后的原因到底是什么。通过今天万总的叙述和大家的讨论，包括我们分析TCL过往历史，有个现象很值得总结。

第一点，好像是TCL很善于在一个成熟市场上面采取后发制人的态度取得竞争的成功，电话先成功了，然后再把彩电做成功了；彩电做成功的时候，看起来没有借鉴电话原来平台和渠道，然后他又把PC做到前几名，当然说是不是完全成功，还要看市场发展，它做PC成功也没有借鉴原来彩电渠道；TCL做手机，又是在短短两三年内，至少进入国内的手机前列，我觉得这是因为TCL背后有一种文化的东西。刚才李总也讲了，TCL很善于在一个大众消费市场上面打硬仗，这就是精神。大家路数大致差不多，能取得成功，这恐怕与深植在他们血液里边文化的东西有关。

第二点，就是我们都可以看到类似做法，实际上也很符合我们营销学上讲的理论，叫细分市场定位。TCL做彩电的时候，先从大屏幕切进去，然后往下走。从这点看，你也可以说他大屏幕做完以后，能不能往下走，不一定，因为你只是在一个细分市场上做成功。在PC上，它们是从最低档叫PC裸机往里边走，然后向上走，现在看起来也是在呈上升势头，还不能说完全成功。手机是从中高档切入，看准一种文化需求和心理需求的一种细分市场，在这里获得了很大成功，现在开始往两端走，至少进入市场的手法相似。我想这个是在细分市场上的成功，选择细分市场，然后准确定位，集中优势兵力打歼灭战。我们也可以看到它在市场上包括做广告、做营销的一些办法也类似，彩电出来是让刘晓庆来做广告，手机出来是请金喜善。至于未来确实很难说，我也相信国产手机有一个很大发展空间，但是这个战略怎么打，我们要等两三年以后，回过头来看。今天非常感谢两位嘉宾参与我们的案例讨论，也感谢同学们热情参与，谢谢大家。

案例分析

20世纪80年代，一篇著名的论文“How to Attack Industry Leader”引起了学术界与企业界的广泛关注。论文指出，企业要和具有强大优势的市场领先者竞争，可能成功的途径有三种——用今天比较流行的语言来表述——就是商业模式创新、市场细分和资源消耗战。

商业模式创新就是分析领先者的商业运营模式的优势和劣势，然后寻找突破口，集中资源在此建立竞争优势。大前研一认为企业的一种竞争战略就是分析产业链中的关键成功因素，然后采取和竞争对手不同的方法强化关键成功因素的竞争优势。商业模式创新的典型就是戴尔（DELL）。

市场细分是指根据一系列影响市场需求的关键因素把市场划分为不同的部分，然后寻找一个或几个市场部分作为目标市场，最后在目标市场中推出能够更好满足其需求的产品或服务。

资源消耗战最典型的就是价格战。一些跨国公司进入中国市场通常是采取这种方式。跨国公司凭借自己强大的实力以低于实际成本的价格冲击中国市场，然后等到中国企业垮掉或被收购之后，再重新整合市场。

作为成功的市场进入者，TCL在竞争战略上表现出商业模式创新与市场细分策略的融合。正是明确的战略导向与有效的营销手段实施保证了TCL手机的成功。

作为一个典型的市场进入者，TCL手机在市场营销方面表现出明确的战略导向，集中体现为TCL手机强调的“先强后大”、“价值创新”与“重点突破”。TCL手机的战略导向是TCL手机成功的基础。同样重要的是，TCL在战略执行方面也表现出明确的导向。TCL在营销手段的使用方面相互协调，有效地支持了营销战略的实施。

明确的营销战略

和洋品牌在中国市场占据绝大部分市场份额相比，国产品牌一直处于劣势。这种劣势突出表现在以下几个方面：(1）规模劣势　国产品牌在规模方面的劣势导致成本居高不下，很难沿用国产家电厂商的低价策略。(2）品牌劣势　洋品牌在中国市场长期耕耘建立了强势品牌地位，这种品牌优势是国产品牌很难在短期超越的。(3）研发劣势　洋品牌在产品研发方面具有明显领先优势。

为扬长避短，TCL在营销战略方面明确了战略导向。这种战略导向首先选择了中高端市场作为市场切入点，并充分使用多种手段使自己与竞争对手差异化。

中高端细分市场

国产厂商在进入手机市场的时候，都处于规模偏小的阶段。在这个阶段，国产厂商很难获得经济规模，无论是在零配件采购或是寻找经销商的时候，国产厂商都处于弱势地位。与此同时，三大洋品牌占有了强大的市场地位，并实现了本地化生产与大规模分销。同时，洋品牌实行动态的全方位市场占领策略，同时推出高中低端产品，并且定期降价。这使得国产手机厂商很难实施低价战略，国产手机的成本与价格均很难低下来。

因此国产手机厂商都面临着选择高端人群与低端人群的矛盾。选择高端人群，可以获得高毛利，但却缺乏品牌影响力和产品研发能力；选择低端人群，短期内面临亏损压力。而这正是TCL和波导的不同选择。

TCL提出“先强后大”的竞争战略。明确选择中高端人群为自己的目标市场。

● 中国市场地域广泛，规模庞大，总是存在可能的中高端细分市场。

● 以中高端市场为目标市场，以获取良好回报，并建立品牌形象。

● 中高收入保证足够利润，先强后大。

● 时尚人群比较注重外形，这比较容易实现技术突破和差异化。

● 在二三线市场洋品牌的品牌优势有所弱化，而TCL的家电品牌优势有所强化。

● 有利于以利益去引导经销商。

差异化营销战略

在明确中高端目标市场之后，TCL直接面对洋品牌的强大攻势。首先，洋品牌在品牌形象方面处于优势；其次，洋品牌在产品线以及研发技术方面处于领先；最后，洋品牌在分销渠道方面也更加完善。

TCL采取了一系列手段来实施差异化营销战略。正是这些差异化手段使TCL和洋品牌之间建立了有效的市场壁垒，避免了直接竞争。这些手段主要包括：

1. 进一步细分市场

TCL在明确中高端市场之后，进一步对目标市场进行区隔。选取二三级市场追求时尚的女性消费者作为重点对象，实施“重点突破”策略。TCL高层在描述TCL用户时曾提到：（1）女性消费者为主；(2) 区域市场开始是在北方比较受欢迎，现在南方也开始热起来；(3) 用户使用时间大概是9个月；(4) 新购机用户少，换机用户占主流。而这些特点正与其目标市场的特点相吻合。

2. 混合包销的渠道模式

洋品牌在中国的手机营销渠道通常采用代理分销的方式进行。产品从生产到消费要经过多次分销：产品由厂商生产，厂商将销售权交给一级代理商，一级代理商再将产品分配给各个地区和不同级别的经销商和零售商，经销商和零售商将产品直接销售给用户。

洋品牌的代理制具有明显的优点与缺点。突出的优点表现为用很少的自有资源实现了密集分销。但随着中国手机市场的进一步发展，这种代理制也表现出比较大的缺陷，主要的问题就是难以对渠道进行有效管理。由于层层代理，多头管理，洋品牌对产品的物流以及价格难以有效控制，从而导致渠道利益难以保证，有计划的产品分销难以实现。

差异性市场营销策略

差异性市场营销策略是将整体市场划分为若干细分市场，针对每一细分市场制定一套独立的营销方案。比如，服装生产企业针对不同性别、不同收入水平的消费者推出不同品牌、不同价格的产品，并采用不同的广告主题来宣传这些产品，就是采用的差异性营销策略。

差异性营销策略的优点是：小批量、多品种，生产机动灵活、针对性强，使消费者需求更好地得到满足，由此促进产品销售。另外，由于企业是在多个细分市场上经营，一定程度上可以减少经营风险；一旦企业在几个细分市场上获得成功，有助于提高企业的形象及提高市场占有率。

差异性营销策略的不足之处主要体现在两个方面：一是增加营销成本。由于产品品种多，管理和存货成本将增加；由于公司必须针对不同的细分市场发展独立的营销计划，会增加企业在市场调研、促销和渠道管理等方面的营销成本。二是可能使企业的资源配置不能有效集中，顾此失彼，甚至在企业内部出现彼此争夺资源的现象，使拳头产品难以形成优势。

TCL手机继承了TCL彩电的“深度分销”理念，结合洋品牌代理制的优点，创造了“混合包销”的TCL渠道模式。这种模式突出的优点是对渠道的掌控力度很强，渠道的物流、价格以及促销都可以得到有效控制。但这种模式显然需要建立一支庞大的销售队伍，而且加大了管理难度。TCL手机的一个优势显然是可以借助TCL家电的渠道管理经验和管理模式，而这却是波导难以短期内获得的。

3. 突出产品差异

TCL在产品研发方面重点突破工艺设计，自主研发出仿制摩托罗拉经典机型V998的TCL999D。为了有效地建立二者之间的差异，TCL打出了宝石概念，创造了宝石手机，并将此策略应用于其后一系列的产品线中。

尽管很难验证宝石对消费者真正的吸引力，但TCL利用宝石一方面丰富了产品线，另一方面也营造出明确的差异点，在产品差异化方面还是起到了很好的效果。

有效的营销手段

TCL手机的成功不仅体现在明确的营销战略方面，而且在战略执行方面也表现出其独到之处。

1. 产品策略

TCL在研发力量方面重点突破工艺设计，让宝石手机变得更加精巧美观。TCL手机在性能方面没有突出的地方，但在外形方面具有明显的针对性。其2001年的手机产品主要针对女性消费者。

同时，在产品组合方面，TCL充分利用宝石概念，2001年推出5款宝石手机，并且很巧妙地运用宝石、钻石以及不加宝石的方法，加深了产品线的深度。非宝石手机、宝石手机和钻石手机分别针对中低档、中档和高档消费群，充分拓展了一款机型的市场空间。TCL巧妙地使用宝石，低成本地拓宽了产品线。

2. 价格策略

TCL的价格策略和产品组合相辅相成，极大地突出了宝石手机的经济价值。（1）竞争导向定价　以999D为例，由于TCL999D和摩托罗拉V998很相似，而TCL在品牌等方面处于劣势，999D的定价始终要低于V998。从某种意义上来说，V998的价格很大程度上为消费者提供了TCL999D的参照价格。（2）产品组合定价　TCL将手机分为非宝石手机、宝石手机和钻石手机，并充分运用产品组合定价法提升宝石手机的价值。以999D为例，首先，宝石手机仅仅比非宝石手机贵200~500元，而同样的宝石在珠宝店至少需要上千元。正是这种“快慢结合、价值创新”的方法让消费者觉得宝石手机超值。其次，钻石手机和宝石手机的价格差距就大多了。这样一方面反衬出宝石手机的价值；另一方面又整体提升了TCL手机的品牌形象。

针对经销商，TCL采取有效手段进行价格管理。这种价格管理一方面保证了TCL价格策略的最终实施，同时也保证了经销商的长期稳定利益。

3. 市场推广

TCL2001年市场推广最大的动作应该算是请金喜善做形象代言人。一方面这与宝石手机目前的消费群特征比较吻合，如女性、时尚、中高阶层；另一方面，这也为TCL向东亚市场扩张埋下了伏笔。值得一提的是，TCL在市场推广方面总是有一些特立独行的地方。比较突出的是摔手机和拍卖手机，都是以较小的投入取得了较大的宣传效果。

不过总的来说，市场推广是TCL营销组合中最弱的一环。TCL需要在品牌管理以及整合营销传播方面加强力量。

4. 渠道策略

渠道策略在TCL宝石手机中发挥了特别突出的作用。由于TCL集团在中国家电营销渠道方面积累的宝贵经验，使得TCL在手机渠道建设和管理方面卓有建树。

洋品牌的手机分销模式类似于以前长虹的“炒大户”，都是高端放货，密集分销，价格体系比较混乱。在这种模式中，分销商单机利润很低，只有通过大规模量和快速分销来赚钱。这种情况下，往往是少数大分销商可以获利，而大多数中小经销商的利益得不到保证。更为严重的是，由于手机生产企业对渠道控制力不强，极端的情况下渠道中囤积大量手机产品，会导致整个销售区域和价格管理体系的崩溃。1998年长虹的滑坡很大程度上就是由于这个问题产生的。

TCL凭借在家电营销渠道中“深度分销”的理念，对洋品牌的分销模式进行了改造，提出了“混合包销”的渠道模式。这种模式有2个优点：（1）调动了经销商的积极性。由于TCL宝石手机中高档定位，为经销商提供了很大的毛利空间；同时，TCL采取分区域包销的方式为经销商提供了各自的势力范围，从而给经销商以足够的激励来销售宝石手机；（2）TCL加强了对零售终端的控制，这样可以有效地管理宝石手机在渠道中的流通，而避免出现产品在渠道里横冲直撞的混乱局面。

但是，这种渠道模式也有其潜在的弊端，这种弊端在TCL手机大规模扩张的时候将变得异常突出。混合包销模式导致TCL手机营销渠道非常复杂，不同市场区域的价格很难统一。在销售规模比较小的时候可以通过加强终端管理来缓解，而销售规模快速扩张时会导致终端管理很大的压力。直接的后果也是串货和价格混乱。

附件

TCL移动通信公司大事记

1999年3月29日，TCL移动通信公司正式成立。

1999年7月1日，国内同行业中第一个获得信息产业部入网许可证书。

1999年8月，推出超薄手机TCL9930。

1999年10月，在深圳高交会上首获出口订单。

1999年12月，获得人民邮电信息中心“国产品牌知名度第一”称号。

2000年2月，推出商务手机——TCL9930DF。

2000年5月，推出国产第一款WAP手机——TCL999DW。

2000年7月，推出时尚手机——TCL9980。

2000年8月，率先在国内同行业中提出移动商务解决方案。

2000年9月，全国首家向消费者承诺“三包”的企业。

2000年10月，推出集移动电话、掌上电脑、电脑辞典、网际网络四大功能于一体的新型掌上移动商务终端。

2000年10月，与中国邮电器材总公司结成战略联盟。

2000年10月，在中国青年报、科技日报、人民日报等十多家权威媒体主办的“首届中国移动电话消费倾向调查”中TCL999D手机荣获“最佳高档国产手机”称号。

2000年11月，获国家质量技术监督局通报表彰。

2001年1月，推出全球第一款钻石手机。

2001年6月，在国内推出第一款双屏手机TCL6898满天星。

2001年7月，国际影星金喜善出任公司形象代言人。金喜善以1000万元人民币的身价与TCL签约，由著名导演张艺谋执导TCL手机电视广告大片。

2001年8月，信息产业部批准TCL移动通信公司是CDMA手机生产厂家之一。

2001年11月，与高通公司签订CDMA技术合作协议。

2002年3月28日，TCL移动信息产业国际科技园落成。

2002年4月，与英特尔就合作开发新一代智能开放多媒体信息终端签署了合作备忘录。

2002年5月16日，与微软签署了合作备忘录。TCL移动通信公司将基于微软移动软件平台（Pocket PC 2002 Phone Edition 和 Smart Phone 2002）开发下一代开放式多媒体信息终端（OMIT）产品。

2002年5月23日，TCL移动通信公司新推出个人IT消费品牌蒙宝欧。

2002年5月28日，信息产业部赛迪顾问评测：TCL手机进入中国手机市场三甲。

2002年6月，在广东省2002年重大科技项目招标中，TCL移动通信公司CDMA移动通信系统中标。

2002年7月5日，TCL移动通信公司顺利通过德国莱茵公司ISO9001国际质量体系认证。

万明坚简介

万明坚，1964年出生，1991年4月毕业于中国电子科技大学，是中国最早的通信专业博士之一。现任TCL集团股份有限公司首届董事、深交所上市企业TCL通讯设备股份有限公司董事总经理、TCL移动通信有限公司董事总经理，享受国务院特殊专家津贴。

毕业之初在深圳的电子领域打拼，1994年，万明坚进入TCL通讯设备股份有限公司，先后担任技术开发部工程师、技术开发部部长、副总工程师、董事副总经理、TCL移动通信公司总经理等职务；他攻克科技难题56个，发明新产品15个，直接和间接创造经济价值30多亿元人民币，共在《电子学报》、《通信学报》、《电子科学学刊》等多家国内外专业刊物发表学术论文16篇，获得了近20项科研成果奖，其中“空间谱估计测向技术”获电子部科技成果二等奖。

1995年，独立圆满地完成了HW868（2）P/TSD无绳话机新软件的编制和调试任务，使该机型获得邮电部入网证，并获惠州市科技进步一等奖。同年，因工作成绩显著，被TCL通讯设备股份有限公司评为优秀知识分子。

1996年，担负公司重要新机型——HA868（20）P/TSDL（LCD）高档多功能电话机的总体设计和软件编制任务，该机型获得邮电部电政司颁发的入网，证并获1997年广东省电子科技进步二等奖、惠州市科学技术进步二等奖。

1997年4月获“惠州市先进劳动者”称号，并于1995年、1996年、1997年、1998年、1999年连续5年被评为惠州市优秀专家、拔尖人才。

1998年，荣获TCL集团研发中心技术创新奖，技术进步一等奖。同年获惠州市优秀青年称号。

1999年3月，万明坚出任TCL移动通信公司总经理后，TCL手机新品迭出，现在已达到平均每30天有一款新机型上市的速度，产品的创新速度和创新能力基本可以与世界通信巨头同步。他参与研制的“HCD868（2）P/TSD来电显示电话”项目，荣获1999年度广东省电子工业科学技术进步三等奖，惠州市科技进步二等奖。

万明坚运用科技创造了奇迹。TCL移动通信公司1999年成立至今3年多时间，去年的产销量已达到30亿元人民币，企业的产值、销量、利润连续两年成10倍速度增长。TCL手机在国内迅速扎根并成为国产手机的领头企业。

2000年他主持开发的TCL999D折叠式中文双频GSM移动电话被评为TCL集团2001年度技术创新奖一等奖。

在2002年4月的“中国杰出青年科技创新奖”获得者中，万明坚排在首位。万明坚是“专家型管理者，管理型专家”，是新一届中国青年科技创新的杰出代表，是中国现代企业发展中最急需的开拓创新型复合人才。

第3篇

市场拓展

——从婷美内衣的市场策略调整看企业发展战略

一个企业的市场进入，就像是一次“登陆战”。

——最早的问题，是找到一个“登陆点”，即通过发现需求而获得市场，然后，抢占滩涂！

——立足初稳后，则需要拓展市场，进入纵深，转而考量市场发展战略。

实际上，对企业管理者的真正考验，是给他一个市场立足点，看他如何拓展市场。

在拓展市场阶段，管理者可以选择“密集型、一体化、多元化、合作型”战略，甚或“防守型战略”。

本章选择了“婷美内衣”这个典型的“通过发现需求获得市场”案例，分析了这个企业市场进入的成功要素，并对其拓展市场阶段战略的失当，提出了针对性意见。

本案例结合了管理学和市场营销学的核心知识，适合于营销战略、目标市场定位、品牌管理、渠道策略的实战运用。

核心知识要点

在市场进入阶段，当只考虑价格和促销时，管理者可以在以下四个战略中，择一而行。

快速撇脂战略：以高价格和高促销水平的方式推出新产品。采用这一战略的假设条件是，潜在市场的大部分人还没有意识到该产品；知道它的人渴望得到该产品并有能力照价付款；公司面临着潜在的竞争和想建立品牌偏好。

缓慢撇脂战略：以高价格和低促销水平的方式推出新产品。采用这一战略的假设条件是，市场规模有限；大多数人已知晓这种产品；购买者愿出高价；潜在竞争并不迫在眼前。

快速渗透战略：以低价格和高促销水平的方式推出新产品。采用这一战略的假设条件是，市场庞大，但市场对该产品并不知晓；多数购买者对价格敏感；潜在竞争很强烈；随着生产规模的扩大和制造经验的积累，公司的单位制造成本会下降。

缓慢渗透战略：以低价格和低促销水平的方式推出新产品。采用这一战略的假设条件是，市场庞大，该产品知名度较高；市场对价格相当敏感，有一些潜在的竞争。

企业的发展战略，可以分为：

密集型战略：在公司现有的业务领域里寻找未来的发展机会。

一体化战略：建立或收买与目前公司业务有关的业务。

多元化战略：增加与公司目前业务无关的富有吸引力的业务。

合作型战略：企业和其他企业合作，共同承担风险。

防守型战略：是指企业外部存在重大威胁，或企业内部出现难以克服的劣势时，采取的收缩战线的战略。

案例正文

婷美集团

1999年10月8日，北京婷美保健科技有限公司成立。在公司正式成立后的3个月内，婷美成功推出研制半年的整形内衣，迅速形成全国营销网络，在第一年就取得了3个亿的销售收入，从而打破了国内女性内衣市场多年由外资品牌控制的均衡，并成功开拓了中国的整形内衣市场。

公司董事长周枫，1953年5月出生，在黑龙江生产建设兵团经过10年历练，返京后就职于北京东安集团，1990~1992年，周枫曾任北京贵友大厦有限公司经理。1992~1996年，周枫出任北京华麟汽车用品有限公司董事、总经理，靠6万元起家，曾将美国“汽车保护神”做成全国第一，还创意并资助了闻名全国的“全国人民学习济南交警”活动。1996年2月，周枫成为北京华麟企业集团董事、执行总裁，主管国内外11个公司的营销管理工作；同时，再次凭借自己的运作能力把“美福乐减肥食品”做成全国第一。

1999年10月，周枫创办婷美保健科技有限公司，把“婷美保健内衣”这个曾被华麟董事会枪毙的产品，做成女性内衣行业全国产销量第一。

从“汽车保护神”、“美福乐减肥食品”到“婷美保健内衣”，周枫把自己取得的巨大成功归结为“项目选得好”。周枫选择项目有“五不做”原则：一是不能长线发展的项目不做；二是没有社会效益的不做；三是不能成为第一的不做；四是不能推动科技进步的不做；五是靠权力、买批文的不做。

婷美集团现有7个下属公司，主要涉足3个领域。集团目前的支柱产业是服装，重点发展“婷美”和“中科精纺”两个品牌；集团还准备在保健品，甚至保健器械行业进一步延伸婷美品牌；第二个产业是化妆品，包括功能性化妆品和普通化妆品；第三个产业是消防，在得到了消防领域世界领先的高新技术后，集团已推出第一代产品，前景看好。下一步，集团还要发展汽车添加剂业务。

集团公司总裁周枫认为，婷美集团的核心竞争力是商业运作能力，即很强的企划包装能力和销售能力。尽管集团还在摸索整体战略，但按照周枫的规划，集团公司要在产品线上囊括衣食住行，每一行做一类产品。

发现市场机会

“婷美保健内衣”的起源是“英姿带”。在1995年，“英姿带”曾通过不俗的市场运作，开创了一个人体矫姿的市场，并迅速在全国走俏。但在1997年，“英姿带”的原经销商对产品稍加改动，推出“背背佳”，更准确地定位于中学生市场，并很快打败了想通吃老、中、青、少年全部市场的英姿带。1999年，双方还曾打了一场全国闻名的官司，最终以“英姿带”败诉告终。

1999年2月，“英姿带”的技术发明人李博元找到周枫，希望借助周枫的市场运作能力使他的专利技术再次焕发青春。周枫认为，在当时的市场环境下，英姿带这类产品已经步入产品生命周期的衰退期，但他又觉得这种技术也许会存在潜在需求，就出资组织了市场调查。调查表明：普通成人市场对矫姿的需求并不强烈，因为成人的身体已经成型，很难改变。但是，如果能进行技术再开发，并满足女性最关注的丰胸、减肥等欲望，也许会带来巨大的收益。

因此，周枫与李博元合作，选定以女士内衣为载体，适当加进保健概念，共同开发新产品。选择内衣的另一些原因是：内衣所用原材料很少，成本很低，可1999年时的平均价格能够达到200、300元甚至更高，这么高的利润率是在其他传统行业很难达到的；而且，中国内衣市场刚刚起步，尽管市场空间巨大，商家的品牌意识却还不够强，强势品牌并不多，市场份额十分分散，虽然消费者对内衣的认识还不够，但对内衣的消费意识已逐渐增强；再有，女士内衣行业领军的都是国外或港台品牌，例如黛安芬、安莉芳、欧迪芬、华歌尔……这些品牌8年来一直基本垄断着高端的中国内衣市场。周枫认为，与国外品牌竞争能迅速提升经营管理水平，如果能超越这样的对手，会更有民族自豪感。

按照周枫的理念，做一个新产品，在找准卖点后不能马上销售，这样往往会丧失商机；应该深入开发，周详策划，必须大投入、上档次、做长线，力争创造一个新兴大市场。

具体到婷美内衣，在周枫和他的团队看来，实际上不是在普通内衣市场上抢份额，而是开辟一个新市场。在他们的概念中，整形内衣的市场跟减肥、健身、美体，甚至美容都存在市场上的交汇；根据国外的趋势和国内市场的发展状况，与美体相关的美容、器械产业，1年的市场规模大概有30个亿左右，减肥品的市场大约是40、50亿元。据此，婷美认为在总的美体市场里，只要占到3%的份额，就有3个亿的市场规模和5000万元的利润。当时,国内外所有内衣品牌的产销量都达不到这个规模，利润率较高的国外品牌每年也只有千万元左右的利润；再加上各厂家库存量很大，决定了他们的反应能力普遍比较差。另外，在渠道上，这些企业都是在大商场的内衣柜台进行终端促销，而婷美准备以保健品名义在保健品柜台销售。从产品运作模式、销售渠道、新闻炒作能力等各方面分析，婷美认为自己具备很快超越竞争对手的综合优势，所以决定生产这个产品。

中国女性内衣行业

2001年，中国内衣业总产值约为500亿元，并且预计在未来的10年内仍将以20%的速度增长（图3-1），其中，传统的秋衣秋裤、保暖内衣的产值约120亿元，占总市场的24%。

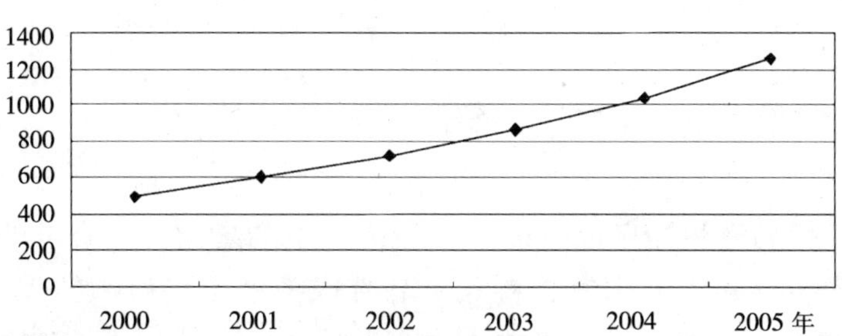

图3-1　中国内衣业市场销售额预测（2000~2005年，单位：亿元）

在内衣行业中，属于品牌女内衣的市场是40~50亿元，只占总市场的10%，而全国性的高档文胸品牌则仅达到了23~25亿元销售额，截至2001年底，女性内衣市场各品牌的占有率情况如图3–2。

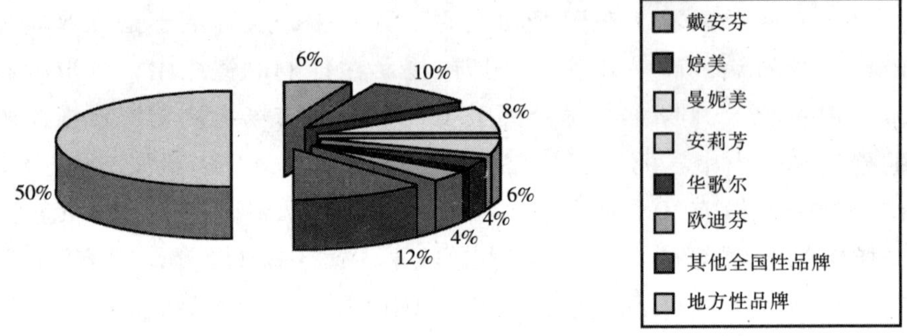

图3–2　我国女性内衣市场中的主要品牌市场占有状况（2001年）

根据国家统计局的资料，我国生产内衣的企业共有3000多家,大都为中低档厂家，其中已初具规模的达400多家。各大品牌在各大市场纷纷建立专柜与专营店，抢占内衣市场的份额。国内内衣厂家主要是由纺织厂过渡形成，大都生产中低档产品。在面料、款式、设计、功能等方面以满足基本需求为主，与国外品牌差距很大。实际上，内衣是一种能给女性带来美好精神享受的时尚品，它与人体的接触最为亲密。因此对面料、人体工程学研究、科技含量等方面的要求非常高，而我国至今却缺乏这方面的专业研究。如在我国现有的服装学院中，没有一个设有内衣系，专业的设计师也很少。

随着中国市场上升空间的不断增大，已经渐渐形成了中国女性内衣的三个主要阵营。

洋品牌与港台地区品牌

洋品牌与港台地区品牌的阵容包括日本的黛安芬、香港的安莉芳、台湾的欧迪芬和华歌尔等，特点是品牌成熟，市场份额较大，主要占领高端市场，享有较高的品牌知名度与美誉度，并在一定的范围内，拥有一批较为忠诚的消费者，尤其以黛安芬为代表。

黛安芬，作为一个具有近百年历史的专业品牌，于20世纪90年代中期进入中国。该品牌凭其专业专注的品牌运作，以先入为主的品牌策略，迅速在中国市场上树立起了良好的品牌形象，成为追逐潮流的新宠。黛安芬用了近10年的时间，渐渐稳住了自己在高端市场的地位。

作为中国市场内衣领导品牌，黛安芬在中国大中城市百货公司的销量占据了30%以上的市场份额，年销售额稳居3亿元以上。黛安芬非常重视终端建设，其终端卖场要比其他品牌更大、更明亮、更吸引、更有档次。据统计，仅2001年黛安芬在长江以南地区就新增内衣专柜300余个。在内衣行业，这已是一个了不起的数字。

国内初具规模的品牌

国内初具规模的品牌，成长迅速，占据了一部分中高端市场，品牌的知名度较高，但不稳定，相对于洋品牌与港台地区品牌来讲，忠诚的消费者并不多，而主要靠卖场与价格拉动，主要以曼妮芬、爱慕、古今等品牌为代表。

曼妮芬近来上升势头很快（曼妮芬以前是黛安芬的OEM厂家，后转而注册并运作自有品牌），其品牌形象与黛安芬的稳重成熟不同，而是走活力与奔放的路线。通过运用自己的差异化优势，在中高端市场表现不俗，大有在商场与黛安芬分庭抗礼之势，年销售额已达到4亿元，成为国内品牌新贵。

与曼妮芬走个性化路线不同的是，北方内衣品牌“爱慕”则打出文化牌，在保证产品质量的同时，采取主题秀的形式，为品牌注入文化。比如其以敦煌文化作为卖点，就是把中国文化融入到内衣的设计当中的例证。在2002年8月北京举行的国际内衣展上，爱慕的内衣秀《爱慕？敦煌》就轰动京城。同月，在广州市场，北京爱慕内衣有限公司又把这台秀原封不动地带到了广州。从某种程度上说，具有中国特色的神秘文化，可能比洋文化更具吸引力。当然，爱慕此举还在一定程度上显示了内衣市场中营销手法并不先进的现状。

中小品牌

中小品牌的特点是数量众多，处于较低的竞争层面，款式的跟进与模仿痕迹很重，但依靠产品价格作为手段，在中低端市场占据了相当的份额。

中小品牌的势力范围主要集中在超市、量贩等人流量大的终端，其参与竞争的主要武器是“便宜的价格+品牌货”。这类品牌货价格多在几十元到上百元不等，以抢夺那些既重视品牌、又要求价格较低的消费者：如贝利安，贝思丽（几十元至一百元左右）；梦思妮（10~50元）；美梦（AMO）（135元以下）等。

这些品牌虽然未能参与中高档品牌的竞争，但该层次的竞争亦表现得十分激烈，由于品牌众多，进入门槛较低，所以战火纷飞。

以上三股势力，虽然都在各自的领域占领一部分市场，但无论从品牌数量，还是竞争层次与手段，以及强势品牌的市场份额来看，整个内衣行业还处于竞争层次落后的局面，大部分的竞争集中于产品层面，靠品牌拉动的品牌很少。虽然有几百亿的市场空间，但大部分都被杂牌军瓜分。形成强势的品牌并不多，品牌个性化不够，生产规模小，市场高度分散，而且地域性很强，品牌识别的“同质化”现象也非常严重。

整形内衣

整形内衣，又称调整型内衣、塑身内衣或健康矫形内衣，它是根据“流动性脂肪移动原理”，通过物理手段，加压在腰部、背部等不留脂肪随意生长的空间，而在胸部、臀部等应该丰满的部位减压让其分布合理，从而使消费者穿着上身后实现胸部挺拔、臀部提升、腹部平坦的效果。

在中国普通的女性内衣市场，整形内衣是一个一直不为厂家关注的小的细分市场。包括戴安芬、华歌尔、安莉芳在内的在国内经营的女性内衣品牌的产品线中，通常只有3%左右是属于整形内衣的。在发达国家，整形内衣市场占女性内衣市场的份额介于5%~10%之间。

在2000年以前，整形内衣的价格维持在3000~7000元不等。例如总部设在深圳的日本欧瑞，只以演员等高端人群作为目标消费者；而刚进军重庆的日佩尔内衣，最便宜的一套则也要5000元。

从产品特点上看，整形内衣不像普通文胸只以胸围数和A、B、C、D、E等罩杯区分，它的尺码更为细化，分为60多个型号，基本上，不管女性高矮胖瘦，都能买到适合自己的一款。

通常，整形内衣裹在身上有种紧绷、压力大的感觉，不少女性都吃不了这份苦。随着新型的科技材料的应用，从2002年开始，整形内衣新添了超轻、超薄型，有的以纳米材料为主原料，有的加上三角光泽丝，有的经64格精密织造，在该加压的部位加压，该减压的部位减压，同时吸湿透气，紧贴而不紧绷，从而更适合在夏季穿着。

中国保健品行业概述①

中国保健品市场在1994~1995年达到鼎盛时期，1996~1997年则是整顿与停滞阶段（由于一段时间，保健品市场假冒伪劣产品严重泛滥，使火热的营养保健品霎时间跌落低谷，出现了市场疲软）。1996年，全国保健品产值跌至200亿元，1997年又滑至100亿元。从1998年开始，保健品行业进入修整期，产值稳定在100亿元左右，远远低于1994年400亿元的水平。据有关资料显示，截至1999年底，我国保健品企业已发展到3500家，产品达3000余种，产值达到400多亿元。2000年我国保健品市场销售额达到约500亿元人民币，生产企业、产品品种以及产值均已超过1994~1995年的鼎盛时期，产品质量不断提高，新兴产品不断涌现，促进了销售的不断增长，有的品类引人注目，销售情况也比较好。如年轻态、补钙类等；再如服务于消费群体的产品，比如女性的“减肥养颜热”产品，中年男性的“壮阳热”产品，学生的“卵磷脂补脑热”产品，农村的“补血热”产品等都呈异军突起之势。

①数据来源于IMI历年消费形态研究。

有数据显示消费者购买营养保健品时，最关注的是产品保健功能；其次是产品品牌信誉；再次是产品性价比。从目前保健品市场总体情况看，名牌保健品的市场占有率在稳步上升。国内市场中不到20%的品种占据了50%的市场份额。这是保健品市场走向成熟的标志。

由于保健品的国家标准迟迟未能出台，市场监管力度不够，造成国内保健食品市场混乱：保健品生产低水平重复、科技含量低、产品质量不高。再加上虚假广告泛滥，使我国保健食品市场出现较严重的“信任危机”。

根据数据调查显示，到终端购买产品的顾客指定品牌的占70%，另外30%的人并没有明确的购买目的，这部分消费者主要靠产品包装、POP等终端宣传品的刺激和营业员导购实现购买；而指定品牌购买的消费者经过营业员的极力推荐，会有25%左右的人改变原意，从而购买推荐品牌。这是个相当高的比例，所以终端工作是基础工作中的重中之重。

进入市场

1999年10月开始，婷美采取了有效的营销战略，通过适当的营销组合，使产品成功上市，迅速形成全国营销网。

婷美的最初发展构想

初入市场的婷美，把自己定位于保健品行业。作为一个新兴行业，保健品行业非常注重营销策划，包括媒介组合投入、售前售后服务、卖场活动等。婷美的初期运作可以分为两大战略步骤、四个战役阶段。第一战略步骤的核心是：造势、布势、旺势、成势，从而迅速抢入市场，成功上市并站稳脚跟，迅速形成全国营销网。第二步战略确立“美体修形”为经营总目标，以争创行业第一为工作中心，确立婷美在市场上的优势地位。第三步战略是提高服务水平，进一步明确婷美品牌形象，认真实施“服务营销、品牌决胜”国际化运作之路。

周枫判断，内衣行业的现有厂家，即便是像黛安芬这样的领导品牌，由于每年的利润只有千万元左右，库存量又很大，因此它们的应变能力会很差。从营销模式上讲，内衣品牌都在大商场里的内衣柜台搞终端促销。周枫坚信，从产品的运作模式、新闻炒作和其他各个方面分析，婷美具备了很快超越它们的优势。

产品策略

将自己定位于保健品范畴的婷美，在最初通过种种手段为第一代内衣增添技术内涵。李博远博士进行初步研发，把英姿带做了一些改进，实现了挺胸、直腰、提臀。产品出来后，婷美找人进行了试穿，试穿以后，又请来专门的内衣设计师对产品进行改造和提升，才拿出来第一代产品。

第一代婷美从外观上看不是很漂亮，但是从功能上看，能够拉肩、挺胸、提臀、收腰，基本达到了原初设计的功能，并在第一代产品上附加了很多像医疗保健的东西，包括像磁片、生态素、远红外等。

另外，依据中国古代医学在透皮吸收技术方面的成果，通过使用国家九五攻关技术和国际上称为“第六大生命要素”的几丁质生态素技术，婷美内衣得到了专利的独家使用权，被国家质量技术监督局列入“121计划重点保护名优产品”。

1999年的7、8月份，产品出来后，婷美做了几场大规模的消费者访谈。很多消费者觉得这个概念还可以，只是产品外观逊色，无意选购。但婷美还是把产品免费发给消费者拿回去试穿。消费者开始的反映让婷美人非常沮丧。然而，两周后做第二次访谈时，大部分消费者都不带产品回来，而且要求：“报酬我不要了，把产品给我就可以了。”婷美人认识到，这个产品本身很不错，只要消费者穿了，就会有后续的购买，因为存在需求。

为了迅速实现生产，婷美赶制了300套第一代产品，马上推向市场。

由于广告力度很大，市场反映日渐向好。而消费者却开始对产品的外观挑剔起来。婷美认为：由于产品后来转到内衣区销售，必须对产品的外观进行改进，让消费者看了感觉漂亮、时尚。于是，婷美在面料上进行了比较大的改动，设计上取消了拉肩的功能（拉肩的功能虽然有些消费者喜欢，但是会影响产品的美观，为了让产品看起来更像内衣，这个功能被取消了）。换了面料以后的第二代婷美内衣，获得了消费者比较高的评价。

在开发第二代产品过程中，婷美人发现内衣里面有很多精巧的设计，只有实现了这些设计，才能把产品档次进一步提高。寻着这个思路，婷美和国外的厂商合作，共同研发了第三代婷美内衣——典雅装。典雅装的推出得到了消费者的追捧，仅此一代婷美内衣就销售了几十万套。

2001年11月，婷美公司成为中国国内内衣行业首家（惟一一家）获得国际环保纺织协会（Oeko-Tex Standard 100）生态纺织品认证的企业。这一证书证明了婷美保健内衣产品在安全、健康、生态方面已达到了国际水准。

价格策略

随着广大女性对塑身的需求增加，日本、韩国、中国台湾的美体修形内衣纷纷上市，但一套内衣3、4千元的售价让人望而生畏。例如，日本的欧瑞、韩国日佩尔、中国香港的体会等整形内衣售价都至少在3000元以上。

婷美在上市前召开了十几场座谈会，做了一些问卷调查，很多女性认为如果保健内衣的价格不超过500元就会购买，因此婷美最初制定的价格为498元，这个售价大约仅为国外同类产品售价的1/10。

推广策略

推广初期，婷美在北京做了一些公益性的广告，还在《北京晚报》、《北京青年报》上每周发布两版广告，同时安排三部电话进行咨询。当时的投入很大，每个月大约100多万元人民币。婷美广告包括认知类、危机类、超越类、时尚类等等。刚上市时，广告主题是“新产品、新科技、新上市”。认知类广告使婷美引起了广泛关注，很多商场由原来不想给婷美货架，变成给婷美专柜设立区域。

1999年底，《北京青年报》对倪虹洁被谣传为变性人一事件进行了报道。新闻辟谣的炒作，一下子使“婷美女郎”成为热点话题。随后，婷美广告在北京一发布，很快形成了非常大的市场关注。大约2个星期，北京的市场就形成了很好的销售势头。

这时，婷美把广告调整深化，推出了“危机类”广告——“女人25岁以后体形要发生变化”。“危机类”广告一打，销售额增长了两倍。

紧接着，婷美又推出了“超越类”广告——“婷美产品是对传统女士内衣的超越”，广告的效果是销售额增长了近五倍。

形象代言人

婷美1999年进入市场，选择形象代表时，曾经考虑过赵薇、林心如、蒋雯丽、李湘这4个人，但最后选择了“朵而”女孩倪虹洁。因为她的亲和力很强。婷美的销售总监戴赛英透露，选择倪虹洁还有一层原因，就是因为当时有谣传说她是中国第一个变性人。“朵而”广告打了3年却只露出她的迷人笑脸，大家渴望看到她的身材，以便辨真伪。所以婷美的广告词是“婷美给了我展现身材的自信”，借此把“朵而”广告对倪虹洁3年铺垫的注意力借用了过来。

渠道策略

开始时婷美的定位是有矛盾的，有人认为婷美应以保健品推出，有人认为婷美应该以内衣中的一类推出。两个不同的定位，意味着两个不同的销售渠道。一方面，刚开始时商场很多内衣区不让婷美进入；另一方面由于对产品定位的认识不统一。所以婷美最早在8个商场的保健品药品柜台销售，但销售并不理想。原因有两个，一是大部分商场的药品保健品柜台都很偏僻，而且位置很小，没有地方去展示产品；二是消费者去买内衣，肯定去熟悉的渠道，一般都会去内衣区买内衣。在经历了初期的销售挫折后，婷美考虑自己的定位应该是一个时尚的内衣，而不是保健品；加上此时的婷美已经有了一定的知名度，销售业绩也越来越好，于是就转到内衣区开始进行销售。

在服装行业，经销商一般只负责在当地往商场铺货，赚取中间的价差，最多再负责一些管理消费终端的工作，而广告宣传等一般都由生产厂商进行运作。婷美的迅速、成功地入市，在很大程度上得益于独特的包销体制：包销制是特许加盟与经销模式的结合体。包销商购买包销授权书得到在当地市场销售的资格，并预交一些抵押金；婷美则提供终端级的广告支持和产品支持，包括企划方案等。各地的包销商划域为界，各管一片。他们出资购买婷美产品，并负责当地的宣传、销售与服务，基本上完全自己运作市场；包销商需要投入广告和开展促销活动，但能够自主决定市场终端做到什么规模。

包销体制

普通的分销商一般会代理很多品牌，而包销商往往只代理一两种品牌。包销任一品牌都需要投入很大的精力和各种资源，并且由于负担的责任很大，包销商比分销商的风险要大很多。但是相应的，包销商得到的供货价格比分销商低很多，收益也要大很多。

与普通的分销商不同，包销商与经销商相似，一次付给厂家全部的货款，取得产品的所有权。不论产品卖得好与不好，所包销产品的全部风险都由包销商承担，也就是包销商不能向厂家退换任何货物。

对于厂家而言，这种体制可以最大限度降低产品的库存风险，并获得资金快速周转的巨大好处。当然，厂家在卖货后，由于已经失去了货物的所有权，因此如果包销商的货物销售不好，厂家无法获得相关的信息。另外，由于交易后货物的所有权已经属于包销商，尽管厂家可以通过合同对包销商的责任进行规定，但包销商通常会出于成本的考虑而对厂家在售后服务方面的要求置之不理。

迅速成功

婷美上市的时候，提出“美体修形，一穿就变”的理念：“消费者一穿就感觉到胸挺起来，腰收下去，臀提起来。”广告打出以后，极大地刺激了消费者的咨询欲望和购买欲望，上市12天，婷美在北京的销售很成功，一天达到了500套到1000套的销量，按零售价498元计算，就是约50万元。由于在北京市场的成功起动，全国各地的包销商纷纷要求加盟，不仅一下就铺向全国，而且仅出售包销授权书就收回了400多万元的资金。到了产品推出的第26天，除了西藏等几个市场以外的市场，婷美产品被包销一空。

2000年，也就是上市后的第一年，婷美实现了近3个亿的年销售目标。

遭遇困惑

按照婷美公司的估算，中国有1.3亿名城市女性，按每人平均每年购买5件新内衣计算（女性最贴身的内衣平均只有90次的穿着寿命，因为经过穿着、清洗，罩杯和钢丝都会渐渐走样，无法再提供最初的完美修饰功能；也就是说，每天穿的话，大概3个月就一定要更换），内衣市场的规模应该是大约每年6.5亿件，只要其中有5%的购买婷美产品，1年就有3000万套的销量，近百亿元的销售收入。（在总市场中还有3%~5%的消费者从低档产品向中高档转移，能够增加将近12亿元的市场规模。）

从图3-3中可以看到，婷美的销售额在1999年10月上市后，只用了一年时间，就达到了2.9亿元，这个数字几乎与女性内衣行业的领头羊黛安芬当年的销量相当。

2001年“三八”妇女节，婷美的“国际时尚类”广告出台，配合第三代新产品上市，这个期间婷美每平方米的销售额是内衣柜组一百多平方米销售总额的9~15倍。

此时的婷美，按月销售额计算，已经超过原来的霸主黛安芬60%，成为国内女性内衣行业的领头羊。然而，2001年第二季度，婷美的销

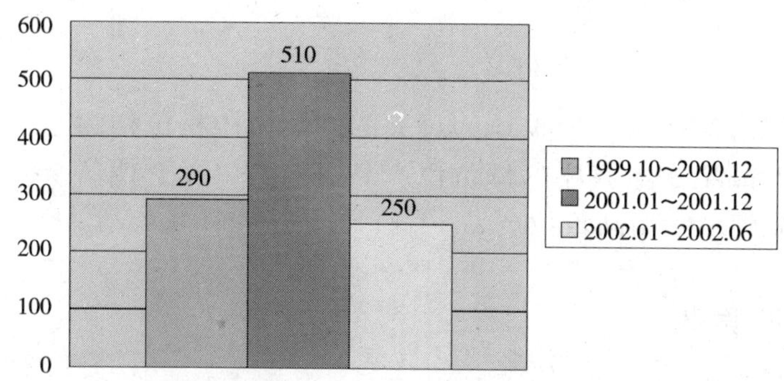

图3-3　婷美公司销售额（1999年10月~2002年6月，单位：百万元）

量逐月猛增的势头开始放缓。

从绝对值上讲，婷美当时销售额仍然相当可观。但销售增幅的放缓与婷美估算的市场空间的巨大反差让婷美和周枫非常不安，到底是什么原因？

婷美对市场进行调查后发现，有20%的城市女性买过婷美产品，但有的买了不穿，因为怕勒或嫌麻烦；有的买了穿了却不说好；而还未购买的80%的城市女性，一部分是因为购买力不足，有追慕之心却因价格问题止步不前；另一部分是怀疑功效而有所顾虑。还有很多年轻消费者觉得身材还没到要改变的时候，因而没有购买欲望。

这些问题反应到数据上就是99%的知名度、76%的认同度与4‰的购买率的强烈反差。

婷美集团企划总监戴赛鹰认为，当时的婷美产品的企划方向应该是提高可信度和美誉度。许多消费者对婷美有好感，但认为婷美是束身衣，跟个人消费无关。消费者关心的是产品为她们带来了什么实际利益。但事实上产品的功能让消费者感到"虚"，消费者难以相信并进行购买。所以，婷美必须取得消费者的认同。成功进入市场之后，婷美没有以顾客为中心，认真研究消费者需求，及时调整，而是盯住了短期的高额利润，因而使强化设计生产、扩大产品线、进行大众化产品研发以满足消费者日常的系列化需求晚了一年，贻误了时机，放弃了80%消费者日常需要的大市场，并且使竞争对手得以喘息。

婷美的思考

产品

通过总结经验，婷美认为过去的产品以中档价格为主，既缺乏能够作为产品金字塔底座的低价位产品支撑，又没有位居金字塔尖，能够提升品牌形象的高价位产品。

形象代言人

运作了近2年时间，婷美广告对消费者的刺激已远远不像当初那么强烈，婷美的领导层把这种现象归结为形象代言人的问题。婷美认为倪虹洁做形象代言人的问题是她不具备明星气质，时尚感和震撼力不足。

战略调整

产品调整

婷美认为，在整形内衣市场，国外的整形内衣在中国市场上至少要卖几千元一套，通过移位对比法，应该能一定程度上消除部分消费者在产品价格方面的障碍；其次，通过为工薪阶层准备低价位的知心装，来启动产品金字塔的底座，让一直观望的大量消费者有能力购买婷美产品。此举还可以设置让竞争对手无利可图的低价位，提高进入壁垒；最后，通过推出高价位的贵人装，构造产品金字塔的塔尖；同时，婷美还在自己的销售网络兼营日本名牌爱丽尔。

通过覆盖从298~5 000多元的全面产品系列，婷美试图抓住几乎所有不同层次的消费者。

形象代言人调整

在品牌形象代言人方面，婷美决定邀请张柏芝和中野良子作为新的形象代言人加盟婷美。选择新代言人并不意味着放弃倪虹洁。婷美希望采取立体代言战略，以三大东方美人组合渗透市场。

在消费者层面上，以张柏芝带动年轻白领，让婷美品牌年轻化，吸引年轻目标消费群，树立在身材好时就要穿婷美保养身材的时尚。选择中野良子（曾经扮演《追捕》中的真由美）主要考虑新闻效应，她的出山会引起目标消费者——30~55岁中年女性的关注和情感联想。中野良子由于长期穿着整形内衣，到50多岁依然保持好身材。让她作为代言人，可以强化中年女性穿着婷美保养身材的理念，让婷美成为生活必需品。继续使用倪虹洁代表婷美不是高高在上的品牌，而是一个为大众服务的品牌，每个女人都可从中受益。

在功能层面上，通过倪虹洁把婷美"一穿就变"的功能展现出来，用效果来感召；通过中野良子象征"永生不变"来塑造；通过张柏芝代表"真正改变"来超越，最终的目标是把婷美这个品牌变成身材美的代名词，变成女人一生的好朋友。（婷美形象代言人在2001年"全国十大最佳广告形象代言人"中分列第一名和第六名，是惟一的一个品牌两个代言人同时榜上有名的企业）

品牌形象调整

为了全面调整品牌形象，婷美重新设计了标志、说明书、包装盒、海报、灯箱片、专柜形象，拍摄了美艳绝伦的新广告。在拍摄新广告、设计新平面时重点考虑的是视觉冲击力，用形象感召消费者，刺激其购买欲。婷美新品牌广告是"东方神韵、国际美人"，目的是让消费者认识到婷美与以前相比已经脱胎换骨，在产品质量、款型、设计、面料工艺等方面都不可同日而语。在新品牌运作中重点强调国际名牌企业与婷美的结盟关系，重点提出婷美的国际化战略。

国际化形象向消费者表明新婷美的产品品质也是国际化的。新婷美的一针一线都在全球采购，确保做出符合国际品质的高档产品。国内消费者可以低于国际市场1000多元的价格买到全新品质的国际化产品。

借此，婷美希望通过对产品、广告和形象代言人等各个层面的更新对品牌进行再定位以造成新一轮的销售热潮。

战略调整的结果

2001年下半年，婷美在战略调整后，并没有得到市场的迅速回应，也没有获得经营业绩的大幅度提升。从婷美高层得到的数据是：在采取了上述调整后，婷美2001年下半年的销售额还不如上半年。婷美高层将这一问题归结为两点：首先是市场培育度不够，消费者心目中的观念尚未形成有效突破；其次是产品本身的原因，即未能提供真正满足消费者需要的多品类、多价格层次的产品。

然而，真正的问题是什么？这些，就是问题的全部吗？

课堂讨论

主 持 人：**何志毅** 北京大学管理案例研究中心 主任

参与学员：

报告组1：**邓岷山 陈朝晖 李强 鲜艳**

挑战组1：**邱昌衡 李焱 曾涛 刘云燕**

报告组2：**肖锋 石春健 郑洲 涂鹏 马子业**

挑战组2：**范睿 杨代龙 赵兰坤 王文玲 罗艳**

（本课堂所有参与的学员都是北大光华管理学院MBA学生）

何志毅： 今天我们要讨论的是婷美内衣的案例。我们的同学都已经事先预习了案例并进行了小组讨论。为了使大家观点集中，我们特设了两个报告组、两个挑战组。报告组先进行讲演，然后挑战组对它的观点进行提问和挑战。

下面我们放一段有关婷美公司的录像（参见案例正文）。

第一组讨论

报告组： 婷美内衣成立于1991年10月份，在成立之后的三个月就推出整形内衣，第一年它的销售收入实现了2.9亿的销售额，应该说取得了很大的成功。公司董事长周枫具有很强的商业和市场运作能力、企划包装能力和销售能力，把从美国的“汽车保护神”、“美福乐减肥食品”到现在的“婷美保健内衣”都实现了三个全国第一。

婷美内衣起源于“英姿带”，经过改造之后，增加了女性最为关注的丰胸、减肥、束身等等进入女性内衣市场。在1999年推出以后，在2000年品牌的运营上，整个品牌内衣市场规模大概是40到50个亿，它只占总内衣市场的10%，而且全国高档品牌内衣市场，只达到25个亿。它的主要的竞争对手是洋品牌和国内的知名品牌，还有一些地方品牌。洋品牌具有很高的美誉度和知名度，包括日本黛安芬等几个品牌，拥有一些中层的消费者；国内初具规模的品牌，主要是靠打价格，而不是靠品牌来进行销售。中小品牌牌子很多，但是主要是以价格为竞争手段，占取市场份额，婷美的市场份额大概占10%。2001年和2002年取得了比较大的成绩。

再来看看婷美内衣本身具有整形和保健的特征，因为女性消费者都希望胸部挺拔、臀部提升、腹部平坦这几个效果。在整个国际国内的大环境中，女性比较关注这个市场，婷美实际上是国内第一家针对这个市场推出产品，在国内开发了一个很新的内衣市场。它跟国外品牌相比，具有价格优势，而且能够吸引很大一批女性消费者的购买欲望，同时它增加了一些保健功能，加上了一些概念性的东西，比如医疗保健、生态素、远红外等等，提高它的宣传点、卖点。它的初级定位是保健品市场，但是并没有取得很好的成功，逐步转向内衣市场以后，通过造势，迅速抢入市场，到“美体修形”，再到树立平面品牌形象，走上一个“服务营销、品牌决胜”的国际化运作之路。

它的产品策略是通过增加技术内涵，提高医疗保健功能，改进面料及外观设计等策略来提高产品的吸引力。尤其是注重炒概念。价格策略相对国内主要是一个中高端的品牌，498元一套，而国外的高端产品至少在3000元以上。市场推广策略，通过它的产品宣传，一系列广告，包括认知类、危机类、超越类、时尚类，取得了很大的成功。在代言人的选择上，选择了倪虹洁，借势“朵尔”广告三年来的铺垫。渠道策略采用包销制，经销商在包销上有很多的授权费，没有什么资金压力。

但是从2001年，市场规模和婷美自己的知识和预测，有很大的差距，到2001年第二季度，销售量增幅一下子降低了，所以让它感到非常困惑。经过市场调查发现，它具有99%的知名度、76%的美誉度与4‰的购买率的强烈反差。形成反差的原因，经过反思总结出这么几条：主要原因就是没有取得消费者的足够的认同，在成功进入市场之后，婷美没有以顾客为中心，认真研究消费者需求，及时进行战略调整，而是盯住了短期的高额利润，以致使强化设计生产、进行大众化产品研发以满足消费者日常需求延迟，放弃了80%消费者日常需要的大市场。

在产品调整方面，婷美新推出知心装、贵人装，通过覆盖全面产品系列，试图抓住不同层次的消费者。

形象代言人也做了调整：增加了张柏芝和中野良子，期望实现“真正改变”、“永生不变”以及倪虹洁“一穿就变”的婷美广告效果。产品调整之后，市场并没有太大的提升，基于业绩得到了很大的提高，它一年的销售额是2.2 亿，2001 年上半年也是2.5亿，对比一下，实际上2002年并没有太大提高。

就婷美案例的思考，婷美早期主要是抓住广大女性“美体修形”这么一个国际时尚的愿望，最初的快速渗透战略成功应用，比较强大促销力度和较低价格的组合进入市场，取得了成功。

在产品差异化方面，推出知心装、贵人装之后，没有取得成功，产品差异化，因为它具有保健，具有束身这个功能，婷美消费者对这方面的要求都是不一样的，他们实际上做产品的时候更加细化，在定价策略上，婷美最初的定价，定在498元，拉大了与国外品牌的差距，使它尽快赢得市场份额，但这个价格也值得商榷，实际上这个价差，我理解如果定的与国外品牌差距稍小，即价格稍高一些，可使整个品牌形象提升，具有一定的美誉度。在渠道上，包销可以解决资金压力，当地市场的管理可以交给包销商去做，但是它有很多弊端：比如包装很差，售后服务包装商可以不管，也得不到信息反馈。

在以上讨论的基础上，我们提出一个建议，应该说目前这个阶段，最主要是固化目前的客户群，来满足顾客不同的需要，应该适当地增加普通女性内衣这块市场，当然这一块我们建议应该是定位在比较中高档，这样可以跟婷美品牌互相适应，相互促进，提高管理品牌。我们的建议是走出国门，走进亚洲市场，整个亚洲市场体形应该差不多，而且他们让张柏芝做产品代言人，张柏芝在整个亚洲都有影响力，还有中野良子。还应该是加强品牌管理，就是婷美这个品牌，可以通过一些方式提高知名度，这样可以提高市场的份额，比如说关注每年的模特大赛，提供一些赞助，或者是一些优惠方式来提高它的品牌效应。而且因为女性对大商场比较放心，愿意逛商场，那么在一些高档的大卖场里面、大商场里面，应该适当做出更好的，更精美的广告宣传，就是平面广告。另外，很多女性还喜欢看电视剧，我们还建议他们在电视剧里面，特别是言情剧里面做一些比较大的广告，因为我们现在看很多的广告，上面都写什么剧场，我们可以建议他们在有品位、收视率比较高栏目的写上婷美剧场。这一块我觉得应该对他们的产品是很有好处的。

在营销渠道的管理上，它在初期的包装渠道取得了很大的成功。即使在现在的渠道上，国际商也应该提出管理，比如说售后服务。建议它采用海尔的模式，把售后服务外包，这样跟经销商没有太大的关系，让外包的这些单位去做他的售后服务，这一块应该加强控制力度，通过运作这一块应该是比较好的。

还有，产品市场里面周枫是个市场运作高手，我们觉得尽管周枫曾经做过像“汽车保护神”这样的领域，而真正要市场运作这些产品的话，还需要很多下面的操作人员去做。我们建议，资金比较雄厚以后以资本运作的方式去做，而不要自己公司亲自做这个产品怎么样走向市场化。

何志毅： 下面的时间是挑战组和报告提问与回答的时间。

挑战组： 先提一个问题，你们有一个困惑和思考，提到它现在形成反差的原因是因为婷美没有取得消费者的足够认同，从目前市场调研来看，它的认同率已经达到76%，认同率比较高，你们怎么解释足够认同？

报告组： 我们认为认同主要是在行动上，我知道这个产品并不能表示我认同产品的质量，或者它的服务者具备足够影响我去买它的产品的魅力。

挑战组： 这是你们的认同，实际上跟市场公司做出来的定义是不一致的。

报告组： 应该是的。

挑战组： 你们报告后面的建议和最后分析，提到他们应该继续加大广告的力度，包括婷美剧场等等。我们觉得市场知名度已经达到99%的情况下，再通过这样简单的广告攻势，是不是对于提高它的知名度，或者是对于提高它的认同度有所帮助，这一点我们有点怀疑。

报告组： 因为婷美剧场传播婷美整体的品牌，而这一块广告费用我想不会太高。但是我们觉得最主要的应该是在目标市场上、大卖场上面、高档大卖场上做平面广告，很多顾客看到图画非常精美、非常诱惑，激发他们的购买欲望。

挑战组： 刚才你提到目标市场，那你们觉得婷美内衣现在的真正目标市场在哪？

报告组： 我觉得婷美内衣是一种保健内衣，它的核心应该是在保健那一块，保健品这个行业在中国市场的产品生命周期相对要短，因为保健往往作为一种“热”的形式出现。其实婷美更成功的地方，我们在案例里提到，就是它更强调商业模式，它在内衣这个领域里面引用保健这种创新的概念，或者是定位的细分市场获得成功。所以我们的建议里面，也有让它可以从保健这个环节、创新的环节去扩大这个市场，或者在保健这个行业里面，通过你的一些差异性的东西，体现你的专业优势。对产品本身，如果被消费者认可的程度更高一些，本身它想做大的话，随着产品生命周期的规律可能做大，或者是在它的客户里面做大，但已经不是特别大了。

市场定位目标市场就是进入这个市场开始，它首先是从保健品，然后向内衣产品转型，这个转变的过程中，其实相当于开发了一个新的市场，也就是在保健品市场和内衣市场中，找到了一个属于它自己的一个新的市场。为什么这样讲呢？就是因为当时国外的知名品牌的整形内衣价格很高，都是在5000元以上，这样对一般的消费者来说很难购买，它的产品价格定位在498元，对于普通消费者来说也有可能有经济能力购买。所以我觉得它的目标市场最初的定位就是在消费层次中等左右的客户。

挑战组：刚才提到核心竞争力，婷美最初的核心竞争力让它成为市场领先者，实现了商业运作，现在它遇到了很多的困惑，它的市场不再稳步提高了，说明它的战略需要调整，你们认为在现在的情况下，它的核心竞争力应该怎么定位，战略应该怎么调整？

报告组：如果要调整的话，首先就是要通过投入在市场保持已经形成的和其他的企业或者是和其他的一些同行业的差异化。做为婷美的品牌它等于一个"美体修形"的概念，它还可以做除内衣以外婷美的其他产品。如果既定市场的范围不能扩大，可以通过统一功能的产品的范围来扩大，这可能是我认为的一种方式。而且周枫所做的产品的短期性都非常明显，他做的成功产品都是在一段时间内，周期性比较明显，而并不是把一个产品长期保持优势，所以我觉得婷美现在应该换产品，而不是应该在这个行业里面拓展。

另外，婷美的核心资源、核心竞争力应该还是品牌管理和销售渠道，它应该主要提高设计能力，因为现在新材料、新科技的应用对以前的内衣会有很大的改善，再从外观、颜色、色彩等方面加强以后，它的整个市场容量应该会扩大，目前它还是领导者，领导者的策略应该是把整个市场份额扩大，在整个份额做大后，它占有的市场份额比例还是那么大，但销售量会大大增加。

挑战组： 在销售额与管理层预期形成反差的原因探讨中，你们提到强化设计生产，进行大宗产品研发以满足消费者市场需求的提高，你们这种考虑是不是与你们最后建议中，增加不同的内衣的设计相关呢？

报告组： 内衣的设计主要是产品的扩大，它的目标定位还是在整形内衣或者保健内衣这个角度上，固有的定位不变，如果使原有的内衣的保健功能和修形功能提升的话，这个功能不会丧失，在这个基础上增加多样化。

挑战组： 也就是增加普通内衣，实际上是一种辅助的手段，而不是核心的手段？

报告组： 对。增加普通内衣，应该是相关产品化，因为它的品牌知名度，在国内市场应可以延伸到内衣市场那一块。而且从形象代言人的选择人，也可以体现出它的目标客户，不同年龄层所代表的需求是不一样的，我们根据它的代言人来确定。

挑战组： 我们认为张柏芝主要是青年或者是青少年比较注意，那么青少年是不是就是一个目标群？

报告组： 张柏芝首先有明星效应，给人感觉比较时尚，她和朵尔以前广告代言人的风格是不一样的，她主要是白领阶层，年轻的人群。

挑战组： 但是这是整形内衣，需求就是需要整形，年纪相当轻的这批人有没有这个需求？

报告组： 年轻人只要爱美，有这个愿望，就有这个需求。

挑战组： 因为有成本的问题，所以要问有没有足够的产出。我们认为把整形内衣细分一下，青年这一部分可能还是市场份额不够大，那么就得不到足够的产出。

报告组： 在婷美产品里面，代言人倪虹洁的明星效益不够，所以请张柏芝和中野良子，但是他们两个是不同年龄层的人，而且她们的工作不一样，增加了两个形象代言人，增大广大消费者的需求。

挑战组： 用三个品牌代言人这种战略在目前的市场下能不能做得到？从我们案例当中，我们看到采用三个品牌代言人以后，市场反映和销售额反而是负面的反馈，你们怎么解释这样一个现象？

报告组： 它的市场份额的下降，并不能认为都是代言人的选择错误。

挑战组： 我并不是说代言人的选择错误，我觉得代言人的选择背后，它不是想换人，而是想全面地占领从年轻到中老年的市场，我是置疑它的战略。

报告组： 我也有疑问，如果婷美不采用这种扩大化，把代言人扩大化，或者是把需求扩大的广告策略，我想婷美该怎样做，才能保持它的市场份额？

挑战组： 根据我们调查的结果，在目前的情况下，它不具备这种实力，这就是我们中国很多企业走了第一步成功之后，不知如何走下去，为什么？

报告组： 就是说你认为它不具备通吃的实力？

挑战组： 我先问一个问题，为什么TCL宝石手机一开始能够成功？

报告组： 首先是目标市场细分，还有价格。

挑战组： 如果选择了一个很好的细分市场，如果成功是因为这个，想全线拓展应该不是放弃了细分市场，而是放弃了一个现有的市场。

报告组： 目标的细化可以从战略的调整来看，婷美后来推出了知心装和贵人装，知心装的价格只有298元，而贵人装的价格和知名品牌的价格相差1000元以上，从它的价格定位上可以看出公司的策略。

挑战组： 它的价格和产品策略都是一致的，对于价格定位我感到疑惑，它到底是高端或者是低端？

报告组： 那么婷美在现有的情况下，怎么保证它的增长和盈利？如果说它现有的策略是不成功的？

挑战组： 我们觉得以价格分高端低端，来定品牌形象，不利于塑造一个高档的形象。可能要根据消费者的需求来进一步细化市场，而不是通过价格来细化市场，根据消费者内在的需求，开发新的，比如是原来有简单的美体修形，进行简单的细分，这样就满足了需求。

婷美现有的产品细分这一块提出了三个广告代言人形象，实际上只是做的表面细分，做的还不够，就是说它并没有针对这三种人推出使用这三种产品，就是从产品本身没有做细分运作。

报告组： 整形产品有很多种型号，可以适合不同的人群。三部分的代言人，只是一个不同的人群对产品的认知度。

挑战组： 我们组来总结一下我们的观点，我们认为婷美的核心竞争力，是它在市场上成为一个市场的领导者，那么它的核心竞争力应该是商业运作。它的产品确实是填补了市场的空白，但是实力不足以适应它想开发的广大人群。所以从目前来讲，它想稳住这个市场，它的竞争力有待于调整，重点调整应该在它的产品开发上。因为现在很多人不适应婷美的产品，穿上去很不舒服，或者是欠缺。虽然做了几代的调整，应该说婷美的产品现在还是不够美观，所以我们觉得它真正的核心竞争力，应该是在产品上，但是同时由于核心竞争力的调整，必然导致它的战略调整，原来战略可能涉及到渠道、价格等，现在要做产品整个策略的调整，至于其他的形象代言人，只是细节问题。

报告组： 我们还是认为核心资源是最重要的，就是提高产品的性能来促进消费者的购买力。

何志毅： 我觉得这个案例主要是三个核心问题。下一个组讨论时，希望围绕三个核心问题来谈，而且把主要观点讲出来。

首先，案例的分类有两种，一种是经验型案例，指企业已经做成功一件事情，它有什么成功要素，希望大家能够总结提炼出来；其实这个案例从某种意义上讲，写的比较白，好像总结的差不多了，希望你们自己能挖掘，因为有些案例是故意不把一些数据拿出来的，或者不把一些结论拿出来。婷美是一个成功的案例，它在整形内衣这个产品和这个市场上，做的是非常漂亮的，一年多一点的时间，做到三个亿，第二年做到五个亿。这是一个很成功的商业案例；那么到底为什么成功，我们多总结一些成功案例，对我们有很大的帮助。

第二个问题是非常明显的问题，2002年应该乘胜追击，销售额大幅上升。那么受阻的原因是什么？你们要说得清晰一点，是什么原因。

第三是问现在怎么办，实际上这个案例点了个题，没有展开，而且也没有提供数据，也不一定非要数据。现在婷美去收购俞兆林保暖内衣。这第三个问题，也是在这个课堂上应该讨论的最核心的问题，就是婷美在目前的时点下，应该怎么决策？而且这种决策首先讲的是战略决策问题。

我们在做怎么营销，或者是后面具体方案的时候，我们要想战略问题，这个战略问题，希望大家从以前讲的五个角度去考虑。在产品生命周期里面，那么在这个产品进入增长期有什么样的做法；这个案例还对应了产品和市场组合的理论，有四种方案怎么做，要有很明确的思路，要拿出数据来支撑为什么这样做。你说市场增加普通内衣，我们叫做产品开发型，就是在现有的市场上，加入新产品去满足现有的客户，那你要论述一下为什么是这个，而不是市场开发战略，用婷美现在的调整型内衣，去做儿童的整形内衣，或者是男人的整形内衣，为什么不是那个，而是这个。你否定它，不否定它，你能否找到证据证明它搞俞兆林是搞的不对的，这个一定要说清楚。然后就是增加女性内衣是怎么做法？要把这些问题说一说。

什么叫加强品牌管理？这个东西太宽泛了，什么叫加强品牌管理，品牌管理原来怎么不好，怎么加强，我们做的要有一个具体方案，如果是粗讲概念，讲理论，那就失去我们说案例的意义。

这个案例里面问题很多，你比如说也可以做品牌管理的案例，那么我们侧重点可能在品牌上面，那么为什么选倪虹洁，后面为什么用张柏芝、中野良子，品牌和代言人应该是什么关系，可能就侧重这些地方。我们今天侧重讲的是营销战略，所以大家把跟我们营销战略方面的知识，以及产品——市场矩阵的知识（详见本篇知识点），做的是什么，应当考虑什么东西，那么在婷美这个案例里面是怎么考虑的。而且我鼓励你们去做一些市场调查，到市场上面拿一些资料看一下，或者是找一两个用户来说一说感想。

最后是能够做一些一手调查或者到网上或者是其他地方找一些二手资料，比如说我经常参加“对话”节目，我参加格兰仕那期的时候，到网上找一大堆的格兰仕的资料看一遍，而且我参加电视“对话”节目之前，我还要到商场里面看一下格兰仕的产品，以及了解一下别人和它竞争的产品，那次就得到一个很意外的收获，在商场里看到LG的产品居然比格兰仕的价格还低。

我们的案例学习就是模拟，是想进入这么一种情景。首先是角度问题，如果我是案例中的角色我怎么办。第二个就是我们希望你尽量地用我们学过的东西，这个跟你实际决策不一样，决策我一说过，我就这么干了。因为企业家的成功，有的时候是由偶然性决定的。你理论分析怎么分析都不对，但是他成功了。这种情况是有的，就就是偶然性，各种因素都对了，就成功了，但是如果有一点不对就死定了。这不是我们要学的，我们要学的就是基本上按照逻辑推理，按照这个分析推下去基本上是正确的，所以我们现在要学的是比较共性的东西，比较规律性的东西。为什么做案例，不仅仅是做经验性的分析，而是考察我们能不能把所学的理论、观点、概念、分析工具拿出来用，这是我们比较看重的。

第二组讨论

报告组： 首先，我们在讨论这个案例的时候，出发点就是我们作为一个模拟的实战演习，我们作为婷美营销部的成员，我们可能明天在婷美召开的会议上，由董事会对下一步营销战略进行评论，所以我们是高度的董事会导向，希望一会儿挑战组从董事会的角度，从一块儿把婷美这个品牌做好的角度，给我们提出置疑。

我们小组的分析架构有如下三点：第一我们作为营销小组的成员，首先必须总结在过去的这三年里，我们婷美公司在营销方面有哪些成功的地方；第二步就是针对目前市场上面遇到的困境，分析在过去三年有什么不足或失误的地方；第三步就是提出一些积极的建议。

我们跟刚才第一小组有点不同的就是我们把案例进行了解构，完全按照营销的角度，跟营销小组有关的方面提了几点。第一就是目前公司主要的业务领域主要是三块，第一块就是服装、化妆品和消防；第二就是婷美准备进入的保健品、还有保健器械、汽车添加剂；还有周总提到的衣食住行每一行都要做一类。周总一直强调我们过去集团的竞争力就是商业运作能力，也就是说比较好的企业包装和销售，这一点我们一会儿会重点提。讲到历史，前面的小组提到1999年顺利入市，关键是发现了一个比较好的市场空档。

第二是市场定位，公司最早定位保健品，但是发现在保健品柜台销售不是很成功，及时调整到时尚内衣柜台进行销售，实际上就是说企业在整个发展过程中，它及时捕捉到市场的信息。

第三是营销组合。这是公司非常有特色的地方，第一点因为产品强调功能性，跟刚才说的找到比较好的市场空档有关系。因为市场上内衣产品非常多，它这个产品突出人无我有的地方，就是功能性。刚才第一小组已经分析过了，我们的产品和国际品牌有价格的差距，能够比较好地覆盖国内中档消费者的市场。实际上它这个价格并不是拍脑袋拍出来的，在定这个500块钱左右的价格的时候，婷美在全国搞了32场消费者见面会，另外还进行了网上的调研，很多人提出500块钱左右是他们可以接受的价格，所以定了一个中间的价格。

在促销方面，这是公司非常有特色的地方，在这个产品刚刚推出的时候，因为市场是一个空白，它能够利用高投入、快速渗透这个方式。快速渗透是什么呢？就是用比较低的价格、非常大的促销力度，非常快地占领市场。因为这个市场空间稍微空出来，会有很多人进去填补，尤其在中国这个市场，仿冒、伪劣都很多。所以我们相信婷美刚出来，稍微滞后几个月覆盖这个市场，就会有很多人加入到这个市场，它的市场份额会被瓜分。第二点是概念营销，什么意思？就是当时在市场炒作的比较多是“修形美体”这个概念，以前大家穿内衣的时候，没有往这方面想过，其实这是一个非常好的时尚的概念，尤其迎合当时社会上瘦身、减肥等等潮流，所以把这个概念延伸到内衣方面，起到了非常好的效果。然后逐步推广，这是公司另外一个特色，也就是并不是一下在全国推开，而是前面经过了非常长时间的酝酿，推出的时候，首先在北京十天，就打开了北京市场。北京市场非常火以后，后面的包销商才跟进来。因为对于一个新的产品来说，包销商对于它到底能做多大，心里并没有底，如果婷美一下铺开，没有那么多人愿意签单。所以首先选择北京市场，也是高消费人群比较集中的地方，它打开了这个缺口，后来各地包销商才踊跃地加入进来，很快地形成了全国覆盖网络，26天覆盖了全国。

另外就是形象代言人，刚才也讲了，其实很多人讲到婷美选择倪虹洁的原因，社会上有很多的猜测，周总正面的回答就是选择倪虹洁非常有亲和力，大家觉得她像非常可爱的邻家小妹妹。这跟她的产品定位有很大的关系，一会儿我们会讲到。

还有渠道，渠道包销刚才第一组已经讲很多了，我不展开讲。我们觉得营销组合是成功非常重要的一块。

紧接下来，就是婷美公司2001年下半年开始做的事情，主要就是增加知心装和贵人装，然后经营日本的一个名牌爱丽尔；第二方面就是形象代言人，推出立体代言的这么一个概念，就是不同年龄层次，推出三个形象代言人，要整体覆盖所有市场。在品牌形象上，婷美从原来突出一个“亲和力”，到现在做广告主要突出“美”，是一个“国际品牌，国际丰韵”。

我们觉得婷美成功的原因，第一点就是做好市场细分，能够很快发现市场的空当。市场空当稍纵即逝，为什么它能发现，别人不能发现？主要是婷美找到很好的市场细分变量。在市场细分的时候，最困难的是什么？就是找细分变量，就是找到了整形功能这个细分变量，在中低价位具有整形功能这么一个市场上面，基本上是空白，这是它成功的起点。

第二为什么它能够发现别人不能发现的整形功能，这和企业的老总周枫有很大的关系。他对环境非常敏感，在这个行业摸爬滚打了很多年。如果换作别人，虽然也做保健品，但是对市场的敏感度不够，哪怕机会，比如英姿带的人来找他，也不会发现市场。

第三是对市场的反映，根据市场的反映及时调整他的定位。刚才讲到原来从保健品，根据市场的环境，迅速调整到整形内衣的市场。

第四是特色营销，我就不展开说了。

我们重点说一下婷美的不足之处和下一步战略方面有哪

些可以进一步改进的地方。不足之处我们觉得第一方面是对市场的错误判断，因为基于市场的错误判断，所以它整个战略调整非常滞后。

一、错误判断市场，没有及时调整战略

首先，就是市场的规模，市场规模周总在最早估计的时候，就是整个市场。他自己说如果占到3%就是5亿左右，就很不错，每年就有几亿的利润。但是随着市场的不断发展，利润各方面的提高，市场覆盖率的提高，他有点膨胀，当时拍脑袋可以做到一百亿，近几百亿的利润。这我们觉得他对他的目标群体不明确，后面定位的群体和前面的群体是不是一个群体我们觉得很值得怀疑。根据我们对周围的女士做的一个初步的了解，就是他里面所讲到有13亿的城市女性，每个人每年有5次的购买，一共65亿，我们觉得这只是计算出来的市场规模，并不是有购买力的市场，真正有购买力的市场比这远远小得多。因为这个市场应该从购买力市场划分，也就是说虽然市场有这么多，但是真正有购买力的人群并没有达到这么大的基数；第二就是渗透性的发展战略。就是企业发展到现在，还利用现有的产品打现在的市场，当发展到5亿这么一个规模的时候，其重点只是推行渗透性的发展战略，那么企业就会受到很大的束缚。

第二是市场需求。在市场需求方面，对市场需求的生命周期判断错误。我们觉得生命周期不是产品，是市场需求的生命周期，婷美的产品已经经过最初萌芽的阶段，就是从大家对这个产品并不认可、并不知道是什么东西到一个非常快速的成长期。大家刚才看到婷美26天覆盖整个全国市场，获得了全国的一个很大的认可，大家对这个需求，整个都被鼓动起来了。就跟广告一样，广告到了一定阶段以后，大家有一个逆反心理，就置疑你这个广告功效怎么样，所以婷美产品到这个阶段已经进入减速成长期，消费者从最初听你炒作概念、认同你的概念，到试穿一年以后，感觉到底有没有效

果。那么市场需求开始放慢速度，逐渐向成熟期过渡，一个比较稳定的成熟期，但婷美还认为自己处于快速成长的阶段，还要不断推产品，炒概念，我们觉得他就是说市场判断这个方面，应该已经到了结束成长期、到成熟期过渡的这么一个阶段，相应的战略主要集中在产品的差异化和细分化这方面。

二、销售服务网络的不足

这方面不足其实非常致命的一点，就是早期是成功的，但后来给企业发展带来很大的桎梏的营销网络包销制度。包销制度有很大的缺陷，比如说婷美不能够了解消费者的信息，包销商自己能够决定自己的当地市场怎么开拓。由于包销商主要是利润导向，可能基于怎么节省成本就怎么来，并不会做好售后服务或者是消费者信息反馈。所以作为婷美就跟最基层的消费者脱离开来，不能拿到第一手信息。还有就是婷美对于整个包销网络的控制，网络的控制也非常低，因为并没有形成包销商对他们的产品的依赖，我们看到很多包销商代理其他的产品。

这三个方面的不足带来消费者的忠诚度直接下降，经过调研，有20%的人购买过，很多人不用它，觉得很不方便，还有一部分人用了以后也不说它的好处，觉得没什么用，还有一部分人根本怀疑有没有用，所以说明婷美与终端消费者有一个脱离。

三、没有以客户为中心认真研究消费需求

第三块其实跟前面结合比较密切的，就是观念方面的问题，也就是没有以客户为中心。营销商都知道首先要以客户为中心，婷美为什么一直还醉心于炒作呢？从企业管理者的思想上没有意识到客户的重要性，哪怕口头上提到了，实际上并没有这么做，主要体现在它现在还是“炒卖概念”的阶段。

四、婷美集团核心竞争力的误区

婷美觉得它的核心竞争力是有很强的商业运作能力。我们觉

得这是它早期发展的成功的原因也是后期发展非常致命的地方。如果婷美还认为它的商业运作能力是它下一步发展的核心竞争力的话，那么这个企业必败无疑。为什么呢？因为作为一个瘦身内衣，实际上它是一个功能性很强的产品，消费者早期可能会受到概念炒作的因素购买你，接下来消费者就会体验你，有没有实效，在这个阶段如果还停留在产品概念炒作的阶段，并不是让消费者感到买东西真正落实到实处的话，那么它的商业运作、商业炒作的效果会适得其反，会让消费者认为这是一个骗子公司、炒卖公司、火一把就走的公司，下一步就根本不会买你的产品，更深一步，以后你哪怕不搞瘦身内衣，搞别的也不会买了，当然也就是婷美的牌子砸了。所以婷美关于自身核心竞争力的定位有非常大的缺陷。

五、企业形象定位不明确、不一致

婷美在企业形象方面有些缺陷。首先谈一下它的三个品牌代言人：第一个是倪虹洁，非常具有亲和力的邻家小妹妹，第二是中野良子，第三个就是张柏芝，大家可以看到我们并不是否认婷美最初推出的初衷，它想覆盖不同年龄段的产品，确实不同年龄段的人都有瘦身的要求。但是我们想强调的一点，就是它推出这三个有哪些不足的地方呢？最主要的就是这三个人气质不一样，因为第一个当时就强调是一个非常有亲和力的邻家小妹妹的形象，这跟它产品的定位有很大的关系，因为产品定位主要是中档的消费者市场，需要给人感觉这个产品非常亲切，可以购买。中野良子推出的最主要的理由，就是她在《追捕》里面饰演真由美，然后她对于中国现在四五十岁的中年妇女有很大的情感方面的感召力，我们觉得它这个产品是功能性的产品，而不是情感性的产品，所以做品牌设计的时候，后期的品牌已经偏离从功能性的品牌，变成情感性的品牌，尤其情感性并没有跟原来的定位有很好的衔接，所以我们觉得真由美的推出是一个大的败笔。然后再是张柏芝，张柏芝她是非常有名的青春偶像，但青春偶像和婷美最早的定位首先就有脱离，因为青春偶像是明星人物，大家会觉得明星穿的东西跟我平常熟悉的邻家小妹妹，肯定气质方面会有很大的差异。企业在做形象代言人的时候，它可以选不同年龄段的人，但是气质方面要有比较好的衔接，跟这个产品的特征有比较好的统一性。

其次是中期产品的调整，产品调整也是我们小组讨论比较激烈的问题，找过好多人进行咨询。婷美中期产品调整有两块，第一块是推出知心装和贵人装。对于贵人装大家意见非常统一，它不应该推出贵人装，就像捷达的汽车，突然推出一个50万的捷达，大家会去买50万的捷达吗？不会买。因为捷达已经给大家形成这么一个概念，即使达到50万元的层次，它跟奔驰竞争力还是没有办法比拟，所以婷美推出贵人装是一个很大的错误。

小组最多的争论是能不能推出下面的知心装，我们跟很多人进行咨询得出结论，这个企业要长期发展的话，不要集中力量，把眼睛集中在短期市场，因为推出知心装短期会有很好的市场，但长期来说产品档次就下来了，随着后面其他的企业逐渐加入“修形内衣”行业，再来定位中高档产品的时候，已经来不及了。有一个很好的例子，就是红旗轿车，红旗轿车最早是国内比较中高档的国产牌子，但是后面他们就觉得低档的市场被桑塔纳等侵占得很厉害，很眼红，也想到低档市场分一杯羹，就做一些比较低档的牌子，从10万元到20万元左右的价位都有。现在市场都认为红旗轿车是一个中低档的牌子，没有多少人认为是高档的牌子，已经把牌子做砸了再回过头要想再做的时候，就会发现周围已经有很多高档的牌子在这里，所以我们觉得婷美中期的产品调整也是很值得商榷的地方。

还有一个是品牌形象的调整，刚才所说的从最早强调品牌、广告方面，强调有亲和力，到后面强调非常美，我们觉得这是非常大的跨度。因为首先你的品牌要给大家比较大的说服力，觉得品牌是可信的，然后是后面的问题，原来从亲和力信任你，直接跳到美，这方面的工作做得很不够。

还有一点，就是特别不理解它怎么还做很多消防产品？因为大家想，做内衣的还做消防品，大家第一印象在内衣这里，两个形象一叠加是什么形象，是防爆内衣？所以这并不是很好的概念。企业品牌设计不合理，品牌设计我们主要讲名声，因为这个集团叫婷美集团，主推的产品就是婷美，如果说企业就想做内衣的话，我们可以做得好，如果是企业集团除了内衣还想做别的品牌的时候，婷美品牌往别的领域延伸可能就会受到一定的限制。

针对以上的分析，我们提出了改进方案，下一步婷美就做三件事：

一、及时了解顾客的需求。

顾客导向这应该是婷美长期发展中最核心、最关键的东西，因为任何企业，如果失去市场，失去了消费者，就没有生存和发展的空间。所以我们觉得概念方面，应该有客户导向的战略，另外抓好终端，也不是从原来的包销制全部由自己来，我们可以逐步开始，第一步可以建立起客户服务的网络，在各地建一些客户服务点；第二加强包销商的控制，因为婷美产品现在利润很好，包销商愿意合作，处于有利的谈判地位，可以让全体包销商约定特别额外的义务，对于消费者信息反馈等等。第三步随着实力的增长，要真正打造中国金牌品牌的话，要打造自己的销售网络。

二、提高产品的可信度。

1. 提高产品质量

第一点是产品转变；第二点就是非常实质的转变，从市场调研来看，20%的城市消费者已经购买过，或者不打算再购买，或者是没有显示出再购买的欲望，因为对这个产品可信度产生很大的置疑，所以我们觉得这个产品下一步发展重点放在提高产品的可信度，就是差异化，从产品去着手。产品的可信度，可以从4个P的几个方面来着手，比如产品的质量方面，加大产品的研发力度，增强产品的功效，让消费者实实在在感觉到确实是有用的，而不是停留在口头上。因为消费者从产品功效上体会出来需要一段时间，但是企业可以加大投入，我们学过消费者行为分析，消费者觉得你这个东西科技含量比较高，他自然认为产品功效比较高，可以增加可信度，所以要加强可信度。

其次，不要对外宣传以商业运作能力为核心，而宣传企业核心竞争力是产品有很高的科技含量，非常有效果的产品，是企业的核心竞争力。第二是产品的功效要外显化，跟产品的形象设计有关系，功效主要是整形内衣，整个变化的过程，如果不强调功效，而是强调最终结果——“美”的话，对整个可信度会打折扣。第三是和产品相关的，产品的舒适性和便利性。

2. 丰富推广方式

产品可信度第二方面就是丰富它的推广方式，比如应该赞助和整形有关的研讨会，在高层的研讨会上面，频频露面。另外加强与政府的合作，我们制定这个政策并没有进行很多的材料收集，刚才通过幻灯片看到确实和政府有很多的合作，一般跟政府合作好的话，有利于提高企业的可信度，觉得是行业的领头羊，大家就觉得你这个产品还比较可信。

然后是针对特殊的人群，为什么强调这一点？不能覆盖整个所有的人群，应该针对目前定位的这种妇女，有整形需求的这么一个高知的妇女，因为经过调查，婷美在中国的白领女士中有非常高的市场认可率，应该专门针对这样的市场选择适当的推广渠道。比如这样的人群，我们都知道非常忙，晚上不一定有时间看电视，是不是把所有的广告投放在电视广告方面，就像刚才有人讲到在电视连续剧的插播里面还播放这样的广告呢？因为据了解，有的人根本不看连续剧，是不是针对这样的人，在女性杂志、网上增加广告的投放量，还有高知女士常去的场所增加投放量。另外针对产品的特点，增加体验性的广告，不要强调最终的结果，应该强调它是体验性的东西，大家可以说用之前是什么样，用之后是什么样，这在很多的产品有比较好的验证。

3. “品牌决胜”：重塑品牌

婷美应该推出一个品牌决策，我们觉得为了企业的长期发展，企业的集团的名字，不能够跟品牌的名字一样，我们觉得应该仿效联合利华的结构，有一个伞形的品牌结构。上面是联合利华，一面有各种各样的品牌；第二是加强品牌的可信度；第三是品牌的定位，不要盲目进入其他的细分市场，就是刚才讲的不要进入知心装市场和贵人装的市场。对集团的业务进行重组，把消防、汽车添加剂业务全部砍掉。

还有企业代言人的一致性，要亲切、可信，不要过于强调知名度，因为大家都知道用名人做广告的话，有时候会有反面的效果。提高产品可信度，另外一点就是增加终端的建设，这一点跟刚才并不是重复，我们这里想强调的一点就是他要控制他终端的销售柜台，不要在低档次销售百货商品，而是控制在中高档次的商店里面，或者是自己的专卖商店，加强对终端售后人员的培养。

三、进行产品创新和市场创新

婷美必须推出产品再相应把品牌延长，延长到什么新的产品，我们觉得在保暖内衣和泳装方面它非常有潜力，因为保暖内衣一样都是内衣，但是可以增加保健、瘦身的功能。很多人在冬天的时候喜欢穿，因为穿内衣有时鼓鼓囊囊的，如果本身内衣很合身，还能起到美容整形的功效的话，很多人愿意购买；另外泳装，我们提出泳装婷美现在并没有这么做，但是泳装也是下一步可以进入的市场。相应的其他产品，相关性比较差的就是化妆品或其他保健品领域。（参见

图3–4）最后感谢大家，欢迎大家来提问。

	现有市场	新市场
现有产品		市场创新 ——海外市场
新产品	产品创新 保暖内衣、泳装、 化妆品、保健品	混合创新 ——男性内衣市场 ——儿童内衣市场

图3–4 婷美公司市场——产品矩阵

挑战组： 第二组报告组做得非常完备，我们也很佩服。第一个问题，婷美推出高端和低端的产品，你们做了一个评价，但是作为一个市场的领先者，它通常可以推出侧翼产品，那么就是说这种惯用的策略，你们对此做什么评价呢？

报告组： 婷美的问题主要是销售问题，主要原因是可信度问题，为什么这个产品知名度高而购买率低呢？主要是在用户心目中可信度不高，如果再增加侧翼产品的话，可能更会引起用户的怀疑或者是混乱，不知道产品到底做的怎么样，所以第一是解决核心竞争力的问题，从营销导向向产品导向，这是一个主要的原因。

挑战组： 你们改进策略，就是还要做其他的产品吗？包括进入新的产品和新的市场，策略还是这样的？

报告组： 策略方面，我想先分析一下婷美的产品在什么阶段，这里有两个变量：一个是美誉度，一个是认可度。现在美誉度很高了，婷美在市场上，一个是“美”、一个是“健身”，这是很关键的，现在婷美美誉度很高，但是认可程度比较低，婷美只是黛安芬的1. 65倍，所以我们没有处于绝对领先的优势，首先第一个问题，在我们的主线还没有优势的时候，没有必要做侧翼掩护。

挑战组： 这么大的市场，这么小的购买力，如果已经进入成熟状态了，我觉得这一点值得置疑，你们认为没有必要去保护，是不是有点自相矛盾？

报告组： 从产品来推断，这个产品从消费者的反馈来说获得非常高的认知度，就是99%，但是购买率、回头率非常低，就是这个产品大家都认可，但认可以后不购买的占60%多，这就非常危险。所以我觉得首先要解决的问题，应该是解决回头率的问题，解决大家认同度的问题。

挑战组： 我们没有否认说我们不把这个产品功能继续完善，或者是说让市场消费者觉得这个产品更可靠，我们觉得在做这个工作的同时，还需要做其他的工作来扩大市场。

另外，你们讲的产品、市场创新，那你们是用同一个品牌，就是婷美一个品牌，还是在婷美大的系统之下，开发新的品牌？

报告组： 其实首先要发现现有的情况，有什么问题，再说建议。我们的建议和你刚才提到的问题没有冲突，因为我们本身也是要扩大品牌的创新、相关品牌的延伸，并不是说完全坚守在现有一个产品。

挑战组： 你们把重复购买率低归因于渠道问题，像对内衣这种产品大家都知道不可退换，那么它的售后服务跟电子产品、家电产品售后服务不一样，我们的问题是包销策略真的有问题吗？是不是可以像你们所说的，把很多问题归因于渠道？

报告组： 首先我们并没有把购买率低归因于渠道的问题。渠道是一个方面，因为它是包销的渠道，在初期对婷美扩大市场、减少资金压力有非常大的帮助。婷美内衣回头率低，我们认为渠道只是其中问题之一，因为包销渠道在服务这个层次存在很大的问题，服务层次就是在于顾客对它的认可度，它的认可度大打折扣就受到很大的制约，所以我们认为，在服务方面，除了渠道以外，可能更重要的就是增加他们之间的沟通，比如说交流会，比如说最近推出的一个美容诊所、诊断等等。

要做品牌，就不能靠其他人做分销或者是做包销，必须要自己来做渠道才可以。第二点要做CRM，把客户最根本性的一些需求了解清楚。我们觉得做渠道这一块，是研究千分之四回头率的原因之一，但是并不是全部。

挑战组： 还有一个问题，就是你们基本上是否定婷美的渗透策略，这明显与我们案例给的背景不符。因为内衣是非耐用消费品，会损坏的，买多少套，就可以怎么样，每年有近百亿的销售额，所以我们认为，渗透性的策略与它的成长策略同样是重要的手段之一。我们想问，为什么你们不考虑促进重复购买？虽然重复购买率很低，但是我们都有基本的常识，我保住一个旧客户，成本大大低于开发新客户，为什么不考虑我们通过比如渠道的方式，或通过供应方式，促进重复购买？

报告组： 首先我们的市场创新和产品创新，是在现有的基础上做海外市场的创新和相关产品的创新，并不是对现有产品和现有市场就放弃。

我们批判他主要是我们感觉周总认为市场份额可能是有偏差的，为什么有偏差？第一就是这个产品实际上有相当多的购买客户，有可能穿过以后就不再穿了，还有很多人在市场上就穿坏了，这个问题解决的不是渗透的问题，不是现有产品打现有市场的问题，而是怎么变的问题。所以我们建议做科技开发，主要就是解决用户服务，还有多和客户接触，这一点是我们希望的。

挑战组： 有两个问题是应该置疑的，第一是他们用什么数据，或者以什么手段来判断在现有市场，现有产品已经饱和？第二个问题就是有什么证据来证明现有的产品在现有市场只有一次性的购买行为？

报告组： 首先我们注意案例本身的一个大背景，周总认为33%的城市女性购买，这并不一定是一个客观的市场情况；另外对整个市场的客观判断，是针对整个消费者购买力的问题。在一定市场里面，它的购买力是有限的，案例最前面提到整个中国内衣的市场大概是50亿到60亿一个市场，大约占多大的份额，其中修形内衣在市场上占多大的份额，相应判断这个市场的规模。所以我们并不是武断地说这个市场是饱和还是不饱和，下一步可以做进一步的调查。核心的目的还是要解决产品长期发展的问题，可信度的问题，我觉得这是一个产品最根本的问题。我们并没有否认渗透战略，我们只是说在渗透战略过予粗放，没有发现根本的问题，所以我们提出来渗透型向差异性过渡，应该强调差异性，差异性体现在哪？体现在它的可信度。

挑战组：假设我的位置就是董事长，现在我很困惑，投入了这么大的广告攻势，包括品牌代言人，现在是三个代言人，上半年做了这么多的工作，下半年业绩看起来跟上半年差不多，现在你们怎么解决我这个困惑，下半年的销售额能不能增长？

报告组：我们提出了三大战略，第一是客户导向战略，第二是差异化、核心化战略，做完这两个战略，是第三个战略，产品创新、市场创新战略，如果“董事会”采纳这个意见，一定会有很大的提升。

挑战组：现在婷美要谈战略的话，处在什么战略阶段？你们对我们的市场占有率怎么看？我们到底处在进攻这个战略，还是防守这个战略？

报告组：我们认为还是逐步进攻的阶段，也就是它从一个高速增长期已经过渡到匀速的增长期，然后再逐渐向成熟期过渡，所以我们突出强调差异性。

挑战组：现在的市场份额是5%到10%，我很担心市场占用率在2003年跌破5%。因为我们有99%的知名度、76%的认同度，只有4‰的购买率。有的买了不穿，有的购买后穿的不好，我们靠市场的渗透战略，在短短一年之内把产品的概念灌输在市场上，打下这么大的份额。现在按照你给我们的解释，那么这个市场份额还是要扩大，因为你还要进攻嘛，就是我这个饼还要做大。但是我的担心是，基于上半年的业绩，下半年可能不是扩大的问题，你怎么保证现在的10%的份额？

报告组：“董事会”的疑虑是正常的。广告和形象代言人带来的直接问题确实是销售额的下降，我们今天要解决的就是这个问题，也就是战略问题，实际上刚才已经提到，就是很多问题都有点模糊。我们认为现在产品已经进入了成熟期，已经过了高速成长期，就婷美第一代产品来说，也许应该采取防御战略。但是作为我们这个产品真正的问题，还不只是采取防守策略，因为还有优势，而且目前市场还没有一个竞争对手的强烈进攻。随着销售量的下降，我们认为主要的问题，是目前客户的可信度、综合宣传度不够，而不存在销售产品的老化，受到竞争对手的挑战，影响我们的销售量。我们经过调查，如果我们产品的可信度能够提高一个百分点的话，销售量可以提升。

挑战组：首先是婷美现在处在一个什么样的环境？如果环境不明确，去打仗是不行的。经过你们的分析，我个人认为应该怎么样保住市场份额，包括你们分析可信度，也是保住我现有的市场，把现有的市场占有住。涉及到渠道的问题，也是这样，渠道的问题就是包销也好，直销也好，还是建立自己的销售渠道。婷美现在这个阶段应该是“服务营销、品牌战略”，服务营销怎么服务，跟品牌、跟4个P都是相关的，产品本身也是这样。婷美的成功不到一年，有迅雷不及掩耳之势。那么我现在是防守还是进攻？那么我们的产品怎么样从概念落实到品牌，品牌背后有很多的衍生的东西，涉及回来就是我们怎么去强调功能，怎么去做你们所谓的可信度这个问题。包括形象代言人也是，也涉及到战略，品牌代言人实际上是四个P里面Promotion那个部分。那么如果我是领先者，是防守策略的话，广告投放的强度和投放的频率，不可能这么大。比如说这个阶段，我推出这三个形象代言人，我分阶段来走，一个阶段做一个。所以整个来讲，都是战略问题，总结战略就是说现在想千方百计，保住4%的份额，另外做服装品牌、化妆品品牌，另外品牌延伸到产品线上，这就是说保有婷美的份额，整个来讲是一个领先者的战略。

何志毅： 我觉得这两组的准备和提问都非常好，现在因为时间关系，我们请一个穿过婷美内衣的同学来谈谈看法。

婷美用户： 我想说购买婷美的想法，我是在2000千嬉年买的，很多女性穿过这个内衣，就是说在千嬉年买的内衣，买了差不多两周我就放在箱子底了，有两点导致我没有再接着穿下去：第一就是穿着非常难受，松紧带其实不是松紧带，就是紧带，勒着就不松，让你没有办法多吃。很多人问我穿了之后有没有效果，其实很有效果，因为穿上没有办法吃饭了。第二是难穿，不适合单身的女性去穿，因为它小钩子特别多，而且是背后去钩，要穿它可能需要半个小时或40分钟，赶不上上班，所以上班之前没有办法穿，太长了，而且一个一个小钩子去钩，如果是单身女性自己是没有办法完成这件事情的。所以这两点导致我没有办法坚持穿这个东西，产品确实有一些需要再改进的地方。

何志毅： 我来总结一下。我觉得前两个组准备不是特别充分，后面两个组准备非常充分，报告组准备非常充分。挑战组问的问题也非常好。报告组好在哪里呢？首先准备很充分，除了自己分析以外，在网站找了大量的资料，也到周围做了调查。不足之处是缺少定量的调查。我们鼓励要有定量，如果不可能拿三百个样本，拿十个样本是很容易的，在班上做调查，用这个方法，结论正确不正确其实不重要，重要的是采用什么方法。报告组和挑战组都把我们所学的知识利用好了。

第二，报告组观点非常鲜明，而且比较具体，不管对还是不对，但蛮具体的。再具体不可能了，因为素材有限。我印象比较深的几点：一个是不要过分强调造势，婷美早期是造势的成功，当时是核心竞争力，现在不是了。而且要强调产品的功能诉求上面。其实刚才穿过婷美内衣的女同学讲的是非常符合事实的。刚才这个女同学给了我启发，婷美内衣功能是两个方面：一种是针对那些宁可真的勒得难受，也需要减肥或束身的消费者，这种是有市场的；第二种婷美针对的需求是那些并不是很胖，需要勒一勒，又不需要太难受、太复杂的消费者。

那么婷美就像你们那个组讲的，需要认真找用户需求，进一步再分析一下，这个用户需求再细分怎么细分，你要拿出细分，你讲的是很对的，但是你没有拿出细分变量来。

第三，报告组在婷美的细分市场上，用价格进行细分，强调说固守中高市场，既不要往高走，也不要往低走。这个观点很鲜明，对不对再说，而且他们有他们一套证明，这个我看也是很正确的。这个正确与否不重要，但是他讲的这个观点很鲜明。

第四点就是说坚持一种形象，不要搞得各种形象很混乱，就是他们也是设计的观点非常清晰，后面提的几个改进方面方法、方向，我觉得也不错，但是从高一点的标准方向来看这个组也有几个不足的地方。

刚才这个组很好的一点，就是假设了一个前提，这个前提很多。但是注意一下刚才这两个组都没有设定目标，其实应该为自己设定一个目标，后面讲战略就好评论。如果说假设婷美资源无限，资源很大，再设定一个目标，这个会更好一点。

第二个不足，就是刚才拿出来矩阵结构的四个框图是非常好的，前面先讲在现有市场怎么做，再讲怎么扩展。但假如我是董事长，我还是没有听明白你到底重心在哪里，主要在市场上进行扩展，还是打新产品，因为你四种战略都讲到了，好像都要做。哪怕都要做也行，但是你最重要的是什么？刚才提的问题非常好，现在这个市场，到底饱和了没有，如果饱和了是一种什么办法，不饱和是一种什么办法。你讲做现有产品的现有市场，还是要渗透的，只不过要争取回头客，把他们固化住。到底是这个战略为主，还是做保暖内衣、游泳衣为主，国内市场还是国际市场为主，这是一个战略思路的问题，这里没有陈述清楚，而是面面俱到了。

第三，就是没有对竞争对手进行分析。我们策略一出来，竞争对手可能有什么反应，或者是已经有什么反应，哪怕分析以后认为没有构成威胁也好，还是要有的。我们做战略经常要关注外部环境和竞争对手。

案例分析

婷美初期的成功要素分析

1. 通过运作与适当的价位激活了物理减肥需求

众所周知，随着生活水平的日渐提高，健康与美丽越来越成为了中国老百姓日常关注的追求。于是就有了20世纪90年代中期减肥茶、减肥药的大行其道，有了90年代末开始，现在仍然风靡的运动减肥，以及保健品市场你方唱罢我登场的盛况。

整形内衣的功能，无非是通过物理的方法，使人体的某些部位变瘦。这样的功能对于一些本就不胖，又非常想通过简单的方式更瘦些的女性，无疑有非常大的吸引力。发达国家整形内衣在整体的内衣市场中稳定的份额就是明证。

婷美崛起之前，市场中成熟的外资品牌都有整形内衣，但价位偏高，使得广大百姓只有欲望。婷美抓住了广大女性希望通过简便的手段达到美体修形目的的欲望，并通过适当的价位使这种欲望变成了实际需求，从而一举成为了整形内衣市场的领头羊。

2. 灵活的战略实施，恰好抓住了市场空当

事实上，任何企业在刚开始时都要考虑做什么、怎么做和在一定时间里要做到什么程度，这些都是企业的战略问题。许多管理学文献都强调战略，认为企业成功的出发点是战略，而不是结构。企业首先应该决定今后往哪里走，其次才是开发相应的资源和建立相应的组织机构和系统来贯彻执行。

但是，对于新设企业而言，战略柔性往往更重要：战略必须随着环境变化的程度、速度和复杂性随时进行调整，企业才能少走弯路；婷美的初期就是如此。

婷美进入市场的时候，是以一种有特色的保健品的名义进入市场的，因为内衣业的竞争对手很强大，而婷美的管理团队更熟悉的是保健品的运作模式。但在后来的运营中，他们发现婷美产品更适合女性功能内衣的定位。于是他们很快调整了渠道，保证了婷美快速渗透战略的成功。

婷美在进入市场之前，女性内衣市场的竞争状况如案例中所述，大部分的竞争集中于产品、价格层面，靠品牌拉动的很少，虽然有几百亿的市场空间，但大部分都被杂牌军瓜分，各品牌的生产规模普遍很小，市场高度分散，品牌识别“同质化”现象严重。

尽管外资品牌、国内中、低档品牌基本瓜分了普通内衣市场，但如果用产品档次（价格）和是否具备调整功能两个变量细分女性内衣市场（如图3–5），可以很清楚地看到，1999年末时，在具备整形功能的中低价女性内衣市场，存在明显的空当。

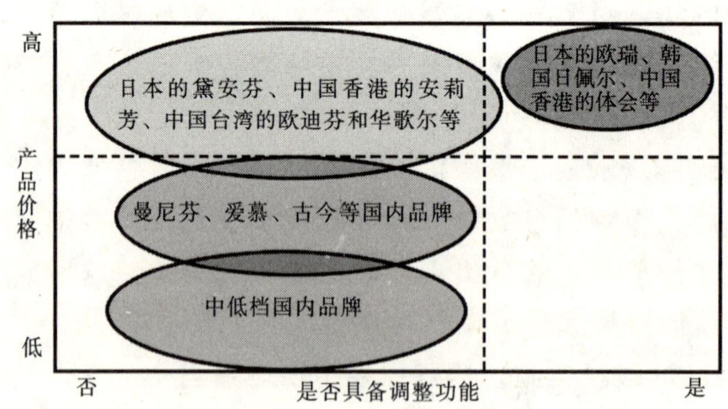

图3–5　女性内衣市场细分和战略集群

产品引入阶段的营销战略

一种典型产品的生命周期分为4个阶段，即引入期、成长期、成熟期和衰退期。在一个产品的生命期间内，公司需要多次地修订其营销战略。当新产品首次分销和供购买时，引入阶段开始了。

在引入阶段，当推出一种新产品时，营销管理当局要为各个营销变量，诸如价格、促销、分销和产品质量分别设立高或低两种水平。当只考虑价格和促销时，管理当局能在如图3-6显示的4个战略中择一而行。

快速撇脂战略 即以高价格和高促销水平的方式推出新产品。公司采用高价格是为了在每单位销售中尽可能获取更多的毛利。同时，公司花费巨额促销费用向市场上说明，虽然该产品定价水平是高的，但有其值得的优点。高水平的促销活动加快了市场渗透率。采用这一战略的假设条件是：潜在市场的大部分人还没有意识到该产品；知道它的人渴望得到该产品并有能力照价付款；公司面临着潜在的竞争和想建立品牌偏好。

缓慢撇脂战略 即以高价格和低促销水平的方式推出新产品。推行高价格是为了尽可能多地回收每单位销售中的毛利；而推行低水平促销是为了降低营销费用。两者结合可望从市场上获取大量利润。采用这一战略的假设条件是：市场的规模有限；大多数的市场已知晓这种产品；购买者愿出高价；潜在竞争并不迫在眼前。

快速渗透战略 即以低价格和高促销水平的方式推出新产品。这一战略期望能给公司带来最快速的市场渗透和最高的市场份额。采用这一战略的假设条件是：市场是大的；市场对该产品不知晓；大多数购买者对价格敏感；潜在竞争很强烈；随着生产规模的扩大和制造经验的积累，公司的单位制造成本会下降。

缓慢渗透战略 即以低价格和低促销水平的方式推出新产品。低价格将促进市场迅速接受该产品；同时，公司降低其促销成本以实现较多的净利润。公司确信，市场需求的价格弹性很高，而促销弹性很小。采用这一战略的假设条件是：市场是大的；市场上该产品的知名度较高；市场对价格相当敏感，有一些潜在的竞争。

3. 成功应用了快速渗透的市场进入战略

在最初进入市场时，企业的管理层要为营销的4个P（价格、促销、分销和质量）分别设立高或低两种水平，以决定营销战略。婷美则是采取了非常大的促销力度和相对较低的价格组合的快速渗透战略，迅速进入市场。

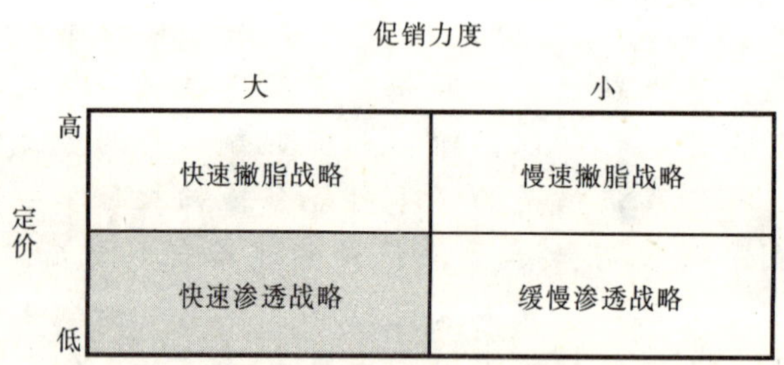

图3-6 市场进入的战略选择

4. 有特点的4Ps营销组合

在产品方面，婷美的差异化主要体现在两方面，一方面是对功能的强调和保健概念的运用，是比较典型的通过产品概念实现差异化的例子。

在价格方面，婷美经过调查，选择了消费者普遍接受的498元的差异化定价原则。

在市场推广方面，婷美首先采用了大规模的广告攻势，并较好地运用了电视、报纸的媒体组合，还通过《北京青年报》对倪虹洁“变性人”事件的新闻辟谣等软广告炒作迅速引起了大众的关注。而在初期的形象代言人选择方面，为了投入较小的成本，婷美选择了倪虹洁。这一选择非常恰当，因为倪虹洁形象亲和，非常配合宣传，气质上与婷美的目标消费群——普通女性也有同质性。

在渠道选择方面，婷美利用保健品常用的包销体制，迅速打开了市场，并很快就覆盖了全国的目标渠道。包销是特许加盟与经销模式的结合体，不存在资金占压和存货风险，出售包销授权书得到的400多万元资金还在一定程度上解决了婷美初期的融资问题，更重要的是，由于包销商的利益更大，保证了对产品的大力推广。

婷美内衣销售徘徊不前及调整不成功的原因分析

婷美在2001年销售增长趋缓的根本性原因应该是整形内衣的市场规模本来就很有限，因为有这样需求的女性毕竟是极少数。调整内衣在中国传统内衣企业厂家的产品组合中占有不超过3%的比例，即便在发达国家，整形内衣市场占女性内衣市场的份额也只有5%~10%之间。考虑到中国人种和饮食结构上的差异，中国市场上这类产品的份额应该更小。如果按品牌内衣市场50亿计算规模的话，整形内衣的总市场应该在5~8亿之间。在这个很小的细分市场上，通过初期成功的运作，婷美的市场份额已达到极致。加之此时其他厂商开始关注这个市场，原来的内衣品牌在加大对高档整形内衣推广和销售力度，尝试向低价位扩展，新的厂商开始进入，竞争则无疑正在大大加剧。

可以说，在错误估计市场规模的情况下，婷美选择在原有市场上通过产品开发和更换代言人的渗透型发展战略以增加销量的企图在根本上就存在问题。

	现有市场	新市场
现有产品	市场渗透	市场开发
新产品	产品开发	多元化

图3–7 基本市场发展战略

市场渗透

指企业努力在现有市场扩大现有产品的市场份额。主要有三种方法：

（1）鼓励现有顾客增加每次的购买数量。例如，美国宝洁公司劝服人们在用海飞丝洗发精时使用两份，其效果比使用一份要好。

（2）把竞争对手的顾客吸引过来。这就要求自己的产品质量好、价格便宜、服务周到，以及广告做得好。

（3）开发还没有使用产品的顾客。例如，香水制造商以此种方法说服不使用香水的女性使用香水。

虽然市场渗透可能给企业带来增加市场份额的机会，但能否采取这一战略不仅取决于企业的相对竞争地位，而且取决于市场的特性。

一般地说，当整体市场在增大时，不仅占领先地位的企业可以增加份额，而且那些只占有少量市场份额以及那些新进入市场的企业也比较容易扩大它们的销售。相反，在稳定和下降的市场中却很难实现市场渗透。在这种情况下，占有少量市场份额的企业也很难再扩大它们的市场份额，因为市场领先者的成本结构或品牌效应会阻止这些企业的进一步渗透。当然，这并不意味着占有少量市场份额的企业绝对没有市场渗透的机会。当某一细分市场容量过小，对领先者已完全无利可图，或者领先者疏于防守时，它们就可以通过这一细分市场向更广的市场进行渗透，这正是一些日本公司在全球市场竞争时常常采取的战略。

市场开发

这种战略是指企业用现有产品开拓新市场。当老产品在老市场上已无进一步渗透的余地，或者新市场的发展潜力更大，或者新市场的竞争相对缓和时，企业都可以考虑采用市场开发战略。市场开发的主要的方式是：

(1) 努力寻找目前销售区域的潜在顾客；

(2) 在现有销售区域开发新的销售渠道；

(3) 考虑向新地区或者国外进行销售。

杜邦公司是通过为产品开发新用途而实现市场开发的典型例子。例如，该公司生产的尼龙最初是做降落伞的原料，后来又做妇女丝袜的原料；再后，又做男女衬衣的主要原料。每一种新用途都使该产品进入新的生命周期，从而延长了产品的寿命，并为杜邦公司带来了源源不断的利润。

能否采取市场开发战略来获得增长，不仅与所涉及的市场特征有关，而且与产品的技术特性有关。在资本密集型行业，企业往往有专业化程度很高的固定资产和相关的服务技术。但这些资产和技术很难用来转产其他产品。在这种情况下，公司有特色的核心能力主要来源于产品，而不是市场。因而不断地通过市场开发来挖掘产品的潜力就是公司首选的方案。一些拥有技术诀窍和特殊生产配方的企业也比较适合采用市场开发战略，如“可口可乐”和“百事可乐”，以及“肯德基”等。

产品开发

也就是开发新产品。开发新产品具有很高的风险，特别是对于那些创新程度高的产品。从企业长期发展战略来看，新产品开发和新产品推广的管理是构成企业核心竞争力的关键因素。波特把新产品开发作为企业的思想核心业务流程之一，建议管理者对此要特别关注。

多元化战略

当公司的发展机会需要在现有业务范围以外寻找的时候，就适用于多元化战略。当然，实施多元化战略要求新业务具有很大的吸引力，而且公司具备成功所必需的业务优势组合。一般来说，有三种具体的多元化战略可以选择：（1）同心多元化　公司所追求的新业务与原来的业务在技术和市场营销上具有相关性或者战略协同作用，但新业务针对的目标顾客可能和原来的目标顾客不一致。（2）水平多元化　新业务还是针对公司原来业务服务的顾客，但是技术上和市场营销上具有较大的差异性。（3）集团多元化（不相关多元化）新业务在技术上、营销上以及市场和顾客上都没有什么关联。

至于婷美公司调整得不成功，除了对市场规模的估计错误外，还有包销体制的制约、品牌代言人选择失误以及概念差异化失效的问题。

营销渠道是企业重要的外部资源，轻易无法改变。和其他众多管理问题一样，渠道选择也面临效率和效果、短期和长期利益的平衡。营销渠道的评价有三个标准：经济性、可控制性和适应性。

包销制使婷美初期能够迅速在全国铺开，并同时使婷美初期得到了资金支持。然而，随着婷美的发展，包销制的弊端也日益明显。首先，包销商从婷美公司直接买货，而基本不负有信息提供或反馈方面的责任；其次，包销商对暴利的要求会导致其难以保证服务质量，从而损害品牌的长期形象，并且在婷美希望塑造、提升品牌形象时，得不到渠道的支持；再次，包销体制造势很快，但短期行为严重，使得婷美公司对渠道的控制力较差，营销网络相对就很脆弱，影响了婷美品牌长远的发展；最后，由于婷美对包销渠道的依赖性，渠道的改变变得异常困难。图3–8按照渠道功能总结了婷美包销渠道的利弊。

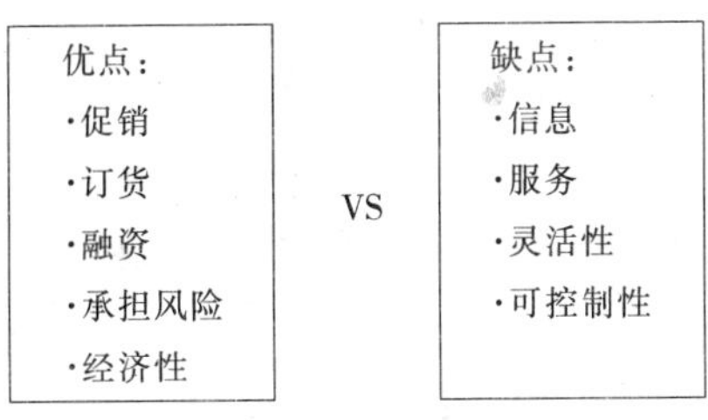

图3-8　包销渠道的制约

形象代言人的选择是婷美初期促销策略的重点，也是婷美初期成功的因素之一。品牌代言人的选择应该以目标客户群的选择为基础，并在一段时期内保持一致性，除非企业对目标市场定位有所变化。一致性能使品牌拥有独特而持续的定位；能够提高品牌识别率；能够缩减企业的广告费用开支。企业应该充分利用这种心理定位优势，进而将之转化成企业竞争优势，而不是动辄改变这种存在于消费者心中的心理定势。

在选择形象代言人时有四个基本原则：

◇共生原则：名人要和品牌共生，相互依赖，互相依存；

◇冰山原则：名人的广告只是整个促销中的冰山一角；

◇黑马原则：选择名人要像选择股票中的“黑马股”；

◇串联原则：名人广告和其他的营销组合是串联关系。

通常，企业选择明星代言人能更迅速地提升品牌知名度，但婷美面临的主要问题则主要是解决品牌的美誉度和忠诚度的问题，选择张柏芝和中野良子两大明星显然并不合适。更何况，张柏芝和中野良子所具有的气质以及人物特质与婷美的目标消费者——普通女性明显缺乏共同点，而张柏芝在宣传上的不配合（作为玉女形象，不穿内衣做广告）也使得婷美增强产品功能说服性的努力落空。

对于婷美这样的案例，我们可以从企业的战略柔性、市场细分和定位、营销战略和营销组合的选择与实施、整合营销传播的运用等大的方面来进行探讨，也可以专门研究婷美内衣在渠道管理或品牌代言人选择上的成败得失。

营销渠道执行的工作是把商品从生产者那里转移到消费者手里。它弥合了产品、服务和其使用者之间的缺口，主要包括时间、地点和持有权等缺口。营销渠道的成员执行了一系列重要功能：

●信息：收集和传播营销环境中有关潜在与现行顾客、竞争对手和其他参与者及力量的营销调研信息。

●促销：发展和传播有关供应物的富有说服力的吸引顾客报价的沟通材料。

●谈判：尽力达成有关产品的价格和其他条件的最终协议，以实现所有权或者持有权的转移。

●订货：营销渠道成员向制造商进行有购买意图的反向沟通行为。

●融资：收集和分散资金，以负担渠道工作所需费用。

●承担风险：在执行渠道任务的过程中承担有关风险。

●占有实体：产品实体从原料到最终顾客的连续的储运工作。

●付款：买方通过银行和其他金融机构向销售者提供账款。

●所有权转移：物权从一个组织或个人转移到其他人。

我们在案例中已经分析了很多婷美内衣在初期的成功因素。其中最根本的还在于婷美内衣发现了普通女性通过物理方法瘦身的欲望，并通过恰当的价格使这种欲望转化成了实实在在的需求。

至于婷美对市场规模的错误估计，则是一个带有普遍性的企业错误。我们经常会听到某企业信心百倍地说："只要全中国每人花一块钱买我的产品，我1年就能有13亿元的销售额。"然而，从营销的角度看，没有任何产品或服务能够满足市场上所有消费者的需求。当你决定满足一部分消费者时，你一定要同时决定放弃也许是更大部分的其他消费者。

婷美在遭遇销售增势趋缓后战略调整没有取得预想的成功，还与婷美在最初选择渠道时没能很好地平衡长短期利益有关。其实，除了渠道选择外，企业管理中的战略制定、品牌延伸、行业拓展等大多数问题都是关于平衡与选择的。

我们认为，2001年下半年时的婷美，如果有足够的人、财资源的话，可以适当选择创新型战略，即开发新产品打已有市场，或采用混合型战略，即进入新行业。采用创新型战略，可以很好地利用婷美现有的客户和品牌知名度；采用混合型战略，相当于进行多元化，则要看婷美的核心能力能否在新行业中继续发挥作用。

附件

周枫简介

周枫，婷美集团总裁、董事长。

1953年5月27日，出生于广东开平。

1969~1979年就职于黑龙江生产建设兵团五师五十四团工程连，在这10年间，从技术员做到了副经理。1979年回到北京后，就职于北京东安集团开发公司，又从售货员做到副总经理。其间创办了"展销"模式；培育了"燕舞"、"长江"收录机；扶助了"黄河彩电"、"长虹彩电"的创建及上市销售。1990~1992年任北京贵友大厦有限公司经理，其间创办了"精品天地"，在京首创了国营大商场开架售货、售货员现场时装表演的营销模式。1992~1996年任北京华麟汽车用品有限公司董事、总经理。靠6万元起家，创办了公司，并将美国“JB”汽车保护神做成全国第一，创意并资助了全国人民评交警、全国交警学“济南”活动。1996年2月~1999年10月任北京华麟企业集团有限公司董事、执行总裁，主管国内外11个公司的营销管理工作。其间把“美福乐”减肥食品做成全国第一。

1999年11月至今，创办“婷美保健科技有限公司”，把婷美这个曾被枪毙的项目做成女性内衣行业的第一，开创了“婷美”12天火爆京城、26天风靡全国的市场奇迹。全年安置下岗女工近2000人，在没有银行一分钱贷款的情况下，实现年纳税款1000万元，经营的几个企业做到每年所在区县纳税第一大户。

“功能超越品牌决胜”——婷美新企划方案运作精神阐释

2001年10月8日是婷美公司的两周岁生日，它标志着婷美公司已跨入了第三个发展阶段。婷美成立伊始，就高瞻远瞩地规划了企业的发展战略。婷美的第一步战略是通过婷美产品在市场上的影响来确保成功上市并站稳脚跟，迅速形成全国营销网。这部分工作基本是在3个月时间内完成的。第二步战略确立“美体修形”为婷美的经营总目标，以争创行业第一为婷美的工作中心，确立婷美在市场上一花独放的优势地位。第三步战略就是提高服务水平，进一步明确婷美品牌形象，认真实施“服务营销、品牌决胜”国际化运作之路。经过两年成功的市场运作，婷美已经取得了良好的经营业绩。在跨入第三个发展阶段之后，“品牌决胜”成为婷美市场运作的主要手段。为此，我向全国的营销机构对婷美新企划方案的运作精神进行详细的阐述。在阐述之前，我们必须先了解婷美现在面临的市场环境和自身问题。

一、婷美目前处在什么营销阶段？

在回答这个问题之前，首先，我们探讨婷美产品应该采取什么样的营销手段。

从产品形态上看，婷美是女士内衣；从概念上看，婷美从事的是美体修形产业。每个行业都有自己的营销规律。那么，婷美的营销应该服从什么规律呢？这肯定不是内衣业。因为消费者买的时候并不关心里面是否真的含有莱卡，消费者最关心的问题是穿着婷美是否有效。实际上，消费者是在用保健品的方式检验婷美的产品和效果，决定产品的后续发展。所以，婷美的营销是以女士内衣的形态体现保健品的内核，遵循的是保健品运作的规律。

根据经验，保健品运作必定要经过以下三个阶段：从尝试到带动再到全面跟进，第三年大丰收。

第一阶段是赔钱受累不落好的时候。如从前运作美福乐时，婷美通过减肥失败者调查来启动市场，只有两类人是营销对象，一是最需要改变的人群，如非常胖的人；二是最时尚最愿尝新的人群。要调动这部分人，企业必须付出很大努力，要把声势造得很大以吸引时尚者，还要把宣传教育工作做得扎扎实实，以服务和理念打动最需要改变者。最累的时候往往不赚钱，美福乐用一年的时间通过了这个阶段，火爆全国的脑白金也用了将近两年才渡过这个难关。一般来说，如果没有这个阶段的扎实工作，产品就没有可信度，缺乏口碑美誉度的基础。任何想偷懒的人都会在这一阶段失败。

进入第二阶段，营销面临的任务是带动那些等待观望的人。这个阶段的重点是利用各种传播方式带动消费者。如果说第一阶段入市重点在吸引关注，那么这个阶段的核心就是“加火候”。在这个阶段既有启动大市场的机会，也有消耗企业的危险。通不过，企业就会失败，通过了，企业才能生存，才有了下一步大发展的机会。美福乐当时用了1年才在与康尔寿等产品的促销战和概念攻击中站稳了脚跟。脑白金通过这个阶段，靠的则是1年的新闻炒作战。

第三阶段是真正大丰收的时候。运作市场第一阶段时，企业哪怕不赚钱也要坚持：第二阶段必须以促销拉动、牺牲利益来带动消费；到第三阶段，大势已形成，相当于水已烧到99℃。这时，只要找到增加那1℃的办法，市场就会全面启动。这个阶段的运作手法要创造新时尚，赋予品牌内涵。如果企业找到了加1℃的办法，取得巨额利润就很容易了。婷美作为功效性产品，也必然要经过以上三大过程。要想跳过其中任何一个阶段都是不可能的。

我们探讨的第二个问题是婷美现在处在三大过程中的哪一个阶段。婷美进入市场时以倪虹洁作为形象代言人的广告被消费者关注，以新功能产品打动消费者，以亲和力形象贴近消费者，然后通过这种影响力迅速形成了全国营销网。婷美快速创造了12天火爆京城、26天风靡全国、一举超越8大洋品牌的辉煌业绩。婷美进入市场后，婷美开始培育“美体修形”的新理念，灌输“美容、美发、美体一个都不能少”的现代女性“美丽三部曲”的消费新观念，强化科技超越概念，最终牢牢占住了内衣市场第一品牌的位置。这个阶段，婷美已是商场内衣区不可动摇的销售冠军。大多数城市平均日销300套。从消费者方面看，极时尚和极想改变的人群都已被婷美的广告带动起来，有20%的消费者被带动跟进购买。现在，大多数女性逛商场都会去婷美专柜看看。“上海神兵”做的市场调查结果足以让婷美人自豪。在女人中有99%以上的知名度，在男人中有80%的知名度。不管是穿还是没穿，婷美的认同度高达76%。买过的人有37%对婷美评价很高，愿意重复购买。

但是，婷美是否就可以满足现单、躺在家里睡大觉了呢？婷美认为恰恰相反，现在才是婷美大发展的关键时候。婷美已成功运作两年，成功渡过保健品经营的前两个阶段，现在面临着更大的市场机会。只要中国有5%的女性购买婷美产品，1年就有3000万套的销量、近百亿的销量收入。既然现在婷美已经把火烧到了99℃，已经形成了下一阶段运作的气势，只有不断加火才能抓住机会，赚到自己本该赚到的巨额利润。很多经销商已在市场培育阶段赚到了钱，但千万不能有“小富即安”的心态，丢了赚大钱的机会。现在只要找到增加1℃的办法，比前两年大几倍的利润机会就会从天而降。只要清醒地认识到，婷美正处在保健品经营规律的第二阶段末尾，婷美就应该明白目前的局面是婷美经营中必然经历的过程。现在已到赚取巨大利润的好时机，机不可失，能不能抓住就看婷美自己。

第三个问题是我们对婷美现状的认识。目前已有20%的人买过现在的婷美产品。但出现三个问题：一是买了不穿，因为怕勒或嫌麻烦；二是买了穿了不说好，因为穿用方法不正确；三是80%的人还没参与购买，一方面是因为工薪消费者购买力不足，虽有追慕之心却因价格问题止步不前。另一方面是怀疑功效，对科技含量不了解而有所顾虑。还有大多数年轻时尚消费者觉得身材还没到要改变的时候，因而没有购买欲望。这三大问题反应到调查数据上就是99%的知名度、76%的认同度与4‰购买率的强烈反差。既然有这么多人知道婷美、认同婷美，怎么只有这么少的人买呢？这既是很大的问题又是很大的市场机会。99%的知名度、76%的认同度相当于水已烧到99℃，只要找到增加最后1℃的办法：销售额迅速上升的空间就在婷美面前。

根据婷美的市场调查，婷美的知名度非常高，形象也很好，婷美下一步的企划方向是解决可信度和美誉度的问题。如果能把可信度和美誉度提高，我们就能把另外80%没买的人带动到婷美队伍里来，把“穿了不说好”的人通过心理调整转化为持续消费的忠诚者，最后做到吸引住所有能消费得起的女性。只有做到这些，才能成功地跨越第三阶段，市场才会无限增长。

二、婷美怎样突破第三阶段市场瓶颈？

婷美新的企划案的核心定位于“功能超越+品牌决胜”来进行市场突破，它基于以下三点：

1. 婷美的功能宣传非常有用，进入第三阶段绝不能抛弃功能宣传

功能宣传在市场切入阶段吸引消费者关注。没有功能和利益，消费者绝不会买账。市场跟进阶段要靠功能去区分竞争对手，再深化、超越理念，把“我有你无”的优越性展现给消费者。但是到了市场深化阶段后，面临的是可信度和美誉度的问题。仅靠功能是否可以解决呢？婷美广告中已经说了很多关于科技内涵和效果的话题，再继续这个话题，已经很难打动消费者了。但大多数女人的消费是冲动、感性的。要突破第三阶段不仅靠功能，更要靠品牌。

2. 品牌的真正作用

关于品牌有很多理论也有不同认识。学院派认为品牌是万能的，前几年甚至把品牌捧上了天；市场派和落地派则大多认为品牌太虚，没什么用，是学院派骗钱的招数。这几年，我们看到了很多所谓的大品牌（像爱多）沉沙折戟的实例。于是，学院派又认为品牌对于企业顶多只能让其晚死几年。其实，这些认识都过于偏激。我们要有清醒的认识，品牌绝不是万能的！像电视机这样的产品，如果产品不更新换代，什么样的品牌都不起作用。面对这种境遇，只有不断推出新产品才能解决市场问题。但是，没有品牌又是万万不能的！消费者买的是自身利益和愿望。功能是杀手锏，品牌则是用感性来诉求功能的手段，是用文化来提升美化功能的办法。只有功能加品牌才能使婷美有新的突破。

3. “功能超越、品牌决胜”的指导思想

在这种思路下，一方面婷美要突出美体修形的功能，围绕它来细化营销手段；另一方面，围绕这种功能来树立品牌，以功能吸引关注，以品牌带动消费，美化生活，最终做到“让女人一想起婷美，就对其美体修形专家的地位表示崇敬”。

婷美有很好的品牌名称，功能特点也有很好的基础。婷美只要围绕美体修形的功能，以此为基础塑造品牌，就不会像某些产品一样变成品牌和功能脱节，就能在美体修形的核心下把品牌与功能融合在一起。功能超越意味着婷美永远不能放弃消费者的利益；品牌决胜则是我们突破第三阶段的手段。现在我们已把水烧到了99℃，另外那1℃就要靠冲击力、感染力、形象力来完成。既然原来靠亲和力和功能诉求带动不了消费大底座，现在婷美就用青春偶像张柏芝与国际巨星这样更美的形象来穿透、感染消费者。新的婷美是国际大品牌，新的婷美有大牌明星做代言人，新的婷美连外国人穿了都说好，市场效果自然会水到渠成。人们已经看到品牌推广会的感染力和国际巨星们的震撼冲击力。下一步，婷美的新闻运作将以1个月几百篇文章的密度把婷美一举变为市场的关注焦点。原来经营好的市场可以用创造出鲜度打出第二个高峰，原来经营一般的市场也可换上新装备重新启动。只要婷美切实把服务营销放在首要位置，使消费者穿了都说好，我们就能顺利跨过第三个发展阶段。

三、如何做到品牌决胜

要做到品牌决胜，就要依靠产品和广告各个层面的彻底更新。

1. 选拔新代言人，提升品牌档次，培育品牌理念

以倪虹洁做形象代言人所存在的问题在于她不具备明星气质和时尚感而且震撼力不足。经过长达3个月的调查研究，婷美充分征求了广告界、商界、消费者的意见，决定邀请张柏芝小姐和中野良子女士作为新的形象代言人。之所以选择张柏芝，因为她是目前香港人气最旺的影视歌三栖明星，作为未来国际巨星，在两岸三地甚至世界华人圈年轻一代中都有很强的号召力。张柏芝是集青春偶像、时尚代表、玉女形象为一身，为吸引年轻的目标消费人群，她为婷美做形象代言人能让婷美品牌年轻化，成为时尚潮流，起到拉动年轻一代跟风购买的作用；选择中野良子首先是考虑到强大的新闻效应。22年前她因出演《追捕》中的真由美轰动全中国。22年来她从未拍过国内产品广告，大家也很少见到她的影视作品，她的出山肯定会引起婷美的目标消费者——30~55岁中年女性的关注和情感联想。更符合婷美需要的是，中野良子由于长期穿着调整型内衣，到50多岁依然保持好身材，这一点是大多数女性万分羡慕的。婷美把这个优势通过广告和新闻宣传出来，可以极大地强化中年女性必须穿婷美保养身材的理念，让婷美成为生活必需品，锁定目标消费群体。最后，婷美选择中野良子是为了国际化形象的考虑。在调整型内衣发源地日本选择形象代言人，本身就表现出婷美的霸气。以日本女性为形象代言人开拓欧美市场，更证明了婷美的战略高度。

选择张柏芝、中野良子担任代言人并不意味着放弃倪虹洁。事实上婷美采取的是立体代言战略，以三大东方美人之组合震惊商界、渗透市场，打动消费者。

在消费者层面上，张柏芝能带动年轻白领，树立在身材好时就要穿婷美保养身材的时尚；中野良子是国际巨星，她打动的是婷美的主消费群——30~55岁的中青年白领，让她们认识到只要穿婷美美体修形，就能在岁月无情的摧残中，让身材保持永生不变；倪虹洁是有亲和力的邻家姐妹，她代表婷美不是高高在上、与消费者有很大距离的品牌，而是一个为大众服务的品牌，每个女人都可从中受益。

在功能层面上，婷美通过倪虹洁把婷美"一穿就变"的功能展现出来，用效果来感召；接下来，婷美要通过张柏芝代表的"真正改变"来超越，通过中野良子象征的"永生不变"来塑造，最终的目标是让18~55岁的女人都离不开婷美，把婷美这个品牌变成身材美的代名词，变成女人一生的好朋友。

2. 全面更新视觉系统，创造注入品牌新鲜度

经过两年的市场推广，婷美品牌在传播上的新鲜感已经不足。这次利用品牌更新的机会，婷美要让婷美在消费者眼中焕然一新。品牌的冲击力90%靠的是视觉。因此婷美请国内有名的"大腕"重新设计了婷美标志、说明书、包装盒、海报、灯箱片、专柜形象，拍摄了美艳绝伦的新广告。婷美在拍摄新广告、设计新平面时重点考虑的就是美，就是视觉冲击力，力争让新的婷美品牌一举震撼全国，以最富新鲜感的方式亮相，使已趋弱化的市场关注度重新热起来，用美仑美奂的形象感召消费者，刺激其购买欲，实现东方神韵的品牌定位。

3. 加强新闻公关，由产品品牌到企业品牌

新婷美品牌以"东方神韵、国际美人"来定位，目的是要让消费者认识到婷美与以前相比已经脱胎换骨，在产品质量、款型、设计、面料工艺等方面已不可同日而语。只有达到这个目的，新品牌的内涵才不是与产品脱节的两层皮，为品牌注入的新鲜冲击力才会转化成新老顾客对婷美产品更强的购买欲。由于婷美目前取得了市场第一的强势地位，美国杜邦、日本伊藤忠、英国贝宁等国际大企业都成了婷美的盟友。日本五大调整型内衣、美国健康大王公司也强烈要求与婷美合作。婷美在新品牌运作中重点强调了这些名牌企业与婷美的结盟关系，重点提出了婷美的国际化战略，其目的就是让消费者感觉国际婷美已不同于原来的婷美。国际化形象对消费者有什么利益呢？它表明新婷美的产品品质现在也是国际化的。与以前不同，新婷美的一针一线都在全球采购，确保做出符合国际品质的高档产品。这样，国内消费者可以用低于国际市场1000多元的价格买到全新品质的国际化产品，对于他们是更加物有所值的。国际化战略还能起到一个作用：实现从产品品牌向企业品牌的转化。婷美要以新闻公关推出国际化品牌，推出面对WTO后的市场竞争中为国争光的婷美公司形象，使婷美在消费者心目中变成与海尔、联想比肩的大企业，为今后婷美的发展打下了坚实的基础。

四、新企划方案的核心——八大超越

品牌决胜最怕的就是“虚”。大明星请了、包装漂亮、广告好看了，但消费者不买账，市场销量没有在品牌运作中受益。因此，婷美在“功能超越、品牌决胜”大原则下提出了八大超越的指导思想。

1. 时尚超越，创造新鲜感拉动消费

时尚，首先意味着新鲜感和关注度。婷美刚上市的时候，一打广告就有上千个咨询电话，一做活动就销量成倍增加，这是因为有新鲜感。现在运作了近两年，消费者已不把婷美的广告当成新刺激。婷美塑造新品牌形象就是要解决这个问题。张柏芝目前人气极旺，她担任婷美新形象代言人本来就有新闻效应，会吸引关注。婷美把张柏芝的广告用水下摄影拍得美仑美奂、时髦前卫，也是为了让消费者觉得时尚和新鲜。中野良子22年后复出为婷美拍广告肯定能引起消费者关注，激发她们谈论。这样，消费者会因新鲜刺激而重新产生购买冲动，追求时尚的人也能再度入局购买，还会有更多以前婷美刺激度不够的消费者因新鲜时尚而跟进；用张柏芝来带动年轻一代消费者，可以把那些自觉身材好、不需要婷美的人完全带动起来，满足她们站在潮流前线的时髦冲动。中野良子对中青年女性能起到类似张柏芝的作用。当年，真由美是亿万女人的偶像；今天，52岁的中野良子仍拥有让女人羡慕不已的美好身材。她还代表了日本穿调整内衣保养身材的新时尚，代表了婷美进军国际、带动世界潮流的新形象。两大巨星合一，再结合倪虹洁的功能宣教，很快就会在全国掀起一股消费婷美的时尚潮流。只要婷美成了时尚尖端，什么样的竞争都不在话下。

2. 科技超越，创造趋势，满足求变欲望

有些消费者没有形成对婷美的消费习惯，归根结底是没有认识到婷美内衣代表了内衣的发展趋势，没有接受婷美对传统内衣的高科技超越和替代。以前婷美虽然下了很大功夫宣传这一点，但有两个明显不足：一是讲功能多，讲理念不足；二是企业自说自话多，可信的依托少。采用了品牌决胜的企划战略之后，婷美有了与以往完全不同的运作平台：首先，婷美的形象代言人是张柏芝、中野良子等国际巨星，由她们来说明婷美超越替代了传统内衣更可信，更能满足消费者求新求变的欲望；其次，婷美的品牌是代表东方传统医药文化的国际化品牌，婷美可以在品牌形象力的基础上传达一个理念，那就是，如同数字手机替代模拟手机、计算器代替算盘一样，婷美内衣替代传统内衣和调整型内衣是大势所趋。婷美之所以能进军国际，能获得外国合作者及消费者的青睐，恰恰因为婷美是与传统内衣和调整型内衣完全不同的新品类，是有中华医药文化支撑的高科技新产品。通过国际化品牌的建构，消费者就会潜移默化地接受婷美科技超越的大趋势；第三，在新的品牌指导下，婷美的企业是和海尔、联想一样为国争光的大企业，是力争改变中国纺织产品“地摊货”错误认识的大企业。以这样的企业形象来支撑科技超越、更新换代，消费者会很容易接受。

任何新生事物在问世之初都会遇到强大的阻力。汽车、火车、电视、互联网等，都是在人们的排斥中逐渐成为生活必需品。像婷美这样的引领时尚的创新产品，必然要经过一个培育教导市场的过程。婷美应该有心理准备，只要在新品牌决胜的大思路下强化科技超越，婷美替代传统内衣就一定能在不久的将来成为事实。

3. 理念超越，推动潮流，改变消费习惯

婷美不是简单的内衣，而是给人带来健康、引领时尚的美丽传播者，是行为医学的倡导者，是中华医药文化的推动者。婷美更是一项推动社会进步、关爱妇女健康、为中华民族争光的美好事业。品牌决胜，意味着要把这些理念通过企划手段传达给消费者。要突破消费观念，改变消费习惯，首先要树立“保养身材、管理脂肪”的理念。女人一过25岁身材开始老化，错误矫形方法加剧走形。如果女性能在身材好的时候学会保养身材，就能让美好曲线永生不变。如果身材已经走形，通过婷美的高科技手段，也能让身材真正改变，然后再让美丽永生不变。这个理念对于女人既有利益又有常识依托，更有时尚性，完全能通过广告来树立。消费者有了这样的认识后，身材好的自然会去买婷美，身材一般的也会为了改变和保养身材而养成穿婷美的习惯。只要能让她们连续穿两周，婷美的强大功效一定能使其尝到甜头不肯脱下来，形成持续购买，让更大的人群消费婷美。其次要树立“行为医学”的保健理念。以前大家重视看病的治疗医学、康复医学，今后的发展趋势就是通过穿衣戴帽实现自我保健，这是世界卫生组织提倡的。婷美是行为医学的实践者，能通过穿内衣给人保健，弘扬中华医药文化。

通过树立品牌的这两个理念内涵，婷美就能从时尚购买发展为健康购买、实用购买，最终变成生活必需购买，市场规模至少扩大10倍。

4. 价格超越，贴近不同消费层面

婷美产品以前以中档价格为主，既缺乏启动底座的低价位产品，又没有树立形象的高价位产品支撑。有些不了解婷美高科技内涵的人还错误地认为婷美价格贵。在新的品牌架构中，婷美首先要解决这个问题。婷美是对调整型内衣的超越。调整型内衣在中国市场上至少要卖几千元一套，婷美怎么算贵呢？通过移位对比法，产品价格障碍就能部分被消除；其次，婷美为工薪阶层准备了低价位的知心装，以它来启动底座，让一直观望的大量消费者为价格便宜、为满足对婷美的追慕之心而购买。同时，以让对手无利可图的价位，使那些误认为有机可乘的跟风者丧失市场切入点；最后，婷美推出高价位的贵人装。消费者想要更高档的内衣，婷美网络还专营着货真价实的日本名牌爱丽尔等。从298~5000多元，不同层次的消费者都不会从婷美流失。

5. 服务超越，树立“穿了都说好”的服务标准

周总在服务培训工作会议上重点阐述了新形势下服务营销的新概念，并把服务营销与品牌决胜并列作为婷美第三阶段的发展核心。对此，在今后婷美的企划宣传中，“穿了都说好”的服务战略是必不可少的内容。一定要把广告和服务结合，让穿不出效果的消费者因服务而得到改变和心理调整，让穿出效果的消费者因服务而说好，创造口碑声势。

6. 新闻公关超越，制造热点，树立形象

新闻公关在下阶段婷美企划方案里是重中之重。在婷美“东方神韵、国际婷美”的新定位以及婷美公司“立体代言、进军国际”的新战略中包含了很多的新闻点。婷美整合的媒介关系在全国发出至少500篇树立婷美形象的新闻。通过全国性的新闻运作，利用各地媒介关系配合全国攻势深入挖掘婷美形象。在这半年里，婷美的新闻力度一定能超越海尔和联想，成为经济社会领域最具关注度和谈论性的亮点。在这样的大手笔下，还有哪个竞争对手敢和婷美叫板？哪个消费者不被婷美的影响力震撼?！婷美的市场穿透力将会放大好多倍，商界关系将空前融洽，能以更少代价得到更大发展。

7. 产品超越，婷美第三代全新上市

婷美第三代除了已经供货的新丽人装、新典雅装、贵人装、知心装外，婷美还将陆续推出圣洁装、柏芝装，不断在新的设计理念下推出未来装。第三代产品企划要点只有一个字：新。婷美的产品不仅是对第二代的超越升级，也是对所有传统内衣的超越升级，更是美体修形理念的超越升级。婷美的新面料、新工艺、新感受一定能给消费者带来新的惊喜。

8. 产业超越，成为美体修形新行业霸主

美体修形事业的深化运作是婷美下阶段的必由之路。婷美创造了美体修形概念，保健内衣只是这个产业的第一个支柱。我们要让消费者把婷美当成美体修形专家，把美体修形的消费概念变成流行时尚，再转化为生活习惯，最终变成女性成长过程中的基本需求，把美体修形文化深入到消费者心中。婷美要让消费者形成一个概念：婷美不是因为女性美体修形的欲望而产生的，反而是女性因为有了婷美才有了美体修形的欲望，这才叫制造消费，开创潮流。下一步，婷美要推出为产妇恢复形体的围产裤、塑造腿部曲线的美腿袜，美体修形还要向洗的美体修形、吃的美体修形延伸。婷美要做到10年后婷美每个人都能自豪地回顾，中国的美体修形文化是婷美开创的。通过这八大超越，婷美在功能基础上以新婷美品牌作为决胜武器，所有的市场问题都会迎刃而解，从而突破第三阶段瓶颈，让水成功烧到了100℃，达到占据功能内衣第一品牌地位，营造百亿元新兴市场的目的。

（戴赛鹰　通美公司总经理、婷美集团企划总监）

第4篇

遭遇激情

——从彩虹天地的激情危机看企业激情的营造

一个企业，员工必须有一种向上的精神，不停地往上进取，这种劲头是企业成功的一个非常重要的因素。这种劲头就是企业激情。

激情是对一个组织目标执着的和热情的追求。一个企业一定要有激情，否则就会创造力不够，就没法给公司带来一种核心的竞争能力。

企业激情的营造有多种方法，必须注重员工的激励因素，注重营造一种真正的共享价值观。

本章通过彩虹天地的企业激情危机的分析，对企业文化在企业发展中的作用，如何创造充满激情的企业文化进行了探讨。

本案例结合管理学课程中的企业文化、领导与激励等知识点，适用于企业文化营造、企业系统机制构建、企业员工的管理机制构建等的实践运用。

核心知识要点

企业文化是指在企业的长期发展演变过程中，企业全体员工逐渐形成的共同信念，它包括企业信念、价值观、理想、最高目标、行为准则，以及由此表现出来的企业风范和企业精神等。

根据约翰·P·科特和詹姆斯·L·赫斯克特对企业文化的研究，可以将企业文化分为两个不同的层面：基本价值观念和行为规范。企业共有的基本价值观念作用于企业的行为方式，同样行为方式和实践也可以反作用于企业成员共有的基本价值观念。

企业文化是一个生态系统，其基本特征是系统性和应变性。企业文化是由以“最高价值观”为核心的七个因素组成：共同价值观、结构、战略、制度、技能、作风、人员。共同价值观是企业文化的核心，其他战略、结构、制度、风格、人员、技能都围绕着这一共同价值观，与其形成紧密的联系，利用共同价值观的统领作用，把企业融合为有机体，创造出组织的整体活力。

企业文化建设也要在多个层次上进行：借助于规章制度反复强化、借助于良好风气实现定势化、借助于英雄人物实现人格化、借助于群体活动实现共识化、借助于仪式和器物实现情景化。

案例正文

2000年10月的一天，北京彩虹天地信息有限公司的总经理陈龙森正在办公桌前看财务部门统计上来的1~9月报表。1~9月份，公司只完成了今年的销售任务60%，看来今年的任务是肯定完不成了。不过，虽然没有完成既定任务，但公司总体的销售额仍比上年有所增长，所以公司的大部分员工，对此还没有感到太大压力。

但是陈龙森的思虑却从销售数字上跑到了更远的地方，自从公司成立6年以来，一直保持了50%的高增长率，这是第一次增长速度放缓，市场并没有发生太大的变化，公司内部也发展稳定，那么问题出在哪呢？

另外一件让陈龙森困惑的事情是：几天前作为北京彩虹天地这个合资公司的外方代表对公司提出了意见：认为公司气氛太安静，不像个IT企业。这是陈龙森从来没想过的问题，开始他并不以为然，办公室里自然应该很安静，才能有利于安心工作。但是联系到销售业绩增长莫名其妙地放慢，员工好像越来越缺乏动力，陈龙森不由忧心忡忡起来。

发展历程

1994年，当时具有工程师背景的陈龙森开发了一个针对软件安全保护的硬件产品，随后与另外两人（一个有研发背景、一个有市场背景）一起创业，在中关村创办了北京金天地软件发展有限公司，推出了自己的产品——加密狗，这是一种计算机软件加密工具，使用者主要是软件开发商，用来防止盗版。

由于当时国内软件保护产品还属于空白，加密狗几乎是当时市场上惟一的软件保护产品，而且金天地软件公司在做生意的过程中非常讲究诚信的原则，所以公司销售增长非常快，在软件保护产品上一枝独秀，每年销售额保持了50%增长率，即使在市场培育成熟后，竞争者不断进入时，公司的市场份额仍占到50%以上。在此期间，公司的人员也从最初的7个人扩大到60、70人，不仅拥有软件加密狗核心技术和一定研发能力，而且在全国各地建立了自己的销售渠道，拥有20多个代理商队伍。

软件保护产品主要是针对盗版问题而采取的防护措施，仅仅是一种技术手段，用来保护开发商的利益。要想根本地解决盗版问题只有靠法律，所以许多软件并不加密。加密狗至1999年，软件保护市场的总销售额大约有5~6 千万元人民币，而且比较稳定。

在公司取得业绩的稳定增长下，公司决策层开始考虑下一步的发展。当时的软件保护产品市场，全球大约共有10家竞争者，其中美国彩虹（Rainbow）公司的Sentinel产品线占据了55%的市场份额，欧洲有三家公司，分别在以色列、德国和意大利。中国除了金天地公司之外，还有两家竞争对手。金天地公司研发和生产的加密狗处于中档市场，占有大约50%的市场份额。美国彩虹（Rainbow）在1994年进入中国，到1999年已经占领了20%的市场份额。

陈龙森意识到金天地缺的是一条通向国际市场的道路，他决定寻找国际合作伙伴。1999年12月，在经过多番筛选考虑之后，公司选择了美国彩虹（Rainbow）高科技股份有限公司进行合资，共同组建了北京彩虹天地信息技术有限公司。美国彩虹（Rainbow）公司是1986年成立的，1987年在Nasdaq挂牌，业务发展迅猛。2000年全球销售额已经达到1.68亿美元。彩虹占领美国本土以外市场的一贯政策是当地化：在当地寻找合适的合作伙伴，采用合资、并购等资本手段，迅速占领当地市场。陈龙森没有同意被并购，而选择了成立合资公司。他希望通过这次合资，达到以下几个目的：（1）利用外方渠道，把软件狗卖到国际市场；（2）利用美国的技术，引入新产品，扩展产品线；（3）提高在技术、产品、营销、销售上的管理能力。

注资后的新公司推行双品牌策略，在公司内部同时保留两支行销队伍，相互之间还存在竞争关系。由于两家的产品定位有一定区别，相比于金天地原来的中档市场，Rainbow的产品定位于中高档市场，所以两条产品线都同样成长。合资后的公司在中国软件保护市场占有60%以上的市场份额。相比以前两家公司各自为政，在中国市场金天地和Rainbow都只能各占部分市场。合到一块后，公司就成了整个市场的龙头老大。

但是在合资后的一年中，因为两家公司在文化和企业管理的系统上都不一样，也存在着一些矛盾，尤其是在年终分成的方案上产生了一些分歧。而Rainbow的技术也对合资公司有所保留。为了解决这一问题，2000年，美国彩虹（Rainbow）进行了大幅的增资扩股，收购了金天地原来股东持有的大部分股份，使金天地公司在彩虹天地的股份下降到比较小的比例以内。由此，北京的彩虹天地变成了美国彩虹（Rainbow）在亚太地区并购的第四家公司。陈龙森仍然出任总经理。重新调整股权结构后的彩虹天地引进了美国公司的员工激励制度，也计划给高层职业经理人一些上市公司的期股权。

合资后的彩虹天地除了已有的加密狗销售之外，还增加了Rainbow的全球产品，进行数字版权保护的研发；同时彩虹天地在国内开发的产品也通过Rainbow的国际渠道销往海外，如在墨西哥、印度、韩国都有彩虹天地加密狗的代理；而数字产权保护产品赛虎数字版权保护方案更被Rainbow看好，准备向全球推广。但主要销售收入还是来自于国内市场。

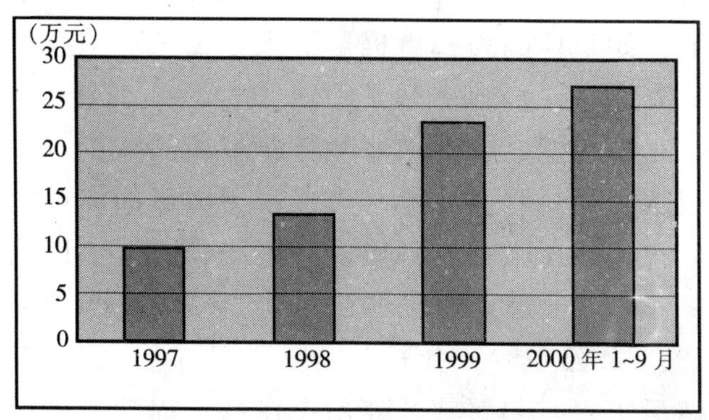

图4-1　金天地公司（即后来的彩虹天地公司）历年销售示意图

注：1999年以前的数据，仅仅是中方的。2000年的销售数据包括合资以后的所有销售收入，其中2/3来自于销售金天地原来的加密狗产品，1/3来自于销售Rainbow的产品。

陈龙森其人

北京彩虹天地信息技术有限公司——即原先的北京金天地软件

公司的总经理陈龙森，1985年硕士毕业后，留校当教师。1991年，到中关村下海，在创业前，是天地电子公司的副总经理，主管公司的研发工作。

在陈龙森成立金天地公司后，由于他自身在中关村的经历，曾目睹过中关村的一些公司企业的不规范操作、短期行为严重，公司内部存在不公平现象，员工压力过大、流动率高等现象。因此，他在自己亲手创办的公司里，努力营造平等、宽松，充满人性化的气氛。

在最初的股份设置中，陈龙森与其他的两个创业者的股份相同。在公司的决策活动中，尤其是在重大决策上，总是要通过民主讨论、大家统一认识后再决定。出身于技术人员的陈龙森比较喜欢平实的做法。在公司日常的经营问题上，陈龙森笃信诚信稳妥的原则。

在执行公司制度上，陈龙森和员工一样遵守，从不搞特殊化。比如有一段时间，上班时间固定，要求每人打卡。作为总经理的陈龙森也一样打卡，如果他因为私事提早下班，也一样用红字记录时间，扣除相应的工资。

当IT企业普遍把加班变成一种行业习惯的时候，陈龙森从来不鼓励加班，他认为在一些企业里，员工为了加班而加班，几乎把加班变成了一种形式。他自己首先身体力行不加班，下了班的时间基本上都是自己的私人时间。所以在他的公司里，除了有非干不可的事情，一到5点半下班，办公室就全空了。

为了让员工更有归属感，陈龙森在员工福利上也挖空心思，为了吸引非本地人才，公司设立了单身宿舍；为了方便员工上下班，公司特意买了两辆面包车，作为专门的接送班车。

为了公司比较和谐的气氛，公司人力资源部在进人问题上一般会倾向于比较平和性格的人，这也得到了自称属于中庸的总经理陈龙森的默许。与其他中关村的IT公司相比，公司的人员流动率一直比较低。

在工作之外，陈龙森追求身体、工作与生活的平衡。首先，他自己也尽量避免加班，把业余生活安排得丰富多彩。除了上MBA充电，他还尽量保证时间每周去郊外游玩和锻炼身体。陈龙森把自己的公司定位于快乐的中小公司，认为受行业、市场等环境的影响，不一定每一个企业都要做成大企业。在不断学习、不断领悟之后，陈龙森并不将自己定位于永远做彩虹公司的总经理。所以在公司合资不到一年后，他又同意将自己持有的公司股份大部分卖出，彻底变成职业经理人的角色。这样，他可以寻找新的空间来发展自己、挑战自己。

出现的问题

随着企业的发展，陈龙森也对自己的一些曾经认为很对的做法感到比较困惑，比如，单身宿舍在一次次应单身员工的要求陆续买了彩电、洗衣机等家用品后，员工还是不断地提新要求，而户口在北京的单身员工又认为单身宿舍对他们很不公平，这对于很注重公平性的陈龙森成了一个很难权衡的问题。再比如，开了班车造成一到快下班时，员工就无心再做任何需要稍微花时间的工作了，等于班车在赶人。另外，竞争对手越来越多，而且IT行业每天长时间加班工作成了十分正常的现象，那么自己的公司不加班，不就等于让竞争对手赶上来吗？

最使陈龙森困惑的是：在合资以后，外方觉得公司的气氛过于安静、沉闷，员工工作没有激情。这是陈龙森从来没有想过的。他回想起创业初期，公司的气氛是很活跃的，大家充满了激情。他在考虑了一段时间后，结合自己最近的感受，在纸上写下如下情景和问题：

情景一：办公经理会

公司在合资后，每周要开办公经理会，参加会议的人员大部分保持沉默，有个别人说话，也经常是为一些小事争执，比如，办公地点是否合一起（合资前是两个办公地点），班车是否保留等。这样，少数人争执，大多数人感觉是浪费时间。会议的效果很差，因此就停掉了办公经理会。

为什么大部分管理人员不讲话呢？

情景二：前台电话

外方反映前台接电话的声音冷清，没有礼貌用语，给人的感觉不好，显得形象不够专业。类似这样细微并且很容易解决的问题，公司内部以前没有人发现，是没有人能够发现，还是发现了却不去到相关部门的负责人处反映？

如何发现公司内部存在的问题？

情景三：员工互动

每天上班时每个人都坐在自己的座位上看着显示器，空气也比较沉闷，很少能够看到几个人坐在一起讨论问题，一到下午5：30，几乎全部人都按时下班回家。

为什么大家不能形成互动的氛围呢？

情景四：员工沟通

上级在跟员工沟通时，员工的沉默是一个非常大的障碍。当你问到是否对工作感兴趣，有些什么想法，对方的回应是还可以，明显感觉到嘴上说的与心里想的不一致，可就是不愿意说出真实的想法。

是员工没有想法还是封闭呢？

陈龙森的困惑

困惑1——如何产生？

陈龙森自认为是一个有创意、富创新精神的人，这点已经从他的研发能力上证实过了。他认为自己甚至有些喜新厌旧，要不也不会舍得计划卖掉自己一手创办的、发展势头良好的公司而去寻求新的机会与平台。

另一方面，他认为自己是个和气、公平、很爱员工的老板。他相信他的员工也同意这些说法，可是公司为什么会出现上述问题呢？员工为什么没有激情呢？

困惑2——如何解决？

外方向陈龙森提议减人，增加工作时间。但是，这是与陈龙森的一贯的理念很不一致的。可是销售完不成任务，必须要采取措施了。有没有更好的办法呢？这是陈龙森所思考的事情。

课堂讨论

主 持 人：**何志毅**　北京大学管理案例研究中心主任
企业嘉宾：**陈龙森**　北京彩虹天地信息技术有限公司总经理
其他嘉宾：**柳传志**　联想集团董事局主席
王　璞　北大纵横管理咨询公司董事总经理
参与学员：**杨　军**　北京大学管理案例研究中心主任助理
张洪胜　北京大学光华管理学院MBA学员
曾　葳　北京大学光华管理学院MBA学员
马佳临　北京大学光华管理学院MBA学员
关　山　北京大学光华管理学院MBA学员
宋儒量　北京大学光华管理学院MBA学员
秦展鹏　中国商品检验总公司，北京大学光华管理学院MBA学员
张占青　神州数码HP外设销售经理，北京大学光华管理学院MBA学员
武　骏　电信传输研究所副主任，北京大学光华管理学院MBA学员
李昊达　深圳证券公司（北京），北京大学光华管理学院MBA学员
孙立极　《人民日报》编辑，北京大学光华管理学院MBA学员
刘春雷　道能德管理咨询公司总裁，北京大学光华管理学院MBA学员
吴志轩　北京大学光华管理学院MBA学员
王　琳　诺基亚培训学院项目经理

何志毅： 中国改革开放到现在已经20年了，我想大家都知道，管理界人士都应该可以很充分地认识到，过去我们凭勇敢、凭冒险，或者说凭一些机会发财的时代不能说完全过去，但是这种机会已经是越来越少了。随着中国进入WTO，我们进入了一个更加开放、更加公平、更加在同样一种游戏规则和规律上面

进行竞争的环境里面，管理的作用显得越来越重要，这是一个大好事。

MBA 教育有一个很显著的特点就是用案例进行教学。这是美国哈佛大学在工商管理教育的早期发明的，全世界也以这种案例管理教学为一种通用的方法。我们知道 MBA 培养的并不是学问家，并不是专门做研究的，我们是培养职业经理人，是将来要到商场上去搞竞争的，或者说在商战里面要指挥打仗的人，所以这个学习不只是专门书本里面的知识性的学习。学管理要靠大量案例研究和从案例里面学习来提高职业经理人的水平。我们试图用一个一个的案例展现管理的真谛，通过在现场，我们请到一些当事人，请到一些资深管理人和管理专家跟大家一起就管理中间发生的问题进行一个集思广益、一个平等的对话和探讨。

今天讨论的话题是从陈龙森的彩虹天地公司的外方人员发现公司很沉闷、没有激情引发的，这个问题引起了陈龙森的很多思考，为什么这个公司没有激情？一会儿我们听听各位同学和嘉宾的意见。首先我介绍一下今天我们的两位嘉宾：一位是柳总，联想集团董事局主席。第二位嘉宾是北大纵横管理咨询公司的董事总经理王璞，我们表示热烈的欢迎。

（放映录像，请参看案例正文）

有关激情

何志毅： 今天我们探讨的第一个问题是想听听各位的意见，这种现象是缺乏激情吗？这个激情到底是什么东西？激情的本质是什么？我们看这个企业有没有激情，激情的背后是什么东西？激情到底是一种目的还是一种手段，它是用什么来构成的？还有就是企业有没有激情是不是很重要？企业到底需不需要激情？我想先听听柳总的看法，会不会使你想到 20 年前的事情呢？

柳传志： 人为什么会产生激情或者幸福感？我觉得首先是设立一个目

标，然后通过自己的艰苦努力去实现这个目标，然后又有一个新的目标，经过努力之后又达到一个更高的阶段。这样，每次经过努力达到设定的目标的时候，就会有一种特别的兴奋，这种兴奋感就是幸福或者说是人产生激情的原因。因此，人之所以会产生激情需要有两点：一个是设定并达到目标，第二个是达到目标的过程是经过自己艰苦奋斗得来的。比如说中六合彩，一下中了很多钱，当然也很高兴，但是这跟你有步骤地通过努力得到的还是不同。然而这个过程如果没有结果可能也难以产生激情。因为，如果仅有过程，而事情的结果跟自己毫无关系，这对激情的产生也有很大的影响。一个企业，尤其是一个高科技的以知识产权为主要盈利手段的企业，员工必须有一种向上的精神，不停地往上争，这种劲头是非常重要的因素。

何志毅： 柳总，联想公司历史上有没有碰到过类似的问题？有一个阶段好像员工没有激情，有没有这种情况？还是说完全没有，从头到尾都是激情澎湃？

柳传志： 应该讲在某个阶段，每个阶段几乎都是激情澎湃的。因为工作中遇到了很多困难，克服了以后又有新的困难，最先的时候是我和一些老同事，后来是年轻人。有了困难，最大的问题就是如果过不去关怎么办？我们就是在这种不断地解决困难的过程中让员工保持激情。因此，我们在工作中没有遇到彩虹公司面临的激情问题，这跟联想的机制、体制和信念有很大关系。

何志毅： 联想没有碰到过这样的问题，所以柳总是老革命遇到新问题。

柳传志： 我们之所以没有这样的问题我觉得不是偶然的。这个问题从企业建立之初就要做全面的考虑，起初公司是职工自己的公司，每个核心人物都有股份，那么职工就会把公司视为自己的公司，工作自然就有激情。后来公司把百分之九十几的股份都卖给外国人了，那自己是什么人？原来的事业跟自己有什么关系？从物质角度上讲，不是这个企业的真正主人，这是第一点。第二点从精神角度上讲，就是你是不是给你下边的几员大将，在责权利方面非常明确。在座的MBA，将来你们到一个单位，光有高工资是不行的，要有自己施展的天地，这个天地和公司的全局有关系，全局的利益跟自己又有关系，这才能行。如果完全都没关系，那他的激情从哪儿来？这可能是关键的地方。

何志毅：柳总的看法一个是和体制有关系，因为你自己不是老板；第二个和领导人有关系，因为领导人给人的感觉是要另外创业，就是革命已经成功了，交给外方去管理了。

柳传志：这个激励实际上有两种，一种是物质激励，就是说期权、工资，还有一种是精神激励，就是让他能够有施展的天地，中国企业跟外国企业竞争，其实主要靠的是精神，像杨元庆、郭为都有自己的舞台，自己在这里做，下面又有舞台，人都变成一个发动机，所以外国企业花多少钱也拽不走。如果没有这个，仅仅凭工资待遇是不行的。

何志毅：关于激情的问题我们今天可以把它看作共性的问题进行探讨。但是就这个案例引发的问题，我想问一下在座的各位，在你们的企业里面或者你所在的公司里有没有类似的问题？我碰到过另外一种现象，就是这个公司里太有激情了，这种情况在IT公司里面很常见，我碰到好多IT公司是过于激情澎湃，吵吵闹闹一个事情定不下来，没有秩序，经常为一个事情争吵不休，激情太多。所以今天我们想讨论一个问题，就是一个企业是不是一定要有激情？大家对这个问题有什么看法？

杨　军：我觉得激情这个东西在一个公司里面，即使是高科技的公司里边，不同的部门也应该有不同程度的激情。比如我觉得在柳总的联想，如果你要求生产线的工人也非常有激情，那这个产品的一致性就会做不到，特别是像PC这样的产品，要求产品的一致性非常好，有非常好的信誉。当然像销售部门，还有比如说你的研发部门，像这样的部门是一定要有激情的，否则你的创造力不够，你就没法给公司带来一种核心的竞争能力，也没法给公司的利润有一个非常大的贡献。这是我的看法。

秦展鹏：我觉得这个问题就像硬币也有两面一样，如果过分追求激情可能也会带来一些负面的效果，就是把激情付诸于实施当中可能产生成本的问题。我记得有一篇文章叫《华为的冬天》，是华为的总经理任正非在IT产业面临一些发展不太顺利的时候写的。华为的生产线改造，原来手下的技术人员非常有激情，优化了一次，再优化，不断地创新，这个创新本身是很好的。但因为他持续地创新，带来了一些成本的问题，后来他反思的时候说到：不要过分追求创新，而且要有一个度的问题。这是我的看法。

何志毅：我也想起一个故事，就是苹果公司的创始人，就是一个很典型的非常有激情的人，很有创意，非常有激情。但是由于他太有激情了，所以这个公司的规矩不够，所以有一段时间被公司请出局，后来请了百事可乐的一个副总裁当公司总裁。可是过了一段，苹果公司又陷入沉闷，又把他请回来，他一回来又有激情了，很有创造力，就是iMAC那一款计算机，马上又供不应求了。所以在不同的发展阶段，激情跟企业管理的关联度，激情是有不同的作用的。

柳传志：我谈个观念，联想有一个管理三要素的观念，简单讲就是带队伍，带队伍实际上分了三层意思，第一层意思就是让你的兵知道为什么要打仗，要愿意去打仗，这就是所谓的激情问题，怎么样激励他愿意去。第二层意思，这个兵会打仗，光愿意去不行，没本事不行，他得会打仗。第三层意思是怎么打仗有序，不要自己人打了自己人，实际上这个带队包括三方面的因素，第一方面是物质的激励、精神的激励，愿意去打仗，后面两个怎么会打仗和怎么样打仗才有序。有序跟为什么要打仗有时候可能会形成矛盾，这需要领导人调整。

何志毅：领导人要把握有序和激情之间的关系和着眼点，这可能跟企业的不同层次有关系。就是在某个层次上可能要求很有激情，而在某一层面上要求你激情少一点，服从性和制度多一点。

柳传志：像工人上下班必须要严格，但是研究人员、研发人员可以弹性工作，但是对研发人员也是有制度的，你总不能上班的时候在办公室里抽烟。研发人员共同规定，你只能到外边去抽烟，不要影响了别人，总是还要有制约吧！所以制约跟激情两个东西实际上是一对矛盾。

王　璞：其实激情是源于人内心的一种东西，其实一个好的企业如联想，之所以好，我觉得很重要的是有一个好的企业文化，百年企业更是这样。激情实际上是一种无形的东西，是企业文化的一种组成部分，如果一个企业把激情这种东西引导得好，这个企业应该说就能够形成一个好的企业文化，但是不同的行业，不同类型的企业在企业不同的发展阶段要对激情有不同的度的把握。比如传统产业和高科技产业，处理激情的方法、手段就不一样。传统产业可能更多的需要一种纪律性的东西，更严重的比如像军队，他的激情可能要少，要服从指挥。比如像我们的一些生产制造企业，以及南方的工厂，可能更多的需要规范的管理，也强调秩序。在中关村地区的这些高科技企业，很多需要调动人的潜能，人的创造力，这时如果激情少了，我想人的这种潜能是不容易被调动出来的，因为仅靠一些制度性的东西，不容易引导他去做什么，只能告诉他不做什么，所以在高科技产业里面比传统产业要多一点激情，这是从产业上不同而言的。我们也有一个体会，因为我们经常帮助很多的企业，民营企业、高科技企业、传统企业做咨询，在不同的发展阶段也是不一样的。大家都知道，做企业战略有三个层面：要吃着碗里的，盯着盘里的，想着锅里的。这种情况下，我觉得对第一层面的人——领导者来说，可能要少一点激情，多一点守卫的思路，或者多一点务实的操作办法。对第二层面、第三层面的领导人来讲，可能要多一点激情。我想从行业上，这种激情的适用是不一样的，一个企业里面不同的发展阶段可能也是不一样的，这是我所理解的激情怎么形成一个很好的企业文化来促进企业的发展。

何志毅：好像还有同学要举手发言。

李昊达：我谈三点看法。第一点就是怎么让员工有激情，首先领导者就要有激情，你才能使员工有激情。刚才看到了，陈龙森是一个工程师出身的领导者，本身是非常严谨的，可能激情不是很足，这就势必影响了他的员工的激情，在招聘的时候肯定是相同的人走到一起去，员工也是严谨有余而激情不足的，这造成了整个公司激情不足的状况。第二点，激情是怎么产生的？我认为激情产生于克服困难所给人带来的愉快，只有不断地克服不断出现的困难才能不断地产生激情。陈龙森这个公司是一个软件公司，他的市场份额达到了50%，在中国这样一个高速增长的市场里，有50%的市场份额，这足以对员工产生激励，产生激情。

何志毅： 因为市场份额很高，大家高枕无忧，反而没有激情了。他们好像有点竞争不足，市场竞争不足？

李昊达： 我是这么认为的，我认为陈龙森对取得的成绩太谦虚了，没有向员工足够地讲目前我们公司处在什么样的市场状况，什么样的市场份额，公司达到什么样的市场地位。如果向人们讲清目前取得的这种成绩，我想员工可能会有激情。

何志毅： 这是不是跟人的个性有关系？可能有激情的人怎么都有激情，没激情的人怎么都没有激情。

柳传志： 我还有一点不同的想法，是从我自己的切身体会得来的。在早期的时候，困难当中有政策的风险，有商业风险，但后来有些大的困难，我们这些人也承受不了。为什么？比如有的事情需要冒违反国家政策的风险，当时非冒不可，做完了你就要受到国家的批评。后来国家政策改了，又说你是正确的。中关村的小企业为什么敢冒这个风险？比如拿支票换现金，为什么能做？我们当年发奖金，发了奖金以后，奖金税高得不得了，我为了兑现给员工的承诺，必须要发，发了以后奖金税高达300%，如果这样做企业就垮了。我们当时研究了半天，最后的做法是拿支票换了奖金，做了不太光彩的事情。一年以后国家就改了这个税收政策，因为这个税收政策不合理。但是当时我们为什么受不了，而中关村的企业都能承担呢？因为作为中关村的小企业，老板挣的钱是进了自个儿的腰包。而联想则不同，当你跟这个企业毫无关系的时候，赚了钱是国家的，真出了事你要去坐班房。你想，在这种情况下，光是克服困难会带来这么大的愉快吗？

李昊达：我请教柳总一个问题，你刚刚创业的时候，做第一笔单子挣了90万，那个时候有激情，还是说您现在更有激情？

柳传志：其实我自己真的感觉是，对一个企业来说，激情是要永恒的。中间当然有些修整，那是局部的，那不算，整个的企业感觉是一样的。我真的觉得今天杨元庆他们做的很多事情，取得了很大的成绩，我真的非常高兴，也非常兴奋。人是要调整的，当然第一次拿到这个单子以后会极其兴奋，后来每每取得成绩，员工有疲塌的时候，我们就去进行调整，去进行研究。你的意思是说我应该在第一笔感到更兴奋是吗？

李昊达：不是，我觉得您的激情是持续不断地增长，因为你不断地克服了一个又一个出现的问题。

柳传志：但是这个问题的根本是什么？确实与我们有认股权证，员工拥有公司35%的股份有极大的关系。当年的老同事，跟我一起合作的这些老同事到了1994、1995年的时候，有点跟不上形势，希望他们从第一线退下来，如果没有这个股份制改造，没有这个认股权证到他们手里边就很难退。但是他们退下来以后，年轻人在那儿工作，他们依然很高兴，不然，他就很难承受这种克服困难的愉快。

何志毅：还是前面的观点，就是激情与结果有关系，一定是有关系的。

柳传志：这要看到底跟你有怎么样的关系，比如说中国人申奥成功以后特别高兴，而美国人和中国申奥又有什么关系呢？所以，可能跟自己有密切联系的东西才能产生激情。

王　璞：激情不仅与结果有关系，还与我们每个人的性格，或者说区域文化有关系。比如我们前一段给杭州的一家企业做了一个项目，他们现在有四家上市公司，两家在中国，两家在美国。这个企业让我解决的一个问题就是企业文化中的一个问题：他的企业内部员工之间缺少竞争，为什么？那个地方有南宋遗风，小富即安，每个人都有这样的性格特征，所以企业里缺少互相竞争，员工缺少积极向上的精神，跟中关村大部分的企业不同，所以他要解决员工缺少激情的问题。

柳传志：我刚才想到另外一个问题，我们在广东惠阳有一个大的园区工厂，这个工厂纯粹是做生产，做加工的。有一天惠阳这个厂的对面山上着火了，跟我们这个厂子隔着一条马路，火势很猛，全厂的工人拼命出来救火。在他们的领导下，火终于被压住了，直到消防队员到来彻底将其扑灭。工人是什么人？工人全是打工的。在广东打工的是什么感觉？他不会想你工厂怎么样，那跟我有什么关系？那个地方有台湾的、香港的、南韩的企业，你要让工人热爱你的而不是别的企业，就要真正让工人产生主人的感觉，比如一个月有一次升旗仪式，给哪些人过生日，有什么样的表彰，有业余的中学班供工人学习提高文化水平等等。要让工人感觉到不同，让其眼睛发亮，尽量让他有一种对工厂的热爱。我觉得这次救火的事需要激情，要不然我凭什么去救火？跟我有什么关系呢？就像军队打仗，军队冒死往前冲的时候没有激情成吗？我觉得这样的地方不能没有激情，关键是如何对激情进行疏导，怎么样去组织，使其成为更强大的力量。

王　璞：领导企业、推动企业前进的文化力量应该有很多方面的技巧。其实很重要的一点，企业一定要有一个很好的远景，就是激励人心的长远的目标。当然如果这个长远的目标没有得到员工的认同，他也形成不了员工的激情，只是老板个人的激情。如果这个目标得到了大家的认同，是大家讨论出来的，或者大家理解了，认同了，就能化作全体员工的激情，不仅老板有，中层干部也有，员工也有，所以一个很好的远景对于一个企业来讲非常重要。

柳传志：让大家感受到企业到底跟他有什么关系，这是很重要的。一个公司不能让所有的员工都有事业心，我把事业心和上进心区分一下，上进心为了自己能挣更多的钱，有更好的发展空间，为此而奋斗，他会燃烧，有激情，这是上进心。事业心在我们这儿定义，对外边不一定合适。要完成联想的事业，从联想的事业之中得到自己应得的东西，这是主要骨干人员应该考虑的事情。如果大家都把这个公司当成自己家的话，那么公司有许多事情如裁员等都没法做。铁打的营盘流水的兵，铁打的营盘指的是由有事业心的核心骨干形成的班子，其他的部分如一些局部的地方是可以经常变化的。所以，我们要求中层员工要有责任心，做任何事情没有责任心是不行的，责任心不管有没有激情都是需要的，你得把事情按职责要求做好了。到了中层以上的员工就应该不仅有责任心还要加上一种上进心，他要往上奔，他才会有要求。到了高层的时候，就是责任心、上进心、加上事业心，你的上进心在联想的事业成功后得到了满足。现在联想的领军人物，杨元庆、郭为、朱丽兰等等，他们都是属于有事业心的，不是在为柳传志干，而是为自己干，他们还要感染一大批人都为自己干，这样公司就起来了。

正面抑或负面

何志毅：现在有些问题可以进一步展开，先对一个问题进行一下表决，柳总说，几乎是各种类型的企业和上中下层激情都是非常重要的，就是激情是个很正面的东西？

柳传志：激情是个正面的，我说中上层，我没说下层，有责任心的不见得一定要激情。

何志毅：责任心在这个层次上不见得非要有激情，只要有责任心就行了，要有责任的激励和约束，中间这一层有进取心，上面一层有事业心，这两层人物是需要激情的。在不同类型的企业里面基本都是如此。

柳传志：这里面有很大区别，但是我总觉得作为一个企业要做长、做大，要想做长如果没有激情，这个企业在竞争中根本无法生存下去。

何志毅：可能是很正面，咱们做一个调查。支持柳总的观点的请举绿牌，反对的请举红牌。有四个红牌，其他全部是绿牌。我想听听红牌同学的意见，为什么不支持这个观点？

秦展鹏：我觉得在一个企业里边一切都是要井然有序来开展的，对于高层，像柳总刚才提的，要定战略，要建班子，带队伍，对高层来说是可以的。但是对于下边来说，有很多员工都是按照上面的战略按部就班地把这个实现出来，这个时候，我觉得不能过分追求这个东西。

柳传志：其实各层都有他自己的局部的战略，比如高层的战略，到了各个层次以后，他要做的事情是总体战略分解到我这儿是什么，这样每个部门的领导人都自己在做，上面可以给一个宏观的东西，这时候如果这个人有激情，可能就会做出来。如果上面把下面一道都给做到了，你按这个全局去做，这个工作就做死了。实际上到了班组一级也应该有自己的发展战略，可能不是宏观长期的，比如在这个礼拜应该做什么事情，做哪些环境整理工作，为了达到这个战略目标做哪些事情等。

吴志轩：我倒不否认激情的重要性，但是我想补充，激情是否应该表现，是应该看不同的场合来决定的，好像出兵打仗的时候誓师大会应该有激情。在临战部署的时候，你就要冷静下来，这时候就不能谈激情了。在极其亢奋的时候不要做决策，所以激情与否应该视场合而定，不能一概而论。

柳传志：其实我觉得激情是一个过渡的东西或者叫做手段。是什么意思呢？就是保有激情的真正目的，就是为达到目标，不停地去追求，奋力去追求，这就叫激情，不管爱说话还是不爱说话，不停地要去开拓，去创新，这就叫激情。

何志毅：是在相当一段时间一种内心的激情。

王　璞：实际上是对目标不断的追求。

武　骏：刚才柳总、王总讲话，让我想起来管理学有一个基本的概念就是马斯洛理论。在陈龙森的这个公司里他强调了公司的福利，还包括彩电、班车，但是他强调的都是马斯洛理论的低层需求，只是生存和安全需求。对高层的一些自我实现、归属感，这种高层的需求他没有考虑太多，实际上在人力资源管理里，人不只是一个物理的人，而是一个社会人，是个情绪人，如果要他有激情，必须对他激励。没有激情有两个原因，一个是你没有激励，第二是你的激励方法不对头。在陈龙森这个公司里，我看激励的手段不对头。另外，后面讨论的问题又是激情有没有用，我认为激情也是需要管理的。激情很多时候会产生两方面的作用，一个是这个公司在需要激情的时候，如何把激情鼓动上去，有时候公司过于富有激情可能会产生副作用，那么就需要控制，激情也需要管理。这也说明 MBA 的管理是无处不在的，对激情也要管理，这是我的观点。

激情的产生

何志毅： 由于时间关系，这个话题我们就讨论到这里，再转入第二个话题。我们第二个话题是想讨论激情是怎么产生的，产生激情的要素是什么？我想先听听同学们的看法，最后再请两位嘉宾来发表意见。之所以探讨这个主题，就是我们管理者要把激情纳入一种管理的范畴，就是管理者在这个公司里面是不是要去创造激情、传递激情，或者说去医治激情，把激情纳入管理范畴里来。

武　骏： 企业文化相当重要，建立一个好的企业文化，能把人的激情有效地发挥出来，能向完成组织目标的方向来发挥。要建立一个好的企业文化还要有一个基础，就是必须保持组织公正。你的组织必须有一个公平的环境，组织公正是产生激情的基础。这样，我有一些激情，我付出一些东西，企业组织即使不知道，不给我报酬，我也愿意做，我知道从长远来讲，我会得到报酬的，因为这个组织是公正的。

张洪胜： 我认为产生激情有三个方面：第一个就是我非常认可刚才柳总的看法，就是对组织目标的认同，如果我在这个企业里面不占任何股份，你销售额涨到多少或者利润有多大，跟我个人没有什么关系的话，那么我不会有激情，我想这是重要的条件。当然不同的层次会有不同的目标，而且，每一个层次级下的人对你同层次的目标要进行认同，这是第一个方面。第二个方面，现在企业的管理，一个很流行的趋向就是以人为中心的管理，以人为中心无非就是尊重个性，尊重人，包括我们好多人现在讲到要学西方的生活方式，无非就是过得好一点，讲究生活的质量，这本身也会创造激情。但是，对个性的尊重，实际上就是员工感觉到自己在这个企业里是个人，激情马上就会上来。第三个方面，我同意武骏的观点，就是组织公正，一个人在一个组织里面感觉组织对自己，或者对周围的环境是公正的，是公平的，这样，他也会有激情。

何志毅： 你讲三条，第一就是说结果，我做的事结果跟我正相关，我的激情就会大一点，第二是受尊重产生公正，第三就是这个组织比较公平的话就会产生激情。

曾　葳： 我认为产生激情的要素有三点，第一点就是刚才像王总说的，企业要有一个给大家描述的一种愿景，这种愿景一定是可以实现的，可以在短期或者在一定时期内认为是可以摸得到的，这是很重要的一个可实现的愿景。另外，我的组织和目标要和我的员工的个人目标有一个或者是有多个比较良好的结合点，因为在这种情况下，员工才能够认为在这个企业里边能够有一个发挥的舞台，我不仅是为了企业做贡献，我自己也同时在这个企业里边成长起来了，这是第二点。还有一点就是权责利要对称，我觉得咱们这个案例里边，其实陈龙森没有直接说，但是我觉得可能会有一个隐含的原因造成这种缺乏激情的事，权力下放可能做得不是很好。

何志毅： 感觉到放权放得不够，给下属的空间不够？

曾　葳： 给下属的空间很小，下属觉得我给企业做了一些贡献或者说我提了一些建议，可能根本就没有意义，因为你不会采纳我的。所以，这个也会打击员工的积极性，到最终可能会打击员工的这种激情，主要是这三点。

于　洋： 我觉得激情的来源是两个方面，一个是外在的动力，一个是内在的自发的意识。刚才我们更多的是考虑从组织的层面上讲，怎么能对员工能产生好的制度，有好的目标的引导，有好的战略，能推动他，我觉得这是一个方面。从内在的层面上来讲，就像案例里提到，陈龙森比较倾向于找比较平和的人。我想其实作为任何一个企业，如果他首先能找到充满激情的员工，有这种员工是能达到实现激情组织目标的一个基本的条件。

何志毅： 这个激情跟每个个体很相关，个人的性格跟个性很相关，如果每个个体个性都是比较容易热情起来的，这个企业可能就激情多一点。

于　洋： 更容易达到他的目标。

马佳临： 我支持于洋的观点。因为激情这个东西是个主观的东西，它来自每个个体的内部，外部的这些东西是一种激励，是一种保证，公平也好，我给他一些回报也好，都是保证他维持这种激情，或者说提高一些，但是激情一开始的来源绝对不是来源于组织公正。组织一公正激情一下就来了？不是，激情来源于认可或者热爱。

何志毅： 于洋的意思就是说要找到有激情的个人，所以这个企业就很有激情。照你这样讲，如果想在组织里创造激情的话，企业家的首要责任就是把一个一个有激情的人找来就行了，其他事都不要干了？

于　洋： 我想我们两个都更多地认为这是一个必要的条件，这样的话能促使组织更有效地去达到他的目标，实现他对于激情的这种管理。

何志毅： 但是管理经常要面临这种问题，肯定你要创造一个组织氛围使那些没有激情的人也被感染得很有激情，这才是一个组织里文化的力量，因为你很难找到到这个企业里来的每个人都很有激情。

李昊达： 怎么样才能产生激情？首要的就是找到有激情的人，激发他的激情，这样才能事半功倍，而找到一个没有激情、或者缺乏激情的人，使他产生激情就会事倍功半。同时，我觉得激情有三个阶段，第一个阶段就是激发他的激情，这对企业家来说是很重要的。第二就是引导他的激情，引导他向我们公司的目标方向去，公司的目标和个人的目标有机地结合。第三，就是要持续他的激情，使他不断地产生激情，不断地产生工作的动力。

孙立极：我觉得每个人都有激情，如果你光找有激情的人工作，没有激情的人是不是就不配有工作了呢？我觉得激情是从人的需要激发出来的，人都有需要，像对目标的认同，之所以认同目标是因为你的目标和需要是统一的，所以你会认同目标。我觉得比如说有的人有物质需要，有的人有自我实现的社会需要，像这种需要，你如果要是激励得恰到好处他都会有激情。比如说物质需要，可能大家认为这个物质需要不如社会需要那样高级，但是你把他激励得好，这同样会有激情。所以，我觉得对一个企业来说，关键的问题不是在于你去找有激情的人，而在于你怎么能激发出人的激情，这才是最重要的。

何志毅：你归纳一下，比如激发原来没有激情的人，最重要的激发他的要素是什么东西？

孙立极：我觉得第一个你要了解他的需要，想办法去满足他的需要。

何志毅：他有精神需要我就精神激励他，他有物质需要我就物质激励他。

孙立极：对，当然保证在组织目标的前提下，进而让他的个人目标和组织目标结合起来，你可以通过建立制度来实现，这是最重要的。

王　琳：我想给大家讲一个故事，然后我再问一个问题。我自己原来做过四年半的销售工作，那个时候销售员的工作是很独立的，而且在很多公司来看，销售员的工作在时间上是没有要求的，所以很多公司销售员可以白天不来办公室。但那个时候我们有一个规定，每个销售员在早晨7：30的时候必须要到办公室，不管家有多远，不管环境有多恶劣，必须要到办公室，到办公室只要做一件事情，什么样的事情呢？那个时候叫“爱的鼓励”，其实它做起来很简单，就是一个节奏，最后的“一、二”有时候会被换成加油，会换成成功的一个口号。

何志毅： 这个好像在很多销售公司、传销公司搞得像宗教仪式一样，一进来先给你加油、充电，把你整个情绪调动起来？

王　琳： 对，我想讲的是一个自己的经历，因为那个时候很多人都不同意这样做，因为很浪费时间，我们真的就停了半个月，但是结果就是这样，我们停了半个月，我们的销售在那半个月就掉下来了。所以我的问题是什么问题？刚才大家谈到了内在的和外在的，我就想问一个问题，就是这种形式上的是不是也能够激发出大家的激情和热情来，是不是可以这样理解？

柳传志： 我同意她的观点，中国的企业到现在大家做风险投资的都来创办企业，我觉得成活率很高，为什么？我曾经打过一个比方，就是说孵鸡蛋的环境温度应该是39℃，39℃的时候最适合把鸡蛋孵成为小鸡。我在办企业的时候，大概的环境我认为是42℃，就是1984年前后，大多数鸡蛋是活不了的。不管多有激情的鸡蛋，我们相当困难，我们的情况是很特殊的。但是到了现在，大概在39.5℃左右，还差0.5℃，加入WTO以后，也许0.5℃就没有了。但是现在大批的鸡蛋就会变成小鸡。因此，内在的原因确实很重要，但是确实要有一个外在的环境，有了这个外在的环境就更好了。

关　山： 根据这个案例所提供的内容判断，陈总的公司目前这种表面比较和谐的、安宁的企业文化能够激发出激情吗？我想是不行的。而哪种企业文化能够激发出激情呢？我想应该是那种不断创新，敢于正视自我，不断找出自己的不足，勇于自我批评的企业，这种企业文化才能有激情的氛围。而如何能保持这种激情？我想应该从激励上来探讨一些原因和做出一些调整。结合这个案例来讲，从机制手段来讲，第一，机制手段应该分成不同的两个因素，大家都学过管理，都应该知道，有保健因素和激励因素。我看到在案例当中，陈总可能更注重的是保健因素，而保健因素仅仅起到给企业带来安抚的作用，并不能给员工带来精神的动力，或者是激发他不断地前进的动力。在激励手段的选择中，是不是应该更多地选择这种能够带来激励作用的激励手段？

何志毅： 讲到激励因素的时候，实际上从大类来划分就是两类，一类是精神因素，一类是物质因素。刚才也讲到保健因素跟激励因素，这里我想问一下，精神跟物质哪一种是保健因素，哪一种更多的是激励因素，你怎么看这个问题？

关　山： 我想是这样的，一般而言，可能物质上更侧重于保健因素，而这种精神上更多的是激励因素，一般是这样的。案例中所谈到的班车的问题，关于外地员工住宿的问题，我想可能更多的是侧重于保健因素，从这个角度来看待这是企业缺乏激情的一个原因。

柳传志： 弱物质刺激是保健因素，强物质刺激是激励因素。

关　山： 把短期利益和短期物质条件保障好，我觉得这更倾向于保健的作用，而长期的，和企业的利益能够息息相关的，比如认股权证、期权、股权带来的激励作用会更大一点，这样辩证看是不是好一点？

何志毅： 这个现象带来一个问题，现在业界很多人在讨论，就像联想这样的早期员工有这些股权证、期权等，应该说结果跟自己相关，所以激励的因素非常大。但是对于很多管理者来说，最后大量面临的问题可能是这个公司的股价表现平庸，或者在一个时期内要往下走很长时期。现在很多高科技公司就碰到这个问题了，早期靠期权或者靠股权吸引人，像美国的高科技公司，现在一看这个环境，就纷纷开始走人，柳总怎么看这个问题？

柳传志： 我先说我们怎么做的激励吧，这也许有点关系。我们在做工资的时候，是按照一种等级制度制作的。做奖金是个什么状况？就是当业绩不好的时候，下层的员工没达到预定目标，奖金还是依然照发的，但是高层的奖金就要受到很大的影响，没有，甚至会扣工资。但是业绩好的时候，高层员工奖金会很多，这个奖金的激励主要是带有激情性质的东西，主要是激励了高层。认股权证这个东西实际上也是这样，认股权证我们全部白领员工都有的。来公司两年以上的都有，但是这个曲线越往高越陡，上升得非常快，就是真在公司里面起重要作用的人，这个认股权证会高。因此企业真的做得不好的话，受到打击的主要是他们，其他方面的人受的打击会小，公司做得好与不好也主要靠他们。那么，大多数的人为什么要有？因为是高科技企业，这是一个方面。另一方面，企业要有一种氛围，员工主要是认证，真正起作用的是在上面。就是说其实更要保持激励、保持企业里面充满这种激情的实际上是核心人员。一层层这么下来，每一层的激励也不一样，到最下边是责任心，你叫我做的我把事情做好了，你应该给我一份，是这么一个情况。所以，在一个企业里边激情或者激励实际上也是分成强弱的。

何志毅： 如果在一个没有认股权证或者说企业完全不是老板的团队里，你觉得他有没有可能充满激情？这个结果可能跟他的相关度不是太高。即使有相关，也可能不是太高。

王　璞： 企业里边首先有一个愿景，有一个很激动人心的，很吸引人的愿景。当然这个愿景可能对高层最刺激，但是如果高层能够很好地把这个愿景跟员工、大家交流、沟通，也成为大家追求的一个目标，当然我说的这个愿景一定要能够集中人心，这样就能够使员工很有激情，让大家能够形成很好的企业文化去做好工作。第二点要使愿景跟每个人挂起钩，如果跟每个人都没有关系，只跟极少数人有关系，那就只能是极少数人有激情。如果跟很多人有关系，那么很多人都会有激情。企业目标和个人目标一致，而且最好是个人目标与所有人的目标都是一致的，这是最理想的。

何志毅： 企业目标和个人目标，还有一个是目标里面的精神含量跟物质含量。

柳传志： 实际上应该给他更高地提炼就是把个人的追求融合到企业中去。

杨　军： 我个人认为，在那种很有激情的企业里边，对于柳总所说的结果这个问题不一定是非常重要的，我刚刚离开的那个公司就是纳斯达克上市公司，也是全员都有认股权证。我发现一个很有意思的现象就是所有的经理上班的第一件事都是会打开电脑去看当天的股价，但是他们并不很关心到底公司怎么样去发展。我觉得不是说因为我们公司的股价比我们的任务要高，大概高两三块钱的样子，但是我觉得，我比较赞同王总说的就是说其实一个企业的愿景，还有对于员工的职业生涯规划，在某种意义上说，要比一个结果对于这种激情的产生更有作用。我觉得在物质方面，可能这种激励的作用，特别是在IT企业里边可能会被大家高估，但是这个东西对高层可能会有作用，但是对于中层也许会出现问题。

柳传志： 我的意见并不是一个纯粹的目标和结果，实际上愿景本身应该讲包括了方方面面的内容，因为刚才讲的，像认股权证，这只是个必要条件，绝不是充分条件，就是说目标跟你是一定有关系的，其他还有什么与此有关的东西都要考虑进去，比如愿景能包括进去。再下边一条我也非常同意王总刚才说的，用我们联想文化总结的话，就是要把个人的追求融入到企业的目标之中去，把这样两个事情很好地结合。

杨　军： 我最近在翻联想的那个网页，在联想的企业价值里边有一句话让我印象非常深刻，就是“联想会给员工提供一个没有天花板的舞台”，我觉得这个观点其实不是说你在上边能跳舞，你可能有一天成为主角，但是一个没有野心的人可能他就喜欢去当配角，在联想也会有一个非常好的前景，我觉得这点非常好。

何志毅： 还是说企业给员工提供了个人发展空间，会对员工产生激励。

柳传志： 把员工的企业追求和企业目标结合在一起。

张洪胜： 还有一个很重要的问题，就是作为管理者的责任是什么呢？就是你要不断地用激励的方法去激励你的下属，去达到组织的目标。刚才您说了保健因素和激励因素，我认为他没有很原则的界限，就看每件事情对每个人产生什么不同的作用。比如说班车的问题，并不是所有的企业都有班车，你怎么样把它变成一个激励因素？刚才柳总谈到一个带队伍的问题，这是一个很关键的问题。就是说你如何把你手中的手段变成一个激励因素？

宋儒量：我谈一点自己的切身体会，最早我是在一个日本的企业做开发的工作，这个日本企业的愿景跟我们的愿景完全不相符，我当时做的是电视机的开发，当时我们的工资已经相当高，已经能拿到一万多块钱，但是我们呆了两三年以后，很多人都走了。这个公司有一种形式激励，实际上日本的企业很强调形式的激励，每天早晨喊一些激动人心的话。现在很多跨国公司把这种理念照搬到中国，但是这个结合跟我们的运营需要结合得非常不好，我们不认可这个东西。我们离开的另一个原因就是我们觉得做这个电视机行业的开发，跟我们自己的职业发展是不相符的，因为我们不觉得这是一个有远大前程的产业，所以即便给我们工资很高，我们照样也会走，我们很多人进入了软件企业，或者通讯产业，我想用自己的经历来验证一下。

现在我们创建的是软件企业，在招聘的过程中发现一个现象，有些研发人员首先问你的是，说你们这边培训的机会怎么样？还有就是你们现在做研发的人是什么样的背景，你的团队是什么样的？

何志毅：你是讲留不留人是两回事，我留下来没有激情，还是我留下来要充满激情？

宋儒量：对！就是说他决定在这个企业里工作的时候，像这种开发人员可能看中的是我自己在技术上的发展，对这些人来讲，他的这种激励来自于他对自己所掌握的技术未来发展的看法，如果进入企业后可以促进其技术成长或提供这样的机会，对他的职业生涯可能会更加有利，那么他就可能拥有激情并愿意付出努力。所以，企业做这种激励的时候，还是要针对着不同的人、不同的部门、不同的心态设计一些具体的制度。

何志毅：由于时间关系，我归纳一下。激情可能跟以下几个要素有关：第一是理想，或者我们叫愿景，或者叫使命，就是精神层面的东西。同样做一件事情，我们可以假设，几个要素都简化一下，大家都做一样的东西，比如都没有股权证，或者都有股权证，一个都有股权证的公司跟没有股权证的公司之间也会有差异。这个时候理想、愿景的激励作用确实是非常大的。第二个是跟个人的发展空间有关。企业的愿景跟个人的具体发展空间，可能不一定是物质的，但是我个人的成长，能力的提高，或者说学识的增长，个人的进步，当然也包括物质利益的成长是相关的。第三个要素是不是跟个人的兴趣有关系。我们找工作的时候，很多人找到一个自己很感兴趣的工作，就会很有激情地工作。企业领导人要把工作跟你个人的兴趣相结合。我记得昨天柳总跟我讲一句话印象非常深，他说艺术家可以凭兴趣去选择职业，去干事情，充满激情。而我们是企业家，没有选择，我们只是把需要当作兴趣，因为我需要，所以我培养自己的兴趣。一个人，一个企业领导人或者一个职业经理人对这个企业的热爱和兴趣会是你有没有激情的一个很重要的要素。第四个应该跟责任有关系。可能没兴趣，但是肩负了很大的责任，这种责任会激发出来激情。第五个可能跟领导人的个人的激情有关，假如你是一个充满激情的领导人，你很善于把这个激情传递给部下，造成这种氛围，在乐观的情况下有激情，在悲观的情况下也有激情，并且会感染。第六点就是物质带来的兴趣，就是物质利益，因为我这个事情干完以后与我的物质结果有很强的相关。有句话叫做"No money，No funny"，因为最后赚的钱很多，所以很有激情。

精神激励与物质激励

何志毅： 还有个话题，还要请我们的主人翁出场。我想今天这个话题我们再来做一个表决。刚才我讲的五类、六类也好，从大类上划分基本上是这两类，一类是精神层面的激励产生出来的激情，一类是物质层面的激励产生出来激情。相对而言，精神激励产生激情的因素和物质激励因素哪个大？柳总怎么看？这个问题是否准确？

柳传志： 你们家有一个保姆，是给他物质激励重要还是精神激励重要？

你得有个前提，因为人确实还是不同的，你说工人打工就是为了挣钱给家人，怎么激励也是这样的。所以可能跟企业的性质不同有关。

何志毅： 这里肯定会有很复杂的情况，不同行业，还有企业发展的不同阶段，还有你个人的富裕的程度，肯定他很富裕了以后，这个物质的激励不是很重要，追求更多的是一种精神的东西。

柳传志： 大家都会觉得我一定是在精神方面的追求是非常强烈的，我觉得现在是这样，但是当时在我开始办公司的时候有两个想法，一个是实现自身的价值，另外一个，改善生活质量。因为我当时挣78块钱，跟我太太加起来一百多块钱养活一大家子人，买个面包、裤子都要做个预算，你说这日子过成什么样？你忙着精神激励？在当时物质激励还是很重要的。人还是要分阶段来看，一个是不同阶段，第二就是确实刚才讲的对不同类型的人物质和精神激励作用是不同的。我觉得对我们刚才谈的那个话都不是绝对的。

何志毅： 对很多物质还不是很富裕的人，可能物质激励是摆在首位的。

柳传志： 比如做工人的。

何志毅： 有没有一个关，一个点，把精神的享受看作比物质更高的时候？

柳传志： 我在1988年前后，我们就打到香港去了。到了香港，我的名义工资后来是20000多块钱，但是实际发给我的是2000多块钱，把其他的钱交给公司了。2000多块钱的时候，我就已经完全是精神的追求、再没有物质的追求了。每个月2000多块钱，那时候家里基本上能够正常生活，这时候就非常满足了。

武　骏： 柳总，我提一个问题，2000块钱当时你满足，如果你的副手都挣4000或10000，你觉得你还去追求精神吗？换句话说没有组织公平你还去追求那个吗？

柳传志： 实际上我想说明的是什么问题？实际上你真有1000万到2000万块钱的时候，你可以随便，这钱完全没有意义了，他对你表示的只是精神的追求。

何志毅： 有没有人认为多少钱可以对自己激励？我们讲的激励是这个

激励足以让你产生热情的？到了多少以上你可以转成精神激励了？

王璞：应该说我觉得激励、物质文化都应该去并重，精神、物质，应该因人、因地、因时、因公司不同而不同，我们不要说这个公司、这个阶段应该物质激励多，那个公司物质激励少，不一样。

杨　军：我觉得确实像柳总说的，每个个体对精神和物质的追求是不一样的，对于我而言，我觉得一个月有15000块钱给我，我就是说再给我多少我都无所谓了，我只会看这个工作我喜不喜欢，这个东西是不是能让我激动，这是我的看法。

柳传志：我充分体验到精神激励的巨大作用，这点我绝对认为是对的。但是确实有一个基础的东西，就是刚才所说的很多需求中最保底的东西要有，不要弄得非常紧张。很难想像当时我们过的生活有多么狼狈，那种情况不解决是不可能有别的追求的。

公平与激情

何志毅：现在我们转入第三个讨论话题。刚才有同学一直强调，产生激情的非常重要的因素是相对公平，我们就这个主题展开讨论。从这个公司的情况来看，陈龙森是很追求公平的，他自己不愿意加班，也不让员工加班。这么小的一个公司，还提供员工宿舍并开设班车，有点像国营企业的味道，在中关村，这样的情况应该说比较少。但是这样的公平并没有激发大家的激情，把这个问题放大来看，是社会与社会的比较，缩小来看，是企业与企业比较。有人讲，最典型的资本主义是美国和日本，欧洲人实际上自我标榜是社会主义，因为他们福利制搞得比较好。现在到欧洲去看，像法国很公平，福利搞得很好，这一点和陈龙森对他的公司员工一样。但是体现出来就是国家没有竞争力，而美国、日本这样很典型的资本主义社会，特别强调效益，因此会产生一些不公平。企业也有这个问题，我们作为企业管理者，希望员工受到很大激励，并富有激情，并最终创造企业的效率和效益。那么公平能不能带来效率，或者公平能不能产生激情？

宋儒量： 公平是不是会产生激励，公司公平会不会产生效率的问题我也有切身的体会。对于我们这种公司来讲，目前也没有股权的说法。那么对普通员工的激励来讲，最可观的就是年终奖了。去年过年前，我们发放完年终奖，出现意料不到的情况，许多员工都觉得不公平。有的找到我们高层来质问，说为什么我干的比人家多，而拿的比别人少。对于工资，我们实行匿薪制，即工资是不公开的。但是在中国企业体制里面，员工最终总会通过一些渠道对工资奖金做一些比较。对于这个问题，我们反思，每个人的公平感觉是不一样的，确实会有高估自己投入、低估别人产出的情况。因此我们一定要保证制度程序的公正，但是结果未必能保证绝对公平，就像刚才说公平和效率，在社会上来讲，是因为有一些人是属于弱势群体，在制度下，国家去保证弱势群体也能够得到最低的生存保障。我想在企业里，不应该存在弱势群体。重要的是企业制度的公平、竞争的公平，而没有必要过多强调结果的公平性。一个好的团队，对每一个个体来说都要区别对待，如果组织评价有些人能力强，对组织的贡献大，报酬就应该向他倾斜，不应是平均主义。

何志毅： 那你的结论是什么，是激情产生效率，还是公平与激情效率无关？

宋儒量： 我觉得公平不必然产生激情。

曾　葳： 刚才这位同学说公平可能和我所理解的公平在含义上不一样。我觉得他所说的公平可能在某种程度上说是一种平均，就是不管个人贡献大与小，都是为了照顾一种情绪，这是一种平均。但是我觉得咱们所讨论这种组织的公平，应该是说按照你的工作贡献大小来分配你的所得，我就补充这一点。

何志毅： 你怎么判断这种所得是不是公平？这个是很难的问题，因为公平不公平没有绝对的标准。举个例子，美国总裁一般是员工的百倍，日本总裁是拿了员工几十倍的量级，我们国有企业总经理有条标准，不能超过员工的三倍，什么叫公平，即使相对都很难把握。

吴志轩：结果的公平其实很难保证，但是我们可以保证过程公平，比如说发这个奖金，你有一套大家认可的制度、过程保证不会偏差太大，那么大家都接受了。但是如果说这个奖金就你是老总说了算，就可能跟你亲近的人发的多，这就是过程不公平。如果不可能达到结果公平，那么保证过程公平的话，基本上也能满足大家的要求。

柳传志：比如说在预先就把分配考评的方式，大家确定下来，确定的时候，也经过有关人同意，有表决权的人同意，然后按着这个做，就可以。我们最早在1994年在香港上市的时候，当时我在香港公司的合作者，就是我的总经理，他来分给香港员工认股权证，分法是他和另外一个香港老板他们俩人定。分完以后，他们自己认为很公平，结果，所有人完全没有被激励。

何志毅：香港经理人分香港员工，他们也认为不公平？

柳传志：分发奖金应该有套方法，比如说应该有套程序，应该给你打多少分，有套说法，尽管这个东西也许未必准确，但是你严格照着做了，大家也没有太多话说。他俩人自己底下捏完了，给谁多少，这虽体现了他们权威性，让任何人都特别怕他，尊重他们，说了话到哪都确实有威风，但是积极性调动不起来，你再给多少钱也没有一种好的感觉。

王　璞：柳总讲的，实际就是市场经济的核心，市场经济就是契约经济，合同经济，合同经济体现什么，事先平等，事后不平等，过程的平等，结果不平等，因为我们俩签了合同，可能我的企业发大财了，也可能企业亏损了，但之前是平等的，所以市场经济是合同经济，我觉得我们先把程序规则定好了，这是程序公平了，结果不公平。像我们这样一个人才密集型企业，我们比IT业人才还要密集，我们将近有100个MBA，90%以上是硕士博士。那怎么做？我觉得首先三个方面体现公平。第一外部公平，外部来的同志到这来了，不管是IT

业，还是家电业，还是通讯业都有，巨头公司，1992年在柳总那里做人事部副经理的同志也到我这来了，他基本工资在外面每个月三四万，但到这来，他拿得也很低。这个当然——我第二个说为什么这样——体现内部公平，内部公平是什么概念？我在给企业做出价值的同时，一定是谁做得价值高，谁拿得高。我们排队次序不能乱，你给公司做出价值来，就要给你相应回报，不看你资历、辈分，但同时考虑外部公平，如果他在外头挣三四万，你给他三五百肯定不行，你要给他七八千没准就行了。最重要的是自我公平。一个人来了，自己想干什么，想要真正学东西，愿望实现了，对他是最大公平。所以公平我讲外部公平要注意，内部公平坚决执行，绝对不能乱，大小个绝对不能乱，再大困难有人找我谈。外头我拿50000块基本工资，来了怎么挣5000了，那没办法，但5000也能保证你外部公平。那么同时自我公平要实现，这三条做好了，我觉得一个企业的公平就建设起来了。

何志毅：这里我们刚才讲公平界定，什么是结果公平，什么是过程公平、什么是外部公平、内部公平、自我公平、我们讨论的主题是公平与效率是正相关，还是负相关？我们所谓讲公平，应该找到两个平衡点，一个是在公司里面有结果公平，我想他也一定会有过程公平，现在已经是市场经济的企业，不可能像国有企业一样，只搞结果公平的东西。

王　璞：也就是说没有实现真正的公平，真正的公平是有价值的人给公司做出了价值，他就拿应该得到的回报，如果这个公司价值全是他一个人做来，假如有90%，那么他应该拿90%的财富。

何志毅：从这个案子看，陈龙森比较人性化，他比较注重企业员工在他的公司里边作为企业人、自然人和作为一个社会人的平衡，所以他不倡导加班。但是外方股东派人进来之后认为要减员，要鼓励员工加班，因为竞争对手都在加班，你不加班，生产率就会下降，这个怎么把握？这是两个平衡点，柳总怎么把握？听说柳总早期是工作狂，最近听说在打高尔夫。

柳传志：这一点我觉得首先得弄清楚激励到底是为了什么。给大家保证一个好的环境是为什么？从企业角度讲，企业本身是为了得到投资最大回报。那么企业投资者他是希望激励员工，给员工好的待遇。你产生了更大回报，然后给你更好激励，这时把追求和目标磨合到一块。如果这个企业人光想要回报，克扣工资，他其实得不到回报。

王　璞：我有一个特别好的例子，有个同事是清华大学毕业，快40岁了，在香港做过首席代表，毕业以后到我们公司来工作。来了以后，什么都没讲，就是做一个助理咨询师，经过两三个项目，不到半年时间大家一致反映非常好。第三个项目，他当了一个项目经理，我跟他谈了话，我说没什么要求，没什么条件，这么好素质的一个同志。他说了一句话，我觉得很有道理，他说，如果说我来之前跟你谈了很多要求，很多条件，结果你真的答应了，那么你这个企业就不会允许我滥竽充数这么很长时间。如果你没答应我也进不来，那就没必要。如果我进你这个企业，我做出贡献了，不能给我个相应的回报，做不到公平对待我的价值，那好，这个企业这个领导也不值得我留恋。我觉得他这段话无论对我们求职者还是对我们企业、公司都有很好的警示作用。

何志毅：你还是说公平产生激情。

王　璞：绝对意义上的公平是没有的，我们过去有很多例子，短期来看好像没有给他回报，其实在某种意义上是没有全部给他，但是长期来看，一年后我们有股权了，或者三年五年有了。我还有一句话在企业经常谈：公平是相对的，不是绝对的。

吴志轩：以这个案例来说，我觉得用一个不是太恰当的词来形容叫自以为是，也就是把自己想得到的东西，看成别人想得到的东西，自己所认为的东西就认为是理所应当，那么自己的制度各方面东西都按自己的想法来做，实际上很多程度没有满足员工需要。从生活上、工作上也是这样，也许有一些人就是积极工作，他把工作当乐趣，如果对这种人，你强逼着他去玩吧，这个对他不是一个激励，反而是负激励了，没有激励作用。对于激情来说，是个性需要，应该说没有一个企业组织层面上的一个什么措施能让所有员工都产生激情，最后还是落在满足个体需要上。

孙立极：我同意吴志轩的看法。我举个例子，我是在媒体工作，在我们企业里边，编辑和记者就挺难把握，因为他们工作不一样，记者觉得自己特别辛苦在外面跑，应该多挣一点。但是编辑又觉得你看我老在为你做嫁衣裳，你的文章经过我编辑了以后，出来了，你挣得了名声，你为什么要比我多拿。所以这个我觉得挺难把握，比如出租车票这一项，应该说记者应该多报一点，因为他跑的地方多，可是编辑觉得这很不公平，我是在家里，你也不能保证我一点也不出去，所以这一栏就挺难平衡，类似这种。再者他们的工资、奖金都很难均衡，不过我觉得好像在我们单位里头，最终大家每个人找到了自我平衡，就是你喜欢出名就作记者，你比较懒就作编辑，就这样，个性所需。

观　众：我觉得公平作为一种个性化的东西它就像我们在管理学里的期望理论，你对你的投入和产出需要有一种平衡。那就是说公平的过程是可控，我们可以去控制这个过程。另外我记得厉以宁老师曾经说过经济就是效率与公平的一种均衡，我想找到了这个均衡，公平可以产生效益。

何志毅：早期经济学追求效率，怎么充分提高社会生产率，最大效率使用资源，产生新的社会财富。但是可能效率过高导致一种不公平，这不公平积累到一定程度它会产生革命，会毁坏你因为生产效率高产生的物质结果，实际上又使物质水平下降，然后重新来一轮，周而复始，后来经济学家的使命有些变化，寻求一种既有效率，又公平的解决方案，使社会一直在改良，不产生革命性变化。我想做企业可能也是，企业家也是这样，可能你极大追求效率，可能会使他短期之内创造效率很多，但是你不公平，可能会使这个企业不能够长久发展。

武　骏：我今天的一个新观点是我们这个公正是为了什么？我们公正是为了实现组织目标，公正虽然很重要，我们也认识到公正是相对的，是一个动态的，但我们知道公正也有成本。有时我们为了寻求某些公正，而忽视了组织一些目标，这就是成本，怎么样处理公正？怎么样不公正？我们必须进行妥善处理。

何志毅： 我想这个问题，大家共识比较多，都认为过程公平是一个比较重要的激励要素。陈龙森本人今天也在现场，这个问题是他们公司去年的问题，陈龙森本人对这个问题也有很深的思考，最后也采取了一些解决办法，请陈龙森上场，我们再与他进行对话。

（陈龙森上场）

与陈龙森对话

何志毅： 现在我们请案例主人公陈龙森上场。您好！

刚才我们看了彩虹天地案例，我们也把这个问题抽象成一般问题进行了讨论，陈总是这个公司创始人，后来在北大学 MBA，他自己发现这个问题以后，也采取了一些对策，采取对策背后一定有理论和假设，今天在现场，我们可以结合理论讨论跟他进行一些对话。

陈龙森： 好的。

何志毅： 你当时怎么看待你公司这些问题，你是怎么想的？可以跟大家做一个简单交代，然后我们就一些问题，进行一下对话。

陈龙森： 我先简单说一下，这事情发生在一年以前，公司在 1999 年底进行了合资，到 2000 年我的老板从美国来说，怎么公司非常安静，大家好像都埋头在干事，没有小组互动，按时下班就走了，这是怎么回事？当时我没有去想这个问题，他提醒的时候，还真是有这个问题。这个事情，我一开始觉得很正常，大家安安静静工作有什么不好？但是有些问题还是有的，比如说销售，销售不太好，完不成任务；公司推动一些事情，好像又很慢，推动不了，销售部长说这个事情不解决怎么怎么样；开会的时候，比较安静，没有那么多互动。我就想这是什么问题？

何志毅：创业初期大家是不是有激情，然后慢慢变成没激情？

陈龙森：这个过程，自己在中间，有时候感觉不到，就像温水里的青蛙，感觉不到，外面人一点，觉得这是个问题。好像青蛙醒了，要跳起来。但是一开始没有找到办法，后来我们采取了几个措施。现在想起来，也不是说我们人事经理比较内向，根源还是在我这儿。后来我首先自己变化，我个人就是态度，自己先变，影响别人变，公司自然流动。

何志毅：你是不是想过激情是非常重要的？

陈龙森：对！实际上这里头还有差距，原来我在公司一直主管产品和研发，销售有另一个副总在做，那个副总他比较有激情，有时候会冲动，实际上那个搭配，现在想起来是比较好的搭配，但当时没有觉得这搭配很好。

公司缺少一种激情来源和动力，我意识到这个问题后，我就想，我要改变，首先从我自身改变，我本人原来有一个策动力，有一个原动力，但是更多人没有，更多人需要这种动力，有的人特意换掉，然后再加上些新人。以前从来没考虑招聘人员要考虑激情，后来我说招聘人要考察他的激情，没有激情的人，我不要。第二是训练人力经理，他跟我讲，激情实际上跟公司总的目标有关系。他一点我立马就清楚，每个季度要开员工大会，开了之后，不管别人讲什么东西，我一定要讲，讲公司远一点的目标，当年目标和本季目标都要讲清楚，然后在现场问大家，你们有没有信心。然后再问一句，回答声音要大。

何志毅：要很大声来回答，要充满激情来回答。

陈龙森：然后再开一个经理会。曾经有段时间经理会不开了，为什么？经理会没有效果，总是在争论一些小问题，有些人觉得这个事情跟我无关，就不说了。慢慢地就觉得经理会本来是一个小时，开成一个半小时，因为老在争吵，后来我一气之下说，不开了，没有意思。后来再一想，不开这个会议，上面意思怎么传达下去，公司相互经理层也要互动，这个互动怎么做，这是问题，但是再开，又来吵，又不好。后来我就说，经理会要开，把它开成什么，不是变成一个不是解决问题的会议，而是变成一个传达激情的会议，传达兴奋和激情，所以我就要求每个人讲上周三件高兴事，你哪怕说我找一个大客户，或者你解决什么桌面技术问题，或者产品终于开发完成了，随便讲，三件事情，你一说出来以后，这个东西是互相感染的，我自己说完之后，自己就高兴起来，别的人听到你讲也受影响，所以互相都这样。当一小时的经理会开完之后，走出会议室大门，人人都很有信心，很兴奋，要把工作做好。我跟老板也讲这个东西，老板说这个东西很好。我希望通过这个实践，以后我们进一步进行理论整理，甚至有朝一日回到光华去讲。

何志毅： 这个结果刚才我们已经从电视里看到了，陈龙森如何采取办法来提高员工的激情。但我这里注意到一个现象，刚才我们讨论非常重要的结果，就是你的股权结构，企业制度有问题，因为你原来从一个民营企业，后来转到跟外商合资，这当然是去年的事情。现在彩虹天地的实际情况是已经把大股让给大老板，大家都很关心这个结果，你现在采取措施以后，效果怎么样？因为在制度没有动，而且越来越朝大家没有股权的方向走，你采取措施以后，最后效果怎么样？

柳传志： 效果好了多长时间？

陈龙森： 到现在都挺好。

柳传志： 大概一共多长时间？

陈龙森： 这个事情从发现到动手开始扭转有一年，开始动人，然后每个季度来讲这个事情，差不多有一年。

何志毅： 你有没有想一想，刚才我们也在总结说激情跟哪些要素有关系，你这个案例里面，最重要的是什么，缺乏激情最重要的原因是什么？

陈龙森： 我现在回过头来看，目标最重要，上层有上层的目标，中层有中层的目标，下层有下层的目标，每个目标要分解。刚才跟柳总探讨，每个人在实现他的目标过程中，锲而不舍，持之以恒去实现她，不服输的劲头太重要了，这对于一个企业，尤其在这种竞争激烈，外部环境又这么恶劣的情况下，销售、研发等等都非常重要。

何志毅：还是回到我们刚才的讨论，激情与对目标热情追求的关系。

陈龙森：这个目标作为公司上层的话，要把目标分解和传达下去，让每个人清楚他的目标是什么。

何志毅：你有没有改变你的考核体系，跟目标挂钩考核体系，刚才我们讲的第二条，每个人工作跟企业结果的关系。

陈龙森：考核体系也做了，销售部门是按月考核，其他职能部门是按季度考核，每个季度初设定目标，你想做什么，然后一般是在您个人想做的基础上，再提高一点，这是你的目标。按季度来算你目标是否达到，然后跟季度奖金有关系，这是有的。但是这个东西比较简单，我觉得并不是我们特别创造的。

何志毅：我看到你的企业文化作业里边有一套仪式，比如敲钟，开会以后讲高兴的事，你们设计了仪式。你觉得仪式重要性跟你内容改变的重要性中，两者之间是什么比例？

陈龙森：仪式也有很多变化，原来我对仪式不是很重视，我觉得提拔一个部门经理，跟大家说说就行了，大家知道就行了，后来上企划课明白仪式对人心理有很多影响，不能让他轻易当上，要稍微复杂点。我们就采取措施，先给你题目，要去做，然后我们考评，考评合适不合适，有个结论。真正任命的时候，我们要做几件事情，一个是我要写一个正式任命的信给全体员工发出去，在内部网络上。第二个我们要利用员工季度大会，在上面进行任命。第三，我们现在每次任命，要准备一瓶红酒，几个人一起来祝贺他，不管你会喝酒不会喝酒，你都给我喝下去。给部门经理一种感觉，没有这种感觉，好像轻易就得到了，这不好。到年底发奖金要有一个仪式，我觉得应该有一种仪式，你不要轻描淡写就过去了，因为你一轻描淡写，给他也是轻描淡写的感觉，对他的作用也差一些。

何志毅：我觉得柳总在联想也是很注重仪式的，我印象特别深刻的就是你的授旗仪式，把两杆旗分别交给杨元庆和郭为。我想听听，你对企业文化氛围，意识对氛围及激情调动怎么看？

柳传志： 虽然仪式是一种治标的做法，但是治标也很重要，标本要结合。当在某种特定的情况下，采用特定仪式，让人有一种激情迸发的感觉。这个仪式表示你在想追求创新，你在想激励人，仪式如果长年累月老这样，也不行，你要换样子，今年敲钟，明年喝酒，送蛋糕等，要换。最起码在这方面有追求，让员工感觉到我重视这个事情，这个很重要。

陈龙森： 我觉得仪式是一种记号，在一个人成长过程当中，让你可以回过头看的时候，我那时候还有这样的东西。柳总把旗子交给杨元庆，那表示说接班过来，那时候我有一面旗子留下，大家心里就留下。个人发展过程中，有一种仪式和他的一种进步和成就连接在一起，仪式更容易记忆，其他东西就记不住，销售经验你说几千遍可能记不住，到明年后年就忘掉了。

何志毅： 奥运会冠军最后记住的就是领金牌那一刹那，如果说你得冠军了，你回家等邮寄，这个人可能就没有激情了，大家的关注也没有激情，所以这就是企业文化讲的内容很重要，同时表现方式也很重要。

吴志轩： 我想对他刚才讲的仪式和目标谈点看法，对于仪式，我觉得需要有一个前提条件，就是他一定能够得到员工对这个仪式的认同感。如果员工认为你这个仪式是做样子、做秀，实际上你越做仪式，员工越有反感，这是负面因素。第二点对于目标分解，我们知道一个人如果往前走有两个力，一种可能是你拉他，一种是推他，你企业目标分解到个人，这是常用的做法，这更多表现一种给他增加压力，逼他往前走，如果他不是由自己内在产生这种动力，这个形式，我个人觉得他很难产生激励作用，实际上等于说你把企业目标当成员工个人的目标，是一个外在的东西。

陈龙森： 你讲的这两件事情，一个是仪式要认同，那是肯定的，如果你老是做秀，那肯定不行，但是做秀也得做。

何志毅： 因为会感染，你到那个场景不一样。第一次我到巴黎圣母院，我们一点不信宗教，我们从小受党的教育，我是无神论者，我一点不信宗教，我完全就是为了巴黎圣母院的名声所去。当时我到了里面，他正好做礼拜，全部的人都站在那里唱赞美诗，一下把我镇住了，觉得自己心灵非常纯净，也变成好像基督徒一样，受到很大震动。

柳传志：但是你会不会觉得震动完了，回来呆两个钟头就不震动了？这需要彻底产生信宗教，一个治标，一个治本的问题，所以实际上要标本结合。刚才陈先生讲那个，我都同意，但是我觉得可能在治本的地方要加强，不然的话，很难持久，一年时间不算长，你要想三年五年保持下去的话，光这一点可能不够。

陈龙森：柳总的提醒很好，我想在这方面我们也要不断创新，仪式也要创新，包括目标传达、分解肯定要不断创新，不可能今天做的事情永远有效，今天解决的问题永远是好的。

何志毅：你觉得刚才这些东西，从本质上解决了你激情不足的问题？有没有新问题的产生，或者说有没有更深层次的问题需要解决？

陈龙森：有！就像你刚才提到面对现在外界激烈竞争的环境，我们怎么能更大发挥整个公司组织效率来竞争。现在我仍然碰到的困难就是外方希望我减人，提高每个人的销售收入，人均销售收入，他说你可以少一些人，多一些工资都可以。我觉得这是对我的一个挑战。

何志毅：作为一个管理者来讲，确实有的时候是你不能解决的问题，刚才我们讨论激情问题，我赞同柳总讲的，不同层次有不同层次的激情，就是你不同层次有不同层次人给自己设定的目标，然后用达到目标所采取的方法调动员工的积极性。

王　璞：我可以给你几个小建议，一个是岗位在内部进行调整，调整有两个好处，我们自己就这样操作，一个营销部门，一个运作部门，它有两个好处，一个是正确认识自己的价值，因为你岗位互换了，你了解了，你了解了原来没干的岗位情况，你有这样的认识，同时还有最重要的，也就是说有新的刺激了，在一个新的岗位，他有新的刺激，所以这个对人激情调动，对有能力人，有激情的人，对工作欲望的调动是很强的，对组织也是很重要的。

王　琳： 我现在也遇到这样的一个问题，在我自己的企业里边，也有一些业务部门在谈激情的问题，我说通过培训和咨询，能够得到一些改善，但是我业务经理就会问我一个问题，说那你改善的指标是什么？你怎么说员工有激情了呢？你怎么说员工就没有激情？所以我很想让在座的各位嘉宾包括我的同事告诉我激情怎么衡量？

陈龙森： 这个事情我也有过思考，我们没有一个“激情计”像温度计来衡量温度多少，我们主要考虑，因为激情不是目的，目的是实现我们的销售，我们看是否我们实现了销售，我们现在来说的话，每个月任务都能够按照我们预定计划完成，这跟去年大不一样。所以我们看最后产生的效果。

何志毅： 还是从员工工作主动性，他的创新度，还有他的工作热情，把激情表现出来。可以用模糊数学，把他分成五级，原来比如说一级，现在可以变成二级，三级，主动创新，用这两个还是可以相对衡量的。

陈龙森： 需要有一个参考，与过去相比较，原来是这个样子，现在是这个样子，可以比较的。另外一种我们把公司分成服务链，谁给谁服务，然后以被服务人是否满意作调查，对提供服务部门进行评价，最终你满意不满意，满意我可以设计一系列问题，比如时间反映，对他的态度进行调查，把这个调查结果作为他部门的一个指标。

张洪胜： 我想对标和本的问题，谈谈我个人的看法。企业的文化都是通过各种形式表现的，这种形式很重要一部分就是仪式，无论是你任职也好，无论你签合同也好，还是发奖金也好，都是仪式。作为企业员工，感受企业文化，怎么感受呢？我想仪式是很重要的方面，领导在会上讲话，员工之间互相交流。这里我想到一个问题，这个仪式持续久了以后，他会影响到把这个文化植根到员工个人心里去了，因为任何一个人不可能顽固保持自我个性，就像何老师进入巴黎圣母院里，会觉得自己心里很纯净一样，会被同化，尽管这个同化是暂时的，但是我相信何老师每个星期去一次，时间长了会不一样。

何志毅：就变成基督徒了。

秦展鹏：我想再问一个稍微简单的问题，因为你刚才说激情不能量化，但是可以在企业内部很多地方表现出来，比如员工的工作积极性，然后你提到你的改进措施之一，就是在招聘员工的时候，要注意和自己不一样，认为自己非常理性，可能缺乏这方面的积极性，但是我想知道你招聘员工的时候，你怎么考评这个员工有激情还是没激情，因为你面试时间非常有限，多了也就是半个小时，你们是怎么做的？

陈龙森：我们给他一个场景表述，在这个场景里面，他是备受挫折的场景，要他讲，要声情并茂地讲，要他能够有身临其境的感觉，最后我问他，你怎么来处理这样的问题，从回答中我们可以归类，一种充满激情的回答，内在的一种不服输，一种劲头地表达出来。有的是另外一种回答，我觉得用这种办法可以区分。

武　骏：刚才提到你的企业有个问题，就是说外方提议你减员，增加工作时间，你没有考虑好？因为你的理念是希望不用加班，工作时间一到都下班，然后享受生活乐趣，我想知道你为什么要形成这样的理念？

陈龙森：这实际是我个人的一种观点，我觉得人的工作、身体和家庭生活构成了人生全部，我们不能把工作变成人生的全部，是基于这样的考虑，这是第一。第二，人需要不断地提高，不断提高靠什么，比如说我去北大上MBA，我觉得从中获益不少，我觉得这个获得比我去加班干两个小时收获多得多，效率更高。作为个性的提高，我鼓励我们所有的员工都去学习，包括看书，或者上学，鼓励他们，还在费用上给他们鼓励。

武　骏：我觉得在你企业里当员工很幸福。但我提另一点建议，就是如果你企业里有跟你理念不一样的人，你考虑怎么处理？是强迫他跟你一样，还是把这人换掉，找一个跟你理念一样的人？

陈龙森：我想理念不一样本身不是很重要，关键是他产生的结果很重要。如果他的理念导致我销售下降，他肯定得走，如果说他的理念跟我不一样，没关系，但是他能导致销售上升的话，那我肯定他是人才，我还是要留下他。

何志毅： 陈先生追求一种工作跟生活的平衡，这在他能够满足股东利益的前提下，还是能够实现的。股东让你做这个事情，假如竞争激烈了，因为中关村新创立的公司很多，大家又养了新的软件狗了，产生很大威胁。这个时候人家都在没日没夜加班干，那么你在这个对你产生威胁的时候，你是放弃原来的原则，还是说我继续坚持，还是坚持我的原则，牺牲我的利益？

陈龙森： 这个问题问得好，是什么更重要？是你的文化理念更重要，还是你的生存更重要？我觉得在这种前提下，肯定是生存重要；而在生存情况下，我就说我用这种方式来生存，我觉得比较好，我选择这种理念，我觉得那种生存方式比较好，我选择那种理念。归根到底还是经济问题，经济是最重要的问题。如果刚才说你在这种理念下，人生都很幸福，真正淘汰了，股东要求你必须改变，你必须得给我一周 100 个小时去工作，要不然我去接受这种要求，要不然我就离开这个地方，换一个一周工作 100 小时的人来坐这个位置。目前我们幸好没有出现这种情况，因为我们每年的销售增长还不错，比起美国来，增长还不错，中国整个增长不错，我们的净利润也不错，我们市场份额也是不错，那么这个不错是因为我这个理念导致的结果，还是什么导致的结果，我觉得这无法分清楚。但是起码可以说，我这个理念没有影响我的销售，没有使他销售不好，那么我觉得这个就可以，是这样的。

何志毅： 如果结果不好，你也是要放弃，也是要拼命加班来完成这个目标？

陈龙森： 市场是无情的，我不放弃，我可能被别人放弃，或者这个企业被别人所淘汰，我相信是这样。

柳传志： 我还有不同看法。企业唯一追求的东西就是要最大回报，这一点我想大家意见都是一致的。那么在这种情况下，来发现什么是我企业的根本利益，我觉得企业机制、体制、文化理念和经营理念、企业文化的这些东西是一个企业真正做好的基础，短期也可以。刚才讲确实为生存，有人说也要为诚信，但是当时要视情况而定，在某种极特别情况下可以违背，但是实际上长期上不能违背，因为你看你要做多长，这跟阅历有关，你要有约定时间，真的不能违背，你要把这个东西定得很清楚。

王　璞： 实际上作为中关村企业，每个人到企业工作的追求不一样。你比如说你到企业的追求是最大的财务回报和能力提高回报，那就必须拼命去工作，但拼命工作不能说领导安排，强调的是自然而然地发生。

何志毅： 这跟这群人的价值观、跟老板的价值观有关系，你像陈总这里就不鼓励员工去加班，可能结果很好，员工在工作外时间内，把身心放松，上班他能够很激情投入，那肯定产出效益不错。原则是什么？刚才柳总提的问题，你在利益跟原则发生冲突的时候，你是坚持原则，还是去迁就利益？这是本质的问题，这跟你人在什么位置有关系，因为你刚才讲，他是一个职业经理人，这时候股东压他，他就得服从股东，柳总现在还在股东位置，他能够驾驭这个东西，可能也就是说比如资本跟经理人产生冲突就是对这个问题看法不一样，短期利益重要不重要？公司短期利益跟长期理念发生冲突的时候，就是资本跟职业经理人的冲突。最近发生了很多资本说话叫CEO走人，这个事情也是两方面来看，不见得是一个好事。

王　璞： 陈先生有来自两方面的压力，一方面股东压力大不大，不大你这样做挺好。还有来自内部员工，如果我们现在很多人面临的选择都是希望尽快成功，快速地回报，那么可能你的公司来自员工的压力就大了。如果很多人追求像欧洲人似的，追求一种轻松工作，一种生活态度、生活方式都是很轻松的，那么这种情况下，你的公司员工的压力就没有。

何志毅： 今天通过彩虹天地这个案例，从彩虹天地有激情到没有激情，后来怎么认识到激情问题，再找回激情的案例，我们进行了很长时间的讨论。我们提炼出几个要点大家比较认同，或者大部分同学和嘉宾认为一致，我想有几点：

第一点是激情对任何一个组织，包括不同类型的组织和组织中不同阶层的人都是非常重要的，我们把激情定义为对一个组织目标执着的和热情的追求，既执着，又充满热情地追求，我想这是我们大家得到的共识。

第二个共识就是这个激情的产生从大的方面讲，仍然是两大要素，一个是精神的激励，一个是物质的激励，这里我们提到理论问题是赫茨伯格的双因素理论，一个因素是保健因素，一个因素是激励因素。通过这种讨论，我们好像更多地认为，物质层面的激励更多的是在保健因素这个层面上，而真正的激励因素是比较深层次的一种使命感，一种理想，一种精神动力。

第三，通过我们刚才的讨论，大家可以归纳出激情产生的一些具体要素：理想与精神动力、个人成长空间、责任、兴趣，公平、物质手段、领导人本身热情程度。

最后一点，其实陈龙森彩虹天地的这个案例从本质来讲是企业文化变革案例。他企业很成功，但是变成一种没有激情的氛围，怎么使文化能够调过来，从没有激情回到有激情，我想可以借用的工具就是7s框架，7s框架核心讲的是一个共享价值观，英文叫Shared Value。我们刚才展开讨论，就发现这个问题很散，实际上因为是文化问题，必然散开来，这跟几个要素有关，一个跟企业结构有关系，这种结构可以把它引申为一种制度，刚才很多问题归根到底是你对这种结果的这种追求，个人目标和组织目标是不是一致的，精神动力跟物质利益是不是一致的，所以就会产生激情问题。刚才分析王璞公司因为物质利益相关度很大，所以组织目标跟个人目标结合度很大，大家的激情度会更高一点，所以这里跟企业制度有关。第二，跟企业的系统有关系，这里我想更多可能讲的是一种激励体系，激励系统。第三，跟企业的风格有关系。你的企业与老板的风格，以及原来那些人的风格有关系。还有一个S就是跟你员工有关系。陈龙森发现原来员工中沉闷的员工比较多，就去找一些有激情的员工进来。还有就是战略，这跟公司战略是相关的，就是你这个公司要采取什么战略。我们刚才也谈到激情本身不是目的，是一个手段，你采取不同的战略，企业需要不同的激情，表现方式可能也是不同等等，文化变革包含的范围很广。

非常感谢柳总和王总今天能参与我们的讨论，为我们做了很多精彩的点评，也非常感谢陈龙森先生能很公开地把这个案例贡献出来。我想现在中国管理教育界非常希望多一点像陈总这样的老板，能够自己在解决问题的同时，也把这个问题很坦诚地跟大家公开，使我们管理教育有很鲜活的案例。也非常感谢在座的各位北大 MBA 同学的积极参与，谢谢大家！

案例分析

彩虹公司的案例实际上是一个企业文化变革的案例。企业文化是指在企业的长期发展演变过程中，企业全体员工逐渐形成的共同信念、公共人生，它包括企业信念、价值观、理想、最高目标、行为准则，以及由此表现出来的企业风范和企业精神等。

彩虹公司企业文化问题的剖析

我们首先从行业性质与外部环境、领导人、公司股权等因素来分析彩虹公司的企业文化所存在的问题：

1. 行业性质与外部环境

从行业和市场来看，彩虹天地公司是一个中小型的 IT 企业，它的产品是一种技术性产品，锁定在一个较小的细分市场上，整个市场容量不大。在创业初期，彩虹公司一直在以 50%的增长率高速发展，但随着市场成熟，市场的容量决定了它缺少了更大的发展空间；从企业发展阶段来看，彩虹公司已经进入了成熟阶段，市场份额稳定。在这种情况下，彩虹公司没有及时设定新的愿景和战略目标，造成企业既没有足够的发展动力，又没有很大的危机感，形成了一种保守的惯性态势。表面上看，并没有太多影响，实际上，就像温水里煮的青蛙，它正在逐渐丧失企业的长久活力和应变能力，并且已经影响到企业的业绩，使它的销售增长放慢。

2. 领导人因素

从领导人来看，在某种意义上，企业文化就是“老板文化”，也叫企业家文化，企业领导人的价值观、管理风格左右着企业文化的类型。

首先，企业家在决定企业的发展方向、经营方针的过程中居于举足轻重的地位，而企业的发展战略和经营方针本身就体现着企业文化。其次，企业家在形成企业的特有经营风范、管理风格和鼓舞士气等方面起着决定性作用，而企业家的经营风范、管理风格和对士气的激励方式是企业家本身价值观的流露。第三，企业家将利用其在企业中的权力（基于职位）和权威（基于个人威望和品质）对他厌恶的价值观予以摒弃和压抑，直至企业的理念最大程度地与他的价值观相吻合。

按照以上因素分析彩虹天地的总经理陈龙森，首先，他对公司的发展战略是模糊的，或者说没有对公司愿景的构想。企业的愿景，或者叫做使命，是一种深层次的使命感和理想。作为领导人，陈龙森没有为企业塑造一个得到公司全体员工的理解与认同的愿景，因此，公司缺乏长远的发展动力。其次，陈龙森本人是技术人员出身，这使他的管理风格倾向于严谨和朴实无华。他所强调的所谓人性化的管理，实际上排斥了一些带有技巧性的现代管理工具的使用，为员工带来了过多的安逸感，造成了公司员工激励不足；第三，由于陈的这种价值取向，他在公司招聘时潜意识里会招聘跟他相近的人，这种在招聘时的不经意的取舍对公司的文化产生了长远的影响。

3. 公司股权因素

彩虹公司为什么在创业初期能保持高速的发展和激情的文化，而在合资前后却变成没有激情的文化，这里面实际上与陈龙森在公司股权的角色变换有关。陈龙森在从创业到与彩虹天地合资直至卖出大部分股份的过程中，既是“创业者”，又是“后续领导者”，人没有变，但本质却变了：作为“创业者”，陈龙森是公司的所有者，而作为“后续领导者”，陈龙森把股权大部分转让出去，实际上已经变成了职业经理人，他对公司的热情和责任感必然也发生了变化。从物质角度讲，他已经不是公司的真正主人了，可以随时去发展新的事业了，所以他就不一定关心彩虹天地的愿景了，对所有员工也传递了一种不利于塑造愿景的信息。

综上所述，彩虹公司企业文化存在的问题，最核心的问题就是公司的愿景不明确，缺少共同的价值观。如果按照麦肯锡的“7s”框架来分析，这个问题就更清楚了。

该模型认为，企业文化是一个生态系统，其基本特征是系统性和应变性。企业文化是由以“最高价值观”为核心的七个因素组成，如图 4–2 所示。

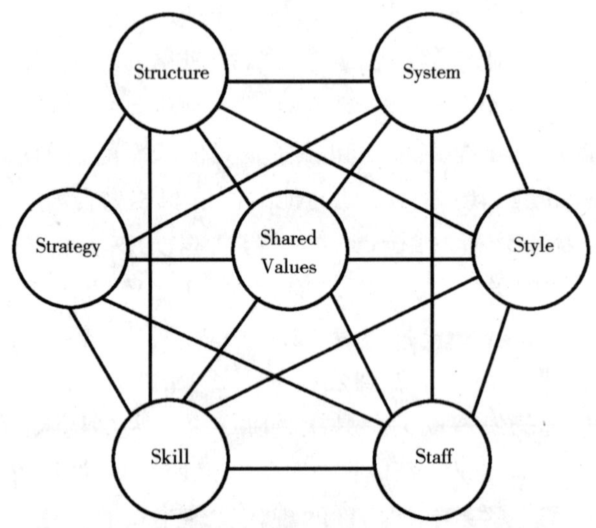

图4–2　7s模型

shared values：共同的价值观；structure：结构；strategy：战略；

system：制度；skill：技能；style：作风；staff：人员

该模型中，共同价值观是企业文化的核心，是企业成员对某件事物正确与否、是否应该仿效或鄙弃的共识，统一的价值观念使企业每个员工的行为导向具有一致的标准。其他战略、结构、制度、风格、人员、技能都围绕着这一共同价值观，与其形成紧密的联系，利用共同价值观的统领作用，把企业融合为有机体，创造出组织的整体活力。

因此，当缺少了共同价值观的时候，企业的组织就等于缺少了一个灵魂，进而缺乏整体的活力。这就是彩虹公司企业文化存在的核心问题。它同时也就是彩虹公司文化变革首先需要解决的问题——通过塑造企业的共同的价值观，利用它的导向、约束、凝聚、激励及辐射作用，来激发全体员工的热情，统一公司员工的意志和欲望，齐心协力地为实现企业的战略目标而努力。

企业文化变革的手段

陈龙森在公司出现问题后采取了一些措施，并取得了比较好的效果。那么，怎么来评价他的这些措施呢？我们首先来看企业文化的三个层次：一是物质文化层次，即企业环境以及一些文化建设的“硬件”设施等等。二是制度文化层次，包括企业中那些长期形成的习俗、礼仪、习惯、成文或虽不成文，但已约定俗成的制度等等。二是最核心的精神文化层次，主要是指价值观念。

我们可以看到，对照企业文化的三个层次，陈龙森的这些措施基本上都属于制度文化层次，所以陈龙森的措施可以认为是属于企业文化变革的措施，是一种有意而为之的企业文化建设。当然，只在制度文化层次推动企业文化变革会产生一定的效果，但是如果没有精神层次的文化建设，就成为只有传播手段却没有传播内容，时间长了，就会使企业文化建设流于形式。所以，这个问题又回到前面所讨论的价值观问题，彩虹公司的当务之急还是塑造企业的愿景，形成企业的核心价值观。

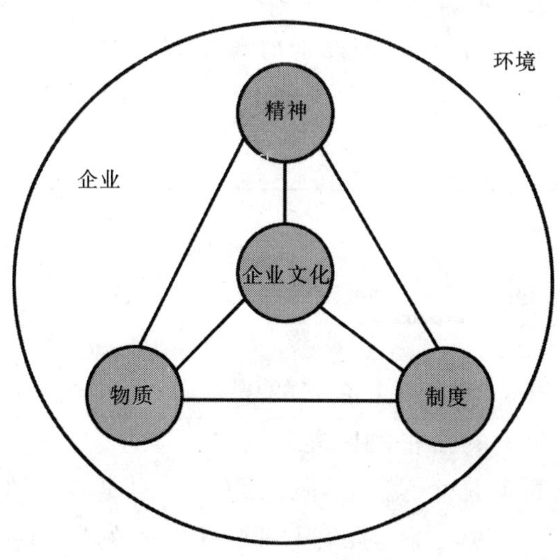

图4-3　企业文化模型

企业文化建设的方式：

1. 借助于规章制度反复强化。规章制度是组织内部法定的行为规范，具有外加的强制性。它是企业文化的一个组成部分，体现并强化群体的价值观。

2. 借助于良好风气实现定势化。组织风气是干部职工的约定俗成的行为规范，它不同于有形的规章制度，但同规章制度一样，能对员工行为产生重要的影响。

3. 借助于英雄人物实现人格化。如果说价值观是企业文化的灵魂，那么英雄人物就是这些价值观的人格化和组织力量的集中体现。通过塑造英雄形象可以使抽象的价值观具体化、形象化。同时，树立好的英雄形象可以给员工提供精神上的激励。

4. 借助于群体活动实现共识化。企业文化是一种群体价值观。只有在亲身实践中感受到它的意义和作用，特别是看到其良好效果时，企业员工才会把它作为自身的信念和要求。

5. 借助于仪式和器物实现情景化。人格是环境的产物，人的思想感情往往要受到周围环境的感染和熏陶。为了培育良好的企业文化，设计一些适当的仪式（表彰先进大会、员工晋升庆贺会等）、有象征意义的器物（公司标志、记念册等），可以使组织目标变成可感知的、可见的物化的因素。这种情境的感染，可促进员工对群体价值观的认同。

其他问题的分析

本案例还引发了其他两个问题的思考。

首先，是企业中的公平的问题。

案例中的陈龙森是个公平感很强的人，但是在企业中，企业中的公平主要体现在每个员工获得的报酬与其投入的比值相等。但公平绝不等同于平均主义，实际上平均主义是一种不公平，因为每个人获得的报酬与他投入的比值不相等，反而挫伤了员工积极性。而案例中陈龙森所认为的公平更多的是一种平均主义，这种平均主义使员工得不到应有的激励，反而对公司产生了一些副作用。

公平理论

公平理论是美国心理学家亚当斯（J.S.Adams）于20世纪60年代首先提出的，也称为社会比较理论，主要讨论报酬的公平性对人们工作积极性的影响。

公平理论的基本观点是，当一个人获得了成绩并取得了报酬的结果之后，他不仅关心报酬的绝对量，而且还关心报酬的相对量。亚当斯认为奖励与满足的关系，不仅在于奖励本身，还在于奖励的分配上。个人会自觉或不自觉地将自己付出与所得的报酬和心目中的参照系比较。这种比较可用以下的公式说明：

$Qp/Ip=Qx/Ix$

其中：

Qp是自己对所获报酬的感觉；

Ip是对自己的付出的感觉；

Qx是对参照系的报酬的感觉；

Ix是对参照系的付出的感觉。

这里的报酬可能包括工资报酬、组织对其的承认和尊重程度、职位的提升、人际关系的变化及其心理上的报酬（如感到被承认、更安全、更快乐）等等；所谓的付出可以包括时间、教育、经验、努力程度和负责精神等等。但是应该特别强调的是，这里的报酬和付出都是个人的主观感觉，都是客观事物经过主观的加工处理后所得到的印象。各人感知的精确度不同，各人判别的标准不同，因而对同一种报酬和付出可能会产生不同的感觉。

这里的参照系可能是“他人”、“制度”和“自我”。“他人”可能包括组织中的其他成员，以及朋友、邻居及同行等等；“制度”则包括组织中的报酬政策以

> 及这种政策的实际运作等等；“自我”则是自己在过去的工作中所得报酬与付出的比例。
>
> 虽然这样得出的报酬与付出的比例是非常不精确的，但个人的态度会大受其影响，比较下来会有三个结果：
>
> 当公式中取等号时，个人会觉得自己的报酬是合理的、公平的，其心态就比较平衡；当公式中取小于号时，个人就会觉得自己的报酬低了，不公平了，因而就要设法消除这种不公平，通常会要求增加报酬，如果不能做到，则会产生抱怨情绪，降低工作的积极性，用减少付出的办法来求得心理平衡；当公式中取大于号时，说明自己的报酬水平大于别人。对多数人而言不会构成太大问题。但研究表明也有一些人会去努力减少这种不公平。

其次，是企业福利是否越多越好？

陈龙森的人性化管理很大一方面体现在他为员工谋取的福利，但是为什么他的福利政策并没有换来对员工的激励呢？

按照赫兹伯格双因素激励理论的观点，导致工作满意的因素与导致工作不满意的因素是有区别的，因此管理者消除了工作中的不满意因素只能带来平和，而不一定对员工有激励作用。这些因素只能安抚员工，而不能激励员工。赫兹伯格称这些导致工作不满意感的因素为保健因素。本案例中陈龙森在公司推行的很多措施：如班车、宿舍等，都属于保健因素。当它们得到充分改善时，人们就没有不满意感了，但也不会感到满意。

所以要想真正激励员工努力工作，必须注重激励因素，如注意工作的安排，量才录用、各得其所，注意对人进行精神鼓励，给予表扬和认可，注意给人成长发展、晋升的机会，这些因素才会真正增加员工的工作满意感。

双因素理论

双因素理论是美国心理学家赫兹伯格于1959年提出来的，全名叫“激励、保健因素理论”。

传统理论认为，满意的对立面是不满意。而据双因素理论，满意的对立面是没有满意，不满意的对立面是没有不满意。因此，影响职工工作积极性的因素可分为两类：保健因素和激励因素，这两种因素是彼此独立的，并且以不同的方式影响人们的工作行为。

所谓保健因素，就是那些造成职工不满的因素，它们的改善能够解除职工的不满，但不能使职工感到满意并激发起职工的积极性。它们主要有企业的政策、行政管理、工资发放、劳动保护、工作监督以及各种人事关系处理等。由于它们只带有预防性，只起维持工作现状的作用，也被称为“维持因素”。

那些能带来积极态度、满意和激励作用的因素就叫做“激励因素”，这是那些能满足个人自我实现所需要的因素，包括：成就、赏识、挑战性的工作、增加的工作责任，以及成长和发展的机会。如果这些因素具备了，就能对人们产生更大的激励。从这个意义出发，赫兹伯格认为传统的激励假设，如工资刺激、人际关系的改善、提供良好的工作条件等，都不会产生更大的激励；它们能消除不满意，防止产生问题，但这些传统的“激励因素”即使达到最佳程度，也不会产生积极的激励。按照赫兹伯格的意见，管理当局应该认识到保健因素是必需的，不过它一旦使不满意中和以后，就不能产生更积极的效果。只有“激励因素”才能使人们有更好的工作业绩。

双因素理论是针对满足的目标而言的。保健因素是满足人们对外部条件的要求；激励因素是满足人们对工作本身的要求。前者为间接满足，可以使人受到外在激励；后者为直接满足，可以使人受到内在激励。因此，双因素理论认为，要调动人的积极性，就要在“满足”二字上下功夫。

附件

彩虹公司大事记

1999 年 12 月 1 日，北京彩虹天地信息技术有限公司正式成立。

1999 年 10 月 10 日，在卉园大楼，彩虹天地公司召开了第一届第一次董事会议，确定了公司名称为“北京彩虹天地信息技术有限公司(Beijing Rainbow Goldensoft Co., Ltd.)”，同时规划了彩虹天地公司短期发展方向。宣伟良出任董事长，陈龙森出任总经理。注册资本 42 万美元。

1999 年 9 月 7 日，金天地公司与美国 Rainbow 公司签订合同，将共同出资成立合资企业。

2001 年 5 月 10 日，从金天地公司至彩虹天地公司软件保护产品第 100 万只加密狗下线，百万个加密狗保护了 20 亿元的软件价值。

2001 年 5 月，由营销部主持与北大商学网签定了公司 DRM 产品第一笔技术开发合同，预示着 DRM 走向市场。

2001 年 4 月，公司注册资本增加至 85 万美元，董事长及总经理由陈龙森担任。

2000 年 7 月 15 日，隆重推出电脑狗。

2000 年 8 月 1 日，彩虹天地公司获得 ISO9001 质量体系认证。

陈龙森简介

1985 年，陈龙森毕业于华北电力学院，硕士学位，后留校任教。在学校教书的几年中，他认识了宣伟良等一批在未来的日子里一起创业的同事。因为都是风华正茂的年纪，又因为都想干点实实在在的事，平时大家一起研究技术、搞课题、搞项目，关系极为融洽。

随着时间的推移，对于工作最初的兴奋感已经过去，现实与理想之间的差异，让陈龙森越来越感觉到学校的僵硬体制束缚了他的发展。

于是，在1991年，陈龙森毅然放弃铁饭碗，到中关村下海，作为研发经理加盟到北京天地公司。

当时的天地公司，以贸易和研发为主，所有研发项目都必须自己找。一次偶然的机会，让陈龙森与软件加密结下了不解之缘。1991年8月，陈龙森的一个在电科院工作的老同学对他说，曾经看到有些国外软件在计算机并口上插了一个小盒子，软件就不能复制了。老同学想问问他能不能也做一个类似的东西出来。在上学期间就对加密产生浓厚兴趣的他在经过一夜的思考后，依仗着对计算机软硬件深厚的功力，不但给了老同学肯定的答复还拿出一个设计方案。

此后，双方开始以公对公的方式进行正式谈判，电科院要求陈龙森做出100个产品。陈同意，但有个要求，得先给他一笔开发经费。因为，以当时的软硬件情况看，搞这个项目的难度系数很高。拿软件来讲，那时电科院的软件是用一种叫NDP的语言编写的，它是一种类似于Fortran的语言。在接手这个项目之前，陈龙森根本就没听说过NDP。能不能在这种软件环境下实现加密，陈龙森确实没有百分之百的把握。因此，最后双方协定，研发成功后，电科院将以200元的单价购买100个产品。在研发阶段，他们需按总款项的30%即6000元作为预付款，支持陈龙森的研发工作。

谈判结束，研发工作立刻上马。两三个月后，产品研制成功，而且没有花完当初电科院给的6000元预付款。于是，在没有花天地公司1分钱的情况下，陈龙森顺利实现了从技术设想到现实产品的技术转化。

产品诞生了，应该给产品起一个更正式的名字。狗能看门护院，又对主人忠心耿耿，既响亮又符合情理，让人有一种安全感。从此，加密狗的名字被越叫越广。

1994年，陈龙森创建了北京金天地软件发展有限公司。公司在他的带领下，经过数年发展，已成为国内成立最早和最大的专业软件保护公司。

1999年12月，金天地公司出于获得新技术和拓展国际市场的需要，与业界领导美国彩虹高科技公司合资成立了彩虹天地公司，陈龙森出任总经理至今。

图书在版编目（CIP）数据

北大案例课堂：中国营销实战/何志毅著．—西安：陕西师范大学出版社，2003.4

（终极管理思想文库）

ISBN 7-5613-2608-4

Ⅰ．北…　Ⅱ．何…　Ⅲ．市场营销学—案例—分析—中国　Ⅳ．F723.0

中国版本图书馆 CIP 数据核字（2003）第 019722 号

图书代号：SK263300

北大案例课堂：中国营销实战
责任编辑：周　宏
特邀编辑：杜　烨　张万文　张　蕾
封面设计：耀午书装
出版发行：陕西师范大学出版社
（西安市陕西师大 120 信箱
邮编：710062）
印　　刷：北京天竺颖华印刷厂
开　　本：787×1092　1/16
印　　张：16.5
字　　数：240 千
版　　次：2003 年 4 月第一版
印　　次：2003 年 4 月第一次印刷
ISBN 7-5613-2608-4/F・67
定　　价：32.00 元